Blue Book

on Development of China's Real Estate Agent-construction Industry

中国房地产代建行业发展

蓝皮书

第2版

Second Edition

中指研究院

企业管理出版社

ENTERPRISE MANAGEMENT PUBLISHING HOUSE

图书在版编目（CIP）数据

中国房地产代建行业发展蓝皮书 / 中指研究院著 .
—2 版 .—北京：企业管理出版社，2021.5
ISBN 978-7-5164-2389-9

Ⅰ. ①中… Ⅱ. ①中… Ⅲ. ①房地产业—经济发展—研究报告—中国 Ⅳ. ① F299.233

中国版本图书馆 CIP 数据核字（2021）第 085380 号

书　　名： 中国房地产代建行业发展蓝皮书（第二版）
作　　者： 中指研究院
责任编辑： 尚元经　郑小希
书　　号： ISBN 978-7-5164-2389-9
出版发行： 企业管理出版社
地　　址： 北京市海淀区紫竹院南路17号　　　邮编：100048
网　　址： http：//www.emph.cn
电　　话： 编辑部（010）68414643　发行部（010）68701816
电子信箱： qiguan1961@163.com
印　　刷： 北京市密东印刷有限公司
经　　销： 新华书店
规　　格： 170毫米 × 240毫米　16开本　19印张　268千字
版　　次： 2021年5月第1版　2021年5月第1次印刷
定　　价： 90.00元

《中国房地产代建行业发展蓝皮书》（第二版）
编委会名单

序一

时隔四年再次收到我国代建行业发展报告的书稿时，内心充满了期待，急切地想知道，经过四年的发展，我国房地产代建行业又发生了哪些变化，取得了哪些进步，积累了哪些新的经验，创新了哪些服务模式，尤其是有哪些最佳实践案例可以分享。读完书稿，主要有三点感受和读者分享。

一是有更多企业涉足房地产代建行业。党的十九大以来，基于房住不炒定位的住房制度和房地产调控政策环境，加速了我国房地产业高质量转型发展的步伐，越来越多的房地产企业认识到代建业务对于企业持续发展的意义，开始探索如何从土地、资金等生产要素驱动的传统发展模式，向知识、价值、管理驱动的高质量发展模式转变；如何借助品牌商誉、专业团队和平台文化等投入扩大服务杠杆，在获取管理服务费收入的同时，进一步分享资产增值收益和服务增值收益，在实现企业盈利能力提升的同时，也提高企业发展的韧性。与此同时，社会各界也越来越熟悉房地产代建行业，感受到了代建行业通过提供高水准的专业服务，提高了开发建设质量和水平，降低了开发建设成本，提升运营管理效率，为社会创造了新的价值，因此有了更多的代建需求。

二是优秀案例更加丰富多元，更加鲜活。书中最重要的内容，是第二篇关于中国房地产代建行业发展特征的剖析和优秀案例介绍。研究团队采用定性和定量分析相结合的方法，从品牌影响力、经营管理能力、团队建设能力以及资源整合能力四个方面，对现有房地产代建企业进行了评价，筛选出 13 家典型代表性企业，并介绍了来自典型代表性企业的优秀实践案例。这些案例内容丰富、模式多元、各具特色，既有华润置地深圳湾体育中心“春茧”代建代运营项目案例，也有房地产代建领先企业绿城管理成功上市案例，还有借助绿色科技、增值赋能、资源整合等特殊能力拓展代建服务的案例。值得指出的是，坚持实践导向、问题导向，深化案例研究，不仅可以更好地推动房地产代建行业的规范健康发展，也能让世界更好地理解中国实践、吸收中国经验，为世界范围的房地产代建行业发展贡献中国方案。

三是代建行业发展任重道远。对中国房地产代建行业发展趋势的研究，虽然占据的篇幅是三篇中最少的，但应该也是读者最关注的内容。从商品房代建、政策性住房代建和资本代建三个主要代建服务业务看，其市场容量有进一步发展空间，尤其是来自政府的政策性住房代建和来自投资基金等机构投资者的资本代建，还有发展住房租赁市场过程中的资本代建代运营机会，至少从现有国际经验看这些维度的发展前景尤其值得期待。所以房地产代建企业需要进一步加强品牌和管理能力建设，加快地产科技研究和应用步伐，建设强大的数字化运营管理平台，打造为委托方提供规划、设计、营销、招租、投资融资、资产管理等一体化解决方案的核心能力，科学把控建设质量和服务品质。对中国房地产代建行业而言，则要加速行业标准、行业规范、行业伦理标准的制订完善和推广实施工作，加强行业自律，持续提升全社会对代建行业的信任和信心。

总体而言，第二版《中国房地产代建行业发展蓝皮书》的基础更扎实、更加系统深入，案例内容更加鲜活、解读更加精准，让读者可以通过此书分享来自中国房地产代建行业一线的卓越案例、最佳实践。非常感谢本书编委会和一线研究人员的艰苦努力，感谢代建企业的宝贵经验分享。站在“十四五规划”开局之年的起点，我们期待着房地产代建行业不断发展壮大，在我国房地产业转型发展的过程中扮演重要角色，为我国经济实力、科技实力、综合国力大幅跃升做出重要贡献。

2021 年 3 月 26 日 于清华大学

刘洪玉，清华大学建设管理系长聘教授、房地产研究所所长，清华大学学位评定委员会委员、土木工程学位评定分委员会主席，清华大学中国新型城镇化研究院副院长，清华大学国家治理与全球治理研究院兼职研究员。兼任住建部科学技术委员会住房和房地产专业委员会副主任委员，中国房地产估价师和房地产经纪人学会学术专业委员会主任委员，亚洲房地产学会 Fellow（前会长）、世界华人不动产学会（GCREC）常务理事，香港大学荣誉教授等。曾主持国家自然科学基金、国家社科基金等数十项纵向科研课题，曾获国家级优秀教学成果奖、北京市科技进步奖和优秀教学成果奖、华夏建筑科技奖。是享受国务院特殊津贴专家。主要研究领域：房地产经济学、房地产金融与投资、住房政策和土地管理。

序二

很高兴有机会为《中国房地产代建行业发展蓝皮书》第二版作序，藉此机会讲四点看法。

第一，代建行业的发展是房地产服务业专业化发展的成果。随着中国经济的发展，服务业的发展日益重要。国家统计局的初步核算指出2020年中国服务业增加值为553977亿元，虽然受疫情影响比上年只增长2.1%，但服务业增加值已占国内生产总值比重的54.5%，已是中国经济增加值的大头。服务业的发展过程必然出现“为服务业提供服务”的企业。这些企业多了，就成为产业了，即产业进一步专业化了。专业化发展包括企业内专业化发展和企业外专业化发展两种情况。通常是先出现企业内的专业分工，当分工规模达到一定程度以后，企业内分工就开始变成企业外分工。随着企业外分工的发展，建立在专业分工基础上的新行业就开始出现。代建行业就是房地产产业专业化发展的成果，其发展表明房地产业不仅规模大，同时开始逐渐成熟，开始现代化了。

第二，代建行业的发展是多种因素推动下的产业创新。代建行业发展有三个主要驱动因素。一是如前所述的产业规模化发展因素，二是市场发展变化因素。在房地产业从高速发展变为低速发展时期以后，政策性住房和得到资本支持的目标为租赁的住房业务开始发展。三是政策因素。政策性住房和租赁住房的发展都与政策关系密切。实际上，由于房地产业与国民生活及国家的经济竞争力关系密切，住房产业本来就是一个受政府政策影响很大的产业。一些发达国家没有房地产产业政策，但是有住宅政策，政府有专门的政策管理部门，原因就在于此。这些因素影响大了就会出现创新，并且会因为创新互动推动。按创新经济学的说法就是出现基于技术、市场和制度因素的组织创新。创新的结果就是代建行业的发展，出现房地产企业组织结构及产业结构的创新变化。政策性住房和租赁住房的发展有需求，有资金支持，有投资机会，但住房业主和因为机会吸引而希望或者已经进入房地产业的企业不熟悉房地产开发及有关的工程建设业务，因此它们希望有代建企业为其提供代建服务。与三年前相比，创新发展的代建行业已经得到公认，绿城管理成功上市，中原建业递交招股书，更多优秀企业日益关注代建领域，代建行业正在与房地产行业互动共同发展。

第三，代建行业的发展有利于房地产业更好地为消费者提供更多样化更精细的服务，自身也要进一步向精益经营模式转型。房地产企业要搞精益经营、精益服务。代建行业企业也要搞精益经营，向房地产企业提供精益服务，通过精益服务，帮助不同类型的直接提供生活服务的房地产企业更好地发现、改进对最终客户的服务，这也是一种创新。代建行业企业经营模式的创新支持了房地产产业结构的变化，房地产产业结构的变化吸引更多的企业及投资进入代建行业。二者互动创新发展，最终是有利于消费者，有利于产业发展。

第四，《中国房地产代建行业发展蓝皮书》（第二版）出版有利于帮助各界进一步了解代建行业，同时有利于帮助代建行业企业更好的发展。四年前《中国房地产代建行业发展蓝皮书》的出版填补了中国房地产代建研究的空白。而第二版有了新的发展：对代建行业的分类进行了重新梳理、界定及必要的调整，提供了了解代建行业更好的认识论框架；新增了许多优秀代建企业的实操案例，为读者提供了更多详实的参考资料；对代建领域的发展趋势做了预测，这些都有利于进入该领域的企业及投资者更好地进行有关决策。

希望并相信本书能对代建行业企业及所有关心代建行业的各位有所帮助。

2021年3月

陈小洪，国务院发展研究中心研究员，国务院发展研究中心学术委员会委员，中国发展研究基金会理事，工业和信息产业部信息通信经济专家委员会理事，华芯投资管理公司独立董事。1982年1月、1984年12月于华中工学院（现华中科技大学）分别获学士、硕士学位。1985年5月进入国务院发展研究中心在中心技术经济研究部、企业经济研究部、企业研究所工作；先后任副处级研究员、副研究员、研究员，及室主任、副部长、副所长，2000年11月至2011年4月任企业研究所所长。主要研究领域为企业经济、产业经济和有关政策。2次获中国孙冶方经济学奖。

目　录

Contents

第三篇　中国房地产代建的发展趋势

第二版前言

自本书第一版面世以来，已历三年余，中国房地产行业在进入“白银时代”后，行业分化与竞争进一步加剧，对房地产企业的专业化、精细化运营能力的要求亦日益增强。代建行业作为房地产行业重要组成领域，是企业经营规模提升的有效补充。近年来，越来越受到房地产企业的关注。越来越多的优秀房地产企业进入代建这一细分领域，也加速了代建行业的竞争。在这个过程中，中国房地产行业和代建行业均发生了一系列变化，这些变化包括如下方面。

①在“房住不炒”的基调下，房地产行业进入管理红利时代，市场竞争焦点正发生改变。

②城市更新、未来社区等概念的提出和实践，催化代建理念与空间的新变革。

③代建行业快速发展，行业规模、市场容量、行业特征等均发生了较大变化。

④资本市场对代建行业积极关注，绿城管理上市、中原建业递交招股书等。

⑤代建规模与需求持续增长，行业标准应运而生，行业规范日趋完善。

面对以上变化，本书第二版在第一版基础上做了以下调整。

①梳理并增加了近几年的房地产市场发展情况。

②校订并更新了政府代建和商业代建的定义，力图使定义更加准确且具有普适性。

③增加了有关代建行业标准规范的发展历程的内容。

④更新了代建行业的研究背景和方法体系，以更好地适应资本市场的要求。

⑤更新了房地产代建典型企业和经典案例，涵盖了京津冀、长三角、粤港澳大湾区、成渝、中西部等主要城市群内优秀的代建企业及最新、最典型的代建项目。

⑥校订并更新了代建的行业规模、市场容量和未来趋势等相关数据。

本书第二版历经月余，百余人参与，既包括编委会成员的孜孜以求，亦囊括了编委会外默默付出的工作人员。特别是在项目案例撰写过程中，绿城管理、中原建业、金地管理、雅居乐房管、华润置地、当代管理、蓝光发展、阳光城、朗诗集团、招商蛇口、联发集团、中天美好集团、鸿坤集团等优秀的代建企业不吝提供了大量的企业信息和项目资料，分享了企业在代建业务实践中取得的成功经验及对未来代建行业的期许。在此，我们代表编委会对为本书付出的各位同事、企业、专家顾问表示真挚的感谢！

2021年，是我国“十四五”的开局之年，亦是本书的付梓之年。《“十四五”规划建议》提出，到2035年，我国经济实力、科技实力、综合国力要大幅跃升，人均国内生产总值达到中等发达国家水平。在此目标下，房地产行业将继续发挥其在就业、税收以及稳增长等方面的优势，通过自身发展带动关联行业发展，助力国民经济平稳持续增长。中国房地产代建行业作为房地产行业重要组成部分，在这一过程中，亦将发挥着不可或缺的积极作用；更多优秀的房地产企业也必将加入代建这片蓝海中来，去创造更加巨大的企业和社会价值！

编　者

2021年1月

第一篇 中国房地产代建的起源与演变

本篇阐述了国内房地产市场历经五个阶段的发展，已经走向“向管理要红利”的阶段，房地产代建应运而生并顺势有了一定的发展，从我国当前存在的两种代建模式发展现状和存在的普遍性问题，剖析房地产代建对房地产市场产生的深远影响；并系统梳理了美、英、德、加、日等国外成熟房地产代建的发展及盈利模式。通过总结国内外房地产代建的经验与启示，从而界定并明确了房地产代建的内涵及研究意义。

第一章

中国房地产市场专业化发展历程

中国房地产市场始于1998年房改。中国房地产市场在近20年时间里，历经金融危机、数次政府调控，在经济增长、城镇化、适龄购房人口增加等内外因素的推动之下，市场规模持续扩张，价格水平节节攀升，房地产市场渐趋成熟。由于宏观经济环境、货币政策与政府调控政策的变化，房地产市场的量价表现出阶段性特征，同时在不同的市场背景之下，房地产企业的竞争格局及行业特征都在发生变化。据此，我们将中国1998年至今的房地产市场划分为以下五个阶段。

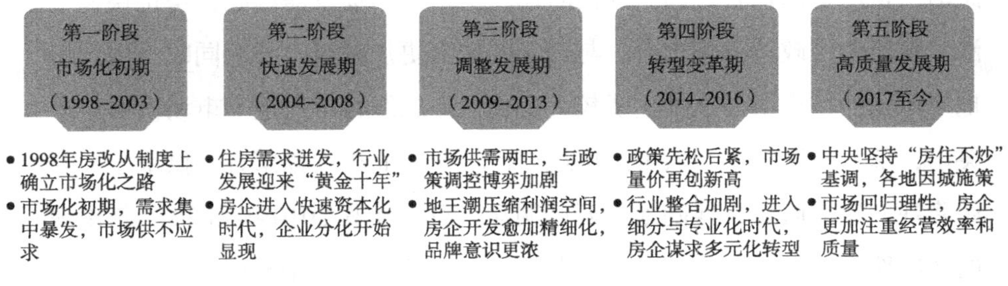

图 1.1.1　中国房地产市场的五个阶段

市场化初期（1998~2003年）。以1998年“房改”为标志，中国福利分房时代正式终结，开启了房地产市场化的发展进程，房地产市场快速发展。市场在房改之前量价波动较大，房改之后量价走势则以平稳增长为过渡，并于2001年左右开始迅速攀升。2001~2003年，销售增速保持在23%

左右，投资情绪高涨，北京、上海等城市房价迅速攀升。仅 2003 年，北京、上海的新房价格指数同比涨幅分别达到了 9.6% 和 27.1%。

快速发展期（2004~2008 年）。中国房地产市场进入第一轮快速上涨周期，房企资本化与分化显现。2004 年开始，房地产业发展迎来“黄金十年”，房地产开发投资年平均增速高达 25.2%。房价也进入快速上涨周期，2004~2008 年，深圳综合指数累计涨幅 88.8%，北京、天津涨幅均超过 70%，其中 2007 年北京、上海的新建住宅价格突破 10000 元 / 平方米。2004 年的“831 大限”后，土地与市场的关系更为紧密，也加剧了行业对资本的渴求，推动房企进入快速资本化时代，内地房企掀起一轮赴港上市热潮，A 股上市房企则通过增资扩股迅速扩张，资金实力的差异导致房企分化开始显现。此阶段，经济高速增长、城镇化快速推进，房地产投资热潮方兴未艾，共同带动了住房市场的旺盛。

调整发展期（2009~2013 年）。政府调控政策密集出台，城市格局逐步分化，市场供求结构持续调整。2009 年，为应对世界金融危机冲击，国家出台经济刺激计划，大量资金进入房地产市场，国内房地产投资被迅速激活，重新走向扩张之路。这段时期，房地产市场供需两旺，房价快速上涨，政府调控政策密集出台，与市场的博弈更加频繁。与此同时，中国房地产市场的城市格局也发生了较大变化，一二线城市房地产市场供不应求突出，部分三四线中小城市的房地产市场开工面积大幅攀升，供求矛盾开始隐现。这一阶段，伴随地价开始明显攀升，尤其 2010 年和 2013 年出现的两次地王潮，致使行业成本快速提高，利润空间受到挤压。

转型变革期（2014~2016 年）。调控政策先松后紧，市场量价创新高，竞争向规模化与专业化转变，市场集中度明显提高，白银时代来临成为共识。2014 年，市场分化加剧，市场集中度进一步提升，但房地产经过上一轮的快速扩张后，供求结构发生改变，市场逐步进入买方市场；同时，房地产资本化已由投资端转向需求端，加速了中国房地产市场迈入细分与专业化时代，品牌房企的优势再度叠加，并为专业能力薄弱的开发商带来了巨大的竞争压力，房企纷纷谋求转型升级。

高质量发展期（2017年至今）。中央坚持“房住不炒”基调，各地因城施策，房地产金融监管持续从严，相比之前更加注重供给端调控机制的建立，在此背景下，房地产市场量价回归平稳，土地市场也逐步降温，房地产行业进入高质量发展时期。在居民债务及调控政策约束下，行业告别过去以追求规模为首要目标的粗放式发展阶段，更加注重从品牌、产品、融资、营销等环节精益求精提升企业综合实力，房地产行业正式进入以“管理红利”为制胜优势的全新发展阶段。

第一节“98房改”开启市场化、规模化之路

始于1998年房改，中国正式进入商品房时代。此时市场刚刚起步，前期累积多年的需求得以爆发，加之房贷政策调整，房地产整体呈现供不应求的状态，市场规模得到快速增长，同时价格水平稳步攀升，国务院于2003年确立了房地产的国民经济支柱产业地位。1998~2003年商品房销售面积同比增速均值为24.7%，持续呈现高速增长之势。在宽松的货币政策环境下，大量的民营房地产企业开始焕发活力，房地产市场由国资企业统领的局面得到扭转。但此时的房地产企业多数发展时间不长，行业集中度偏低，追求规模化经营成为这一阶段房地产开发企业的核心诉求。

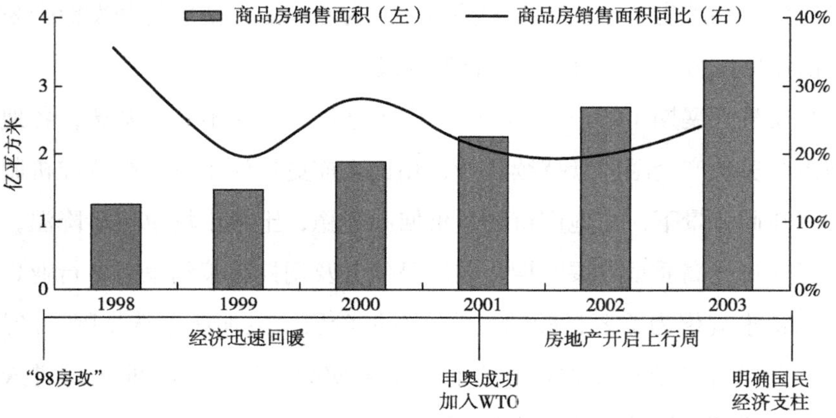

图 1.1.2　1998~2003 年全国商品房销售面积及同比增速

数据来源：国家统计局，CREIS 中指数据，fdc.fang.com。

一、"98 房改"从制度上确立房地产市场化之路

1996 年和 1997 年房地产全行业亏损，大量房地产企业陷入资金困境。国民经济也遇到较大困难，央行开始频频降息以刺激投资，同时中央层面开始加速推动住房制度改革，意图通过住房消费拉动内需，提高经济增长。1998 年，国务院公布《国务院关于进一步深化城镇住房制度改革加快住房建设的通知》（国发〔1998〕23 号），正式宣告福利分房制度终结和新的住房制度改革开始。

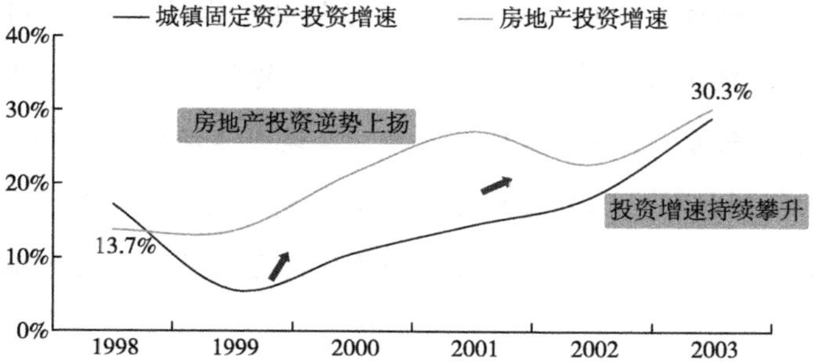

图 1.1.3　1998~2003 年我国固定资产投资和房地产开发投资额增速走势

数据来源：国家统计局，CREIS 中指数据，fdc.fang.com。

房改的落地正式开启了以“取消福利分房，实现居民住宅货币化”为核心的住房制度改革，“市场化”正式成为住房建设的主题词。房改之后，房地产投资增速由 1997 年的 -1.2% 升至 1998 年的 13.7%，并持续高速增长。1998 年房改成为中国房地产市场化的分水岭，房地产投资的高增长带动固定资产投资增速趋势性攀升，房地产业对经济增长的作用持续提升，2003 年国务院 18 号文件将房地产业定位为“国民经济支柱产业”，由此推动了经济的快速增长。

二、市场运行环境明显改善

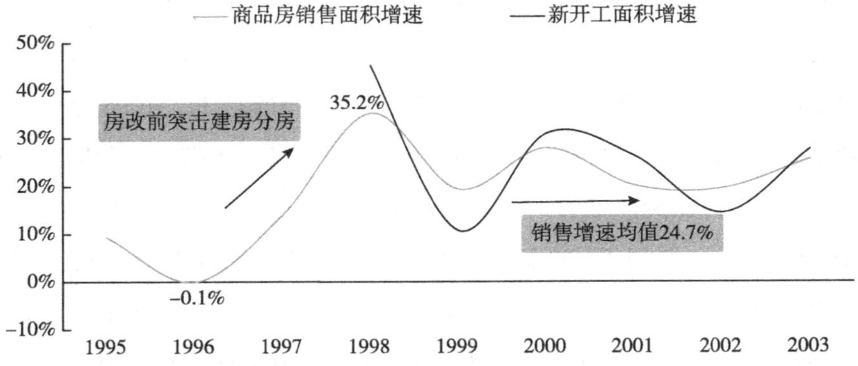

图 1.1.4　1995~2004 年商品房销售面积及新开工面积增速走势

数据来源：国家统计局，CREIS 中指数据，fdc.fang.com。

房改明显改善了房地产市场运行环境，过去多年累积的住房需求集中暴发。从数据来看，房改前夕的突击建房分房使得 1998 年商品房销售面积同比增速一度高达 35.2%，1998~2003 年商品房销售面积同比增速均值为 24.7%，持续呈现高速增长之势。同期商品房新开工面积增速几乎同步于销售面积增速走势，在 1998 年增速达到 45.3% 的历史高位。

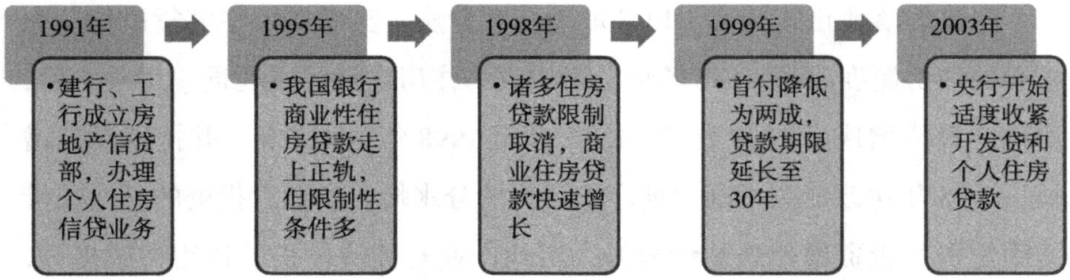

图 1.1.5　2004 年之前我国个人住房贷款政策变迁历程

与房改相伴的个人住房信贷政策调整成为该时期居民购买力快速释放的重要支撑。我国个人住房信贷业务自 1991 年开始出现，1995 年央行颁布《商业银行自营住房贷款管理暂行办法》，标志着我国银行商业性住房贷款走上正轨，但限制性条件较多，如贷款期限最高仅为 10 年，需提供双重保障等。为配合房改政策，1998 年央行出台《个人住房贷款管理办法》，所有城镇、所有银行均可开展个人住房贷款，居民可用贷款购买所有自用商品住房。政策的实施刺激了住房贷款的大幅增长，1998 年个人住房贷款较上年增加了 324 亿元。1999 年央行下发《关于鼓励消费贷款的若干意见》，首付比例降低为两成，最长贷款期限由 20 年延长至 30 年，当年个人住房贷款增加了 858 亿元。2003 年由于市场投资过热，央行信贷政策对开发贷和个人住房贷款均作了相关限制，其中个人住房贷款对大户型、高档住宅、别墅等项目的首付款比例和贷款利率作了相应限制。总体来看，在国内房地产市场化初期，个人住房贷款逐步走进了人们的生活视野，通过消费信贷杠杆提升了购买力水平，激发了旺盛的居住需求。

三、房改三年后房价指数迎来首轮上涨

在房地产市场化初期，绝大多数城市房地产市场尚处于起步阶段，整体规模有限，北京、上海、天津、武汉等城市市场基本反映了全国市场状

况。单就房价而言，从中国房地产指数系统中两个核心城市北京、上海的指数运行来看，这一阶段两城市的房价指数变化趋势基本相同：在房改后的三年内，政策变化对房价影响效果一般，但三年之后房价迎来了市场化后的首轮快速上升。

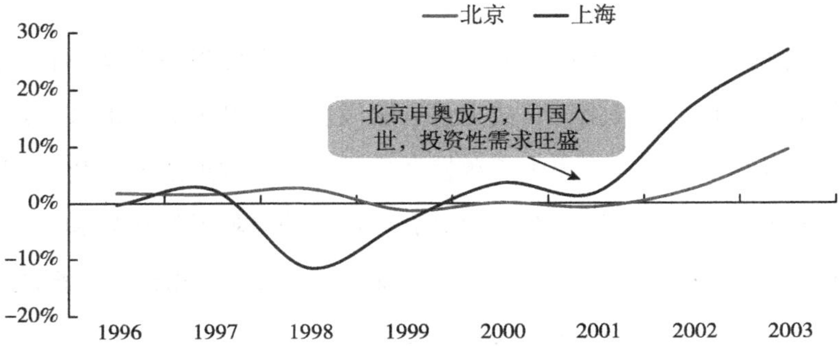

图 1.1.6　1996~2003 年北京、上海住宅价格指数走势情况

数据来源：CREIS 中指数据，fdc.fang.com。

北京新建住房价格指数在 1996~2002 年间总体保持平稳，且稳中有升，之后指数迅速攀升，2002 至 2004 年两年时间，指数累计增长 22%。上海房价在 1998 年受金融危机影响同比降幅达到 11.5%，2001 年起开始显著上涨，2001 至 2004 年三年期间，指数累计增长 82%。特别是受 2001 年北京申奥成功、中国加入 WTO 等事件影响，市场投资情绪高涨，以温州炒房团为代表的投资客加速涌入热点城市，北京、上海等城市房价迅速攀升，2003 年，北京、上海的房价同比涨幅分别达到了 9.6% 和 27.1%。

四、房企数量快速增长，优秀企业崭露头角

“房地产特别是住宅产业既是城市化创造出来的巨大需求和市场的受益者，又是城市化进程强有力的推动者、建设者和美容师”。1998 年房改

确立了住宅货币化路径，城镇居民从福利分房开始进入商品房时代。在宽松的货币政策环境下，大量的民营房地产企业开始焕发活力，房地产市场由国资企业统领的局面得到扭转。房地产开发商的数量快速膨胀，由1990年的4400家增加到2003年的近37123家，从业人数由14万人增加到120万余人。

这一阶段，我国房地产企业良莠不齐，多数企业发展时间不长，行业集中度偏低，追求规模化经营成为这一阶段房地产开发企业的核心诉求和趋势。最为典型的万科，集中资源发展房产业务，并通过专业化经营进行跨区域房地产开发。同期，在业内具有一定的跨区域发展规模和市场影响力的企业还包括中海、华新国际、香港新世界等。除此之外，华润置地、万通、金地等多数企业仍以区域性发展为主。

尽管在市场化起步阶段，多数开发商依靠粗放的发展方式进行扩张，但企业的开发能力已与福利分房时期有明显的提高，在房屋设计和质量上开始有所作为，更加符合宜居特点和人文品位的商品房小区开始出现。从20世纪90年代的筒子楼到单元房，再到后来的多层、小高层、洋房、别墅等，中国人的居住水平发生了质的改变和飞跃。

筒子楼中，多数家庭都是一居多用，厨卧客一体。厨房、卫生间多为公用，生活环境嘈杂不便。90年代末期，随着棚户区拆迁改造的推进，多数城镇家庭住上单元房，尽管户型设计仿苏式，偏紧凑，小客厅，但卫生间、厨房基本告别排队时代，居住水平上了一个台阶，市场化后出现的客厅偏大、南北通透的多层楼房使得居住体验更为舒适。

总体来看，这一阶段的房地产企业整体规模实力与当期的香港特区、美国等大型开发商在规模性和专业性方面都存在很大的差距，即使作为当时业内规模最大的万科，2003年销售额仅61亿元，净利润不足6亿元。

第二节 房地产高速增长，品牌房企初现

始于 2004 年 831 大限，全国推行经营性用地“招拍挂”制度，中国房地产进入全面发展的新阶段。这一阶段中，中国经济高速增长，城镇化稳步推进，房地产市场快速扩张，行业迎来黄金发展期，政府也于此阶段开始应用调控手段以抑制投资和房价过快上涨，但在城市快速发展的带动下，房地产市场仍保持着高速增长。此时房地产投资热度提升也加剧了行业对资本的渴求，推动房企进入快速资本化时代，资金实力的差异导致房企分化开始显现。经过一段时间的市场化和专业化磨练，品牌房企开始诞生。

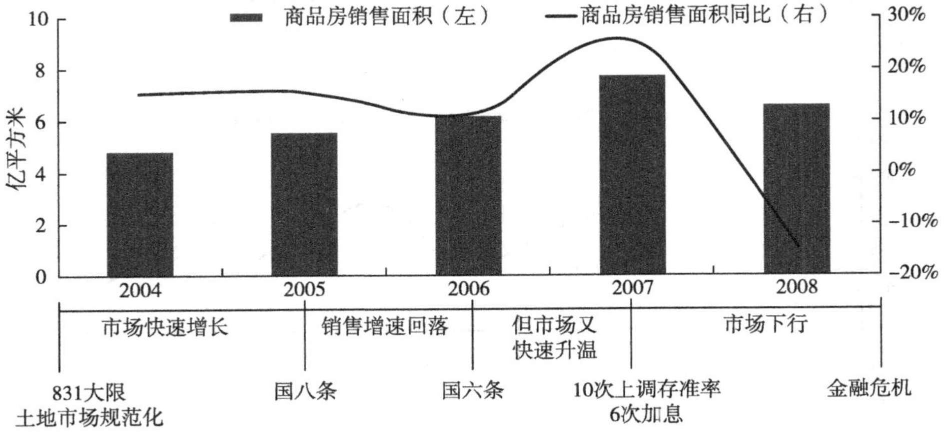

图 1.2.1 2004~2008 年全国商品房销售面积及同比增速

数据来源：国家统计局，CREIS 中指数据，fdc.fang.com。

一、经济高增长和城镇化带动，行业发展迎来“黄金十年”

2004年全面推行土地招拍挂制度，规范了土地市场交易，并一定程度上抑制了过去“炒地皮”的行为，更多真正以开发为目的的企业进入市场，标志着中国房地产行业进入了全面发展的阶段。

2004~2008年为中国经济高速增长期，一方面，GDP年平均增速为11.6%，其中2007年GDP增速14.2%，为近20年最高；另一方面，国内城镇化战略加速推进，尤其2006、2007年，我国城镇化率分别增长了1.4和1.6个百分点。在此背景下，2004~2008年房地产开发投资额年平均增速高达25.2%，延续之前高速增长态势。进入2008年，金融危机暴发导致国内经济下行，GDP增速由2007年的14.2%骤然下降至2008年的9.6%，降幅高达4.6个百分点，同期房地产销售面积增速降至15%；但房地产开发投资增速并没有出现明显下滑态势，并且从2004~2013年整体看来，房地产开发投资额保持20%以上的年均增速，堪称国内房地产行业发展的“黄金十年”。

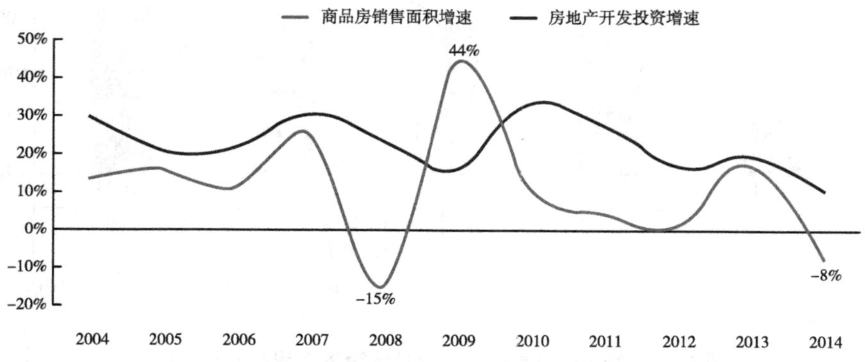

图 1.2.2　2004~2014 年全国商品房销售面积及房地产开发投资额同比增速

数据来源：CREIS 中指数据，fdc.fang.com。

二、多数城市价格指数普涨

2004~2008年期间，多数城市房价过快上涨，北京、上海房价破万。中国房地产指数系统重点监测城市数据显示：深圳综合指数累计涨幅最高为88.8%，北京、天津累计涨幅均超70%，广州、上海超40%，而且北京、上海新建住宅价格于2007年先后突破10000元/平方米；杭州、成都表现较为平稳，而南京波动较大，综合指数由2005年的1089点骤降为2006年的877点，主要因为政策调控下低价盘大量入市以及周边城市降价的影响，但之后触底反弹，城市综合指数在旺盛的需求带动下迅速恢复上涨态势。

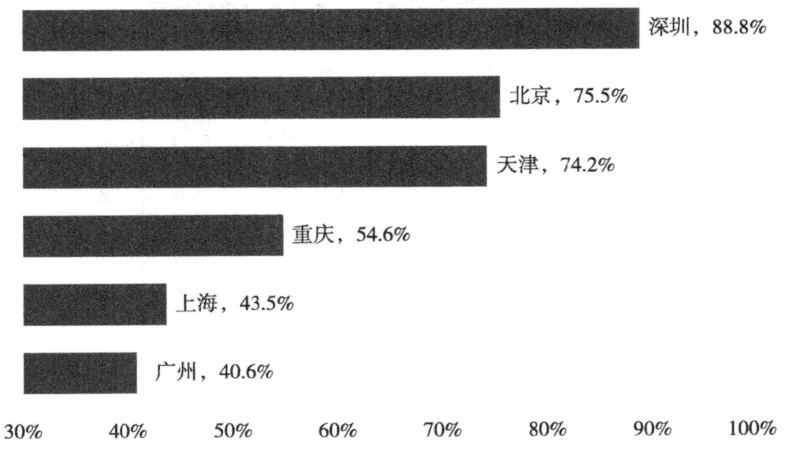

图 1.2.3 2004~2008 年部分重点城市综合指数累计涨幅

这段时期房价的快速上涨主要基于以下几个原因。一方面经济的高速增长大大提升居民的购买力水平，并且在城镇化带动下，市场需求十分旺盛；另一方面，市场有效供应相对不足，2005年商品房销售开工比为0.82，为近20年最高，供不应求特征显著；另外，“831大限”后土地出让制度市场化，地价的变化在一定程度上开始影响房价的走势。以北京为例，2004~2008 年，北京住宅用地成交楼面均价累计上涨 98%，同期北京住宅价格指数亦累计上涨 100%。

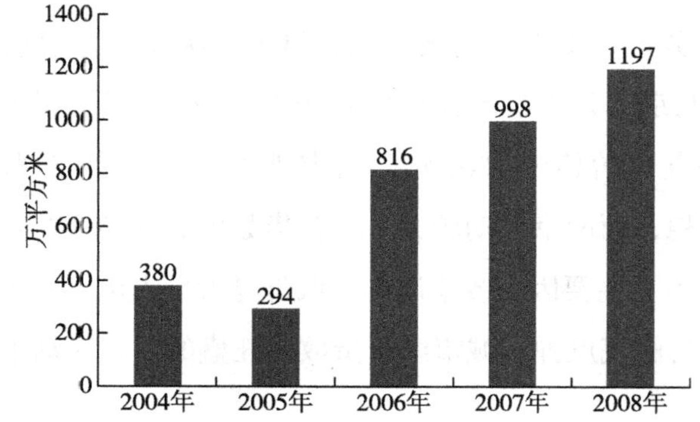

图 1.2.4　2004~2008 年北京住宅用地成交量走势

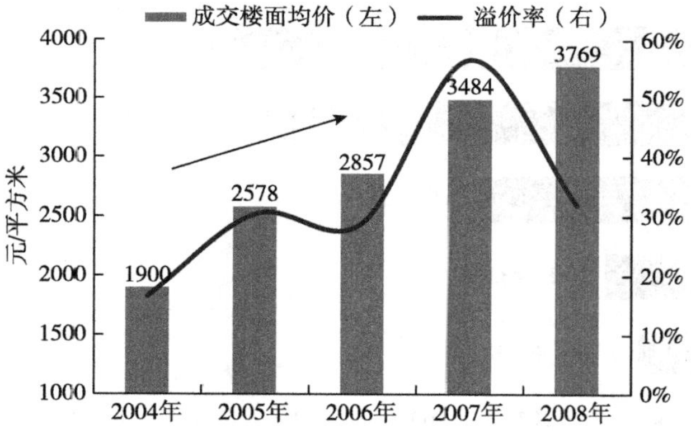

图 1.2.5　2004~2008 年北京住宅成交楼面价与溢价率

数据来源：CREIS 中指数据，fdc.fang.com。

三、房价过快上涨、投资过热引发行政干预

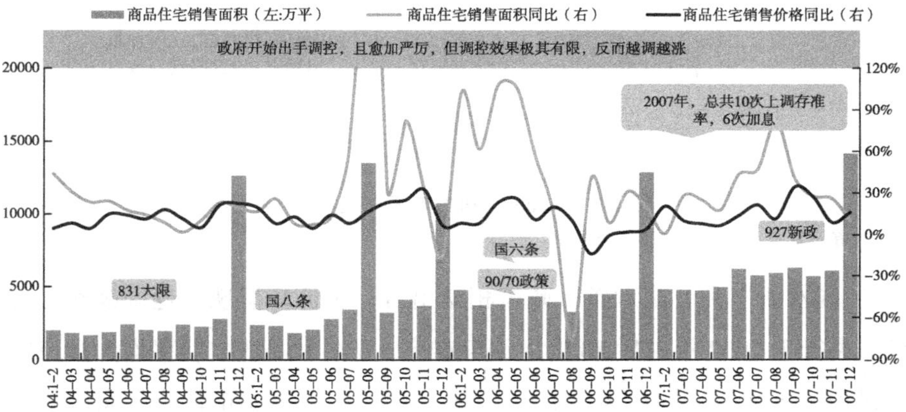

图 1.2.6　2004~2007 年中国房地产市场量价走势与政策变化

数据来源：CREIS 中指数据，fdc.fang.com。

2003~2004 年房地产投资过热态势引起中央的格外重视，高房价问题也一时成为社会舆论焦点，2005 年的“国八条”，对房价的调控力度空前，但在供不应求的市场特征下，政策整体效果有限。中央于 2006 年又推出“国六条”，重在调整住房供应结构，重点发展中低价位、中小套型普通商品住房、经济适用住房和廉租住房。

在“国八条”之后，“国六条”出台前，即 2005 年 4 月至 2006 年 5 月一年多的时间，中房指数系统监测的城市中，深圳、天津、武汉、广州住宅价格指数累计涨幅均超 20%，其中深圳更是高达 45.3%。“国八条”对一线及热点二线城市房价的抑制作用较弱，主要因为市场供不应求，保障房供应又较为迟滞，住房需求难以满足，导致宏观调控整体效果一般。

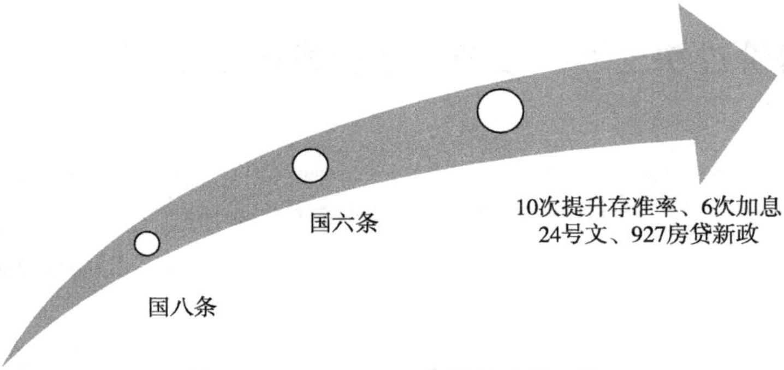

图 1.2.7　2005~2007 年调控政策一览

资料来源：中指研究院综合整理。

“国八条”和“国六条”政策相继出台，房价却呈现“越调越涨”态势，央行于 2007 年先后 10 次上调存准率，6 次上调基准利率均为楼市降温起到一定作用，同年 8 月 1 日，《国务院关于解决城市低收入家庭住房困难的若干意见》（即 24 号文）通过，被视为是房地产改革思路的根本转变。房改 10 年反思之后，“保障性住房”被提到了前所未有的高度，“重市场轻保障”的住房模式得到一定程度转变。2007 年 9 月 27 日，央行和银监会发布了《关于加强商业性房地产信贷管理的通知》（简称“927 新政”），对房地产开发贷款、土地储备贷款、住房消费贷款、商业用房购房贷款、房地产信贷征信制度等做了全面规定。自此，企业开发贷收紧，个人住房贷款受限，二套房首付比例提高和贷款利率上浮。政府通过信贷手段遏制投资投机性需求意图明显，但由于供求矛盾依然没有解决，北京、上海等热点城市房价指数依然继续上涨。

四、资本化力量推动房企迅速扩展经营规模

市场化后房地产市场发展空间广阔，房企也开始扩张之路，而土地招拍挂制度对企业的资金要求进一步提高，越来越多的企业借助资本市

场融资实现了跨越式发展。万科2003年销售额仅为61亿元，2007年底销售额跃升为524亿元，短短四年时间，经营规模扩大8.5倍，而万科在2006~2007年通过增发再融资近142亿元，有力保障了企业扩张。保利地产2006年于沪市主板IPO上市，2007年增发再融资70亿元，年末销售额超170亿元，经营规模4年间扩大近7倍。

2006~2007年，股市持续高涨，上证综指于2007年10月16日创下历史最高点——6124.04点。招保万金等企业在资本市场连续增资扩股，获得上百亿的资金。在土地招拍挂制度下，坐拥巨量资金的房企拿地优势凸显，迅速扩充土地储备，战略布局大中城市，抢占市场份额，走上规模化扩张之路。

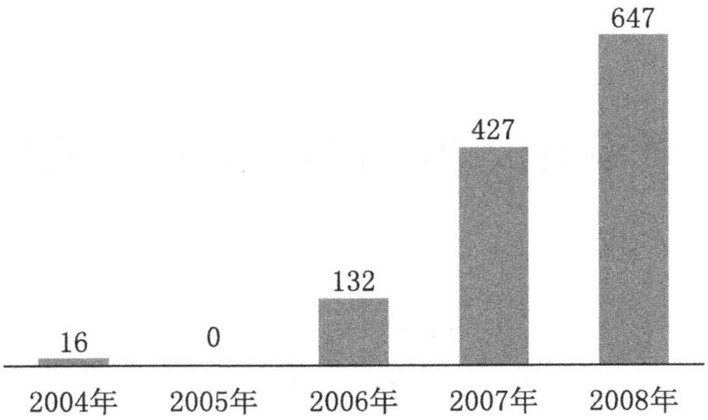

图 1.2.8　沪深上市房企增发募集资金额（亿元）

2006年起，A股牛市确立，上市房企通过IPO、增发等股票融资渠道迅速获得巨量资金。招保万金等品牌房企战略性增资扩股，仅2007年，招保万金增发募集资金238亿元，占当年所有沪深上市房企增发融资额的56%。

自2006年4月起，我国开始进入加息周期，央行收缩银根，致使国内房企融资成本上升，房企纷纷寻求海外资本市场上市之路。2006～2007年，内地房企掀起赴港上市热潮，世茂、绿城、碧桂园、远洋等房企先后成功在香港主板上市。资本扩张的背后则是业绩的新一轮突飞猛进，SOHO 中国上市后第一个财政年度 2007 年营业额较 2006 年增长 300% 至 69.54 亿元人民币，纯利则飙升 477% 至 19.66 亿元人民币。碧桂园 2007 年度获得销售额 167 亿元，同比增长 139.4%，绿城销售额 154 亿元，同比大幅增长 107%，经营规模均有明显扩张[①]。

表 1.2.1　　2006~2007 年部分内地房企在香港主板成功上市（单位：亿元人民币）

2006 年	IPO 募集金额（亿元）	2007 年	IPO 募集金额（亿元）
世茂房地产	43	碧桂园	148
绿城中国	31	远洋地产	116
绿地香港	14	SOHO 中国	123

数据来源：中指研究院综合整理。

第三节　货币宽松期，土地增值向开发增值转变

始于 2008 年，金融危机后，“四万亿”计划为市场带来大量流动性，虽然 2009 年之后政策趋于收紧，2010 年限购限贷出现，但市场仍然震荡上行，特别是在 2009 和 2013 年分别迎来爆发式增长，尤其是中小城市在城镇化推动下快速崛起，中国房地产市场格局不断调整。同时，地价开始明显攀升，2010 年和 2013 年出现两次地王潮，成本提高致使行业利润空间受到挤压，倒逼开发企业的开发过程从粗放转向精细，房地产企业的盈利方式也从之前的依靠土地增值盈利向开发增值的盈利转变，随之附加的企业品牌意识更浓。

① 2007年绿城销售额突破百亿元大关 较去年翻番-住在杭州http：//zzhz.zjol.com.cn/05zzhz/system/2008/01/10/009130409.shtml

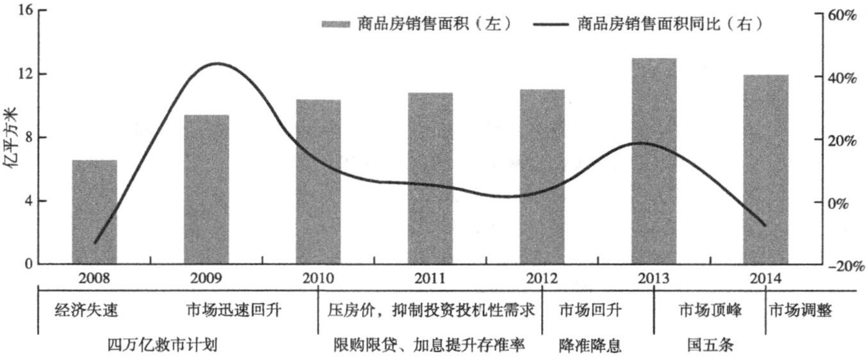

图 1.3.1　2008~2014 年全国商品房销售面积及同比增速

数据来源：CREIS 中指数据，fdc.fang.com。

一、货币宽松释放巨量资金，市场规模继续扩张

2003~2008 年，我国 M2/GDP 相对平稳，均保持在 150% 左右。2008 年金融危机爆发，房地产成交遭遇寒冬，量价萎缩明显。为刺激经济，政府于 2008 年 11 月推出 4 万亿投资计划，2009 年人民币贷款同比增速由 2008 年的 19% 大幅上升至 32%，新增房地产贷款超 2 万亿元，占比 20.9%，主要金融机构房地产开发贷款同比增长超过 30%，购房贷款增幅超过 42%。由此可见，刺激性政策使得大量流动性进入了房地产供求两端。2009 年新增居民中长期贷款增速达 368%，加之该阶段的房贷利率仅为 4.42%，基本属于历史低位。

中国城市化快速发展，适龄购房人口数激增，带来强劲的住房需求，恰逢宽松的货币环境，2009 年市场热情迅速点燃，销售面积增速在 2009 年年中达到峰值。整体市场的销售规模在这一期间持续提升，由 2008 年的 5.6 亿平方米扩张至 2013 年的 11.5 亿平方米。

二、投机需求旺盛，房价指数上涨难抑

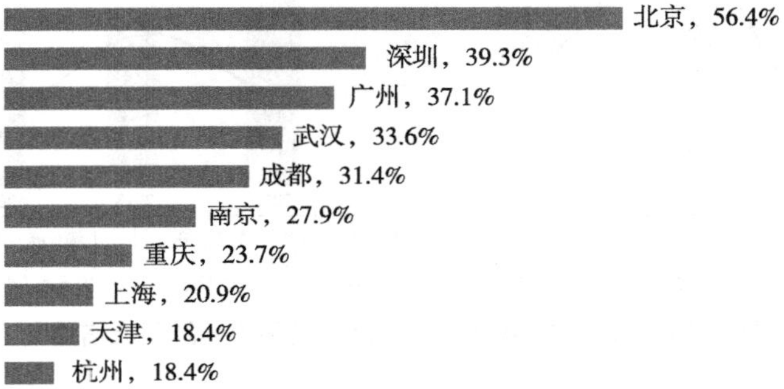

图 1.3.2　2009~2013 年十大城市综合指数累计涨幅

数据来源：CREIS 中指数据，fdc.fang.com。

价格作为房屋买卖交易的价值体现，一方面受供求关系的影响，另一方面也受货币供应量的影响。此阶段，房价能在金融危机后逐步反弹并快速上涨，很大程度上是货币宽松的外在呈现。2009~2013 年，房地产的资产属性被不断强化，在人民币对内贬值预期下，投资投机性需求旺盛，房价趋势性上涨。2009 年，多数城市房价上涨势头迅猛，北京新建住宅价格上涨 17.7%，深圳 17.6%，成都 14.8%，广州 13.9%。2009~2013 年，在政策不断调控的背景下，10 大城市房价涨幅依然显著，其中北京综合房价指数累计上涨 56.4%，涨幅最高，2013 年末达 3836 点；深圳累计涨幅接近 40%，2013 年末达 3856 点；杭州房价累计涨幅最低，但也达到 18.4%。

三、供需两旺，政策调控加速市场调整

房价的新一轮过快上涨，在关乎民生的舆论压力下，从中央到地方开始了新一轮的宏观调控，但是，每一轮政策调整后，只是短期延缓了消

费者的实际需求，并没有对市场造成明显的压制作用，调控效果有限，进而导致政府不断出台新的调控政策，与市场的博弈愈加频繁。同时，针对一线及热点二线城市政策的调控加速了全国房地产市场的调整，许多中小城市房地产市场在城镇化推动下得到快速发展，中国房地产市场格局不断调整。

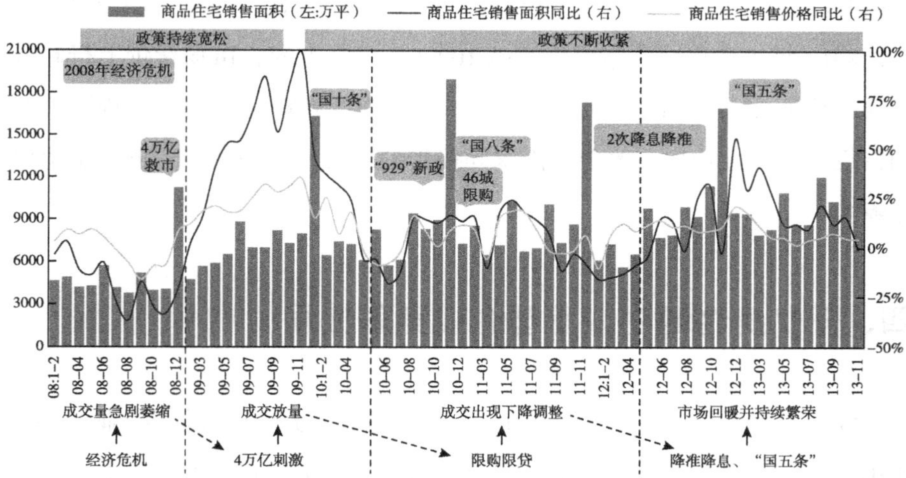

图 1.3.3　2008~2013 年中国房地产市场量价走势与政策变化

数据来源：CREIS 中指数据，fdc.fang.com。

2009 年市场回暖态势确立，政策开始试探性收紧，年底财政部、税务总局联合发布个人住房转让的营业税政策：自 2010 年 1 月 1 日起，个人住房转让免征营业税期限恢复至五年。2010 年的"国十一条"旨在加快住房建设供应量，增加中小户型、中低价位商品房供应，加大保障房建设支持力度，解决 1540 万困难家庭的住房问题；而"新国十条"则旨在遏制部分城市房价过快上涨，抑制投资投机性需求。但政策效果有限，2010 年市场整体表现依然为量价齐升。

2011 年调控政策出台后，市场逐渐下行。2011 年"新国八条"继续针对房价进行调控，北京、深圳、厦门、上海等城市开始实行限购令，同时央行的高频率上调存款准备金率和加息，导致房价涨幅收窄并于2011年9月开始持续下跌。受当年政策影响，市场量价萎缩，调控效果显现。

2012年，受地方政府财政趋紧、经济下行压力影响，政策调控开始出现松动，两次降准降息明显改变市场预期，下半年房地产市场量价开始企稳回升。2013年的“国五条”出台，坚持调控不放松，但房价调控目标落空，2013年4月百城住宅均价突破10000元/平方米，市场量价上行趋势未改，反而成就了房地产近20年来的历史销量高峰。此间的限购限贷均剑指投机投资性购房，改善型需求间接受到压制，居民的自住型需求得以保障。

四、千亿房企诞生，重塑企业竞争格局

政策限制下新一批房企开启赴港上市之路。为调控房地产行业，2010年国务院暂停房企上市、再融资和资产重组，加上央行持续收紧的货币政策，国内融资环境严峻，内地房企再次寻求海外上市之路，恒大、龙湖、花样年、佳兆业、融创等房企自2009年开启第二波赴港上市潮。截至2014年底，据不完全统计，至少有50家内地房企在港上市。

上市房企通过资金优势实现新一轮的市场扩张，万科、保利等龙头房企销售规模突破千亿，并持续实现高增长。2010年，万科销售额达到1081.6亿元，提前4年完成千亿计划，当年北京和深圳公司年销售额均破百亿，共同刷新了房企单个城市年销售额的历史记录。万科之后，绿地、中海、保利于2012年顺利晋级千亿房企阵营，2013年碧桂园、万达、恒大均破千亿大关。自此，千亿房企阵营业已形成，成为影响房地产行业竞争格局的重要力量。

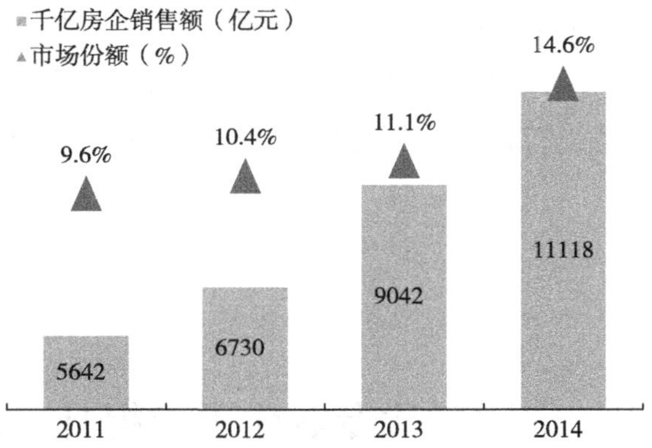

图 1.3.4　7 家千亿房企历史销售额

数据来源：中指研究院整理。

行业集中度显著提升，强者恒强态势愈显。过去行业发展的“黄金十年”造就了千亿龙头房企的诞生，企业竞争格局越发向“强者恒强”态势演变。市场化背景下，大型房企拥有更强的资源整合能力及品牌影响力，凭借广泛的市场布局与丰富的产品结构，灵活应对市场变化，保持了业绩的稳步提升，规模效应凸显。7 家千亿房企销售额占全国商品房销售额的比重由 2011 年的 9.6% 迅速上升为 2014 年的 14.6%。在市场规模不断扩大的环境条件下，行业竞争“百家争鸣”，多数房企的经营规模持续做大做强，而政策调控、宏观经济等外部因素制约下彰显了部分企业的竞争优势，突出了企业的抗风险能力，如资金、管理方面的优势等，逐渐拉开了同其他企业的差距。

房企经营业绩的持续分化导致行业竞争格局呈梯次分布，第一梯队的龙头房企在稳固自身行业地位的同时积极拓展新的利润增长点，成为行业发展的领头羊，而其他中小房企在追求规模增长的同时将产品朝着精细化方向迈进，不断提升自身竞争力。

该阶段中，2010 和 2013 年前后分别出现两次地王潮，拿地成本开始明显攀升，成本的提高致使利润率不断降低，行业模式逐渐往精细化方向发展，行业竞争加剧。同时，市场的短期波动也给开发商带来不小压力，激发他们不断提升产品的硬件能力，企业的核心竞争力从原始的土地增值向开发增值进行转换，房地产开发企业及购房者的品牌意识持续强化。

第四节　白银时代专业化诉求提升，房企纷纷谋求多元转型

始于2014年，伴随经济增长乏力，政府仍将房地产作为稳增长的重要手段，政策开始不断放松，2014年下半年限购退出，随后“930新政”超预期放宽限贷、央行降准降息，股市低迷之下，资金蜂拥进入房地产市场，叠加效应使市场回暖，量价创新高，并带动土地市场再度返热。这一市场背景促使企业分化加剧，市场集中度提升，行业整合加剧；同时，经过数十年的资产货币化阶段，房地产市场化已由投资端转向需求端，加速了中国房地产市场迈入细分与专业化时代，品牌房企的优势再度叠加，并给专业能力薄弱的开发商带来了巨大的竞争压力。

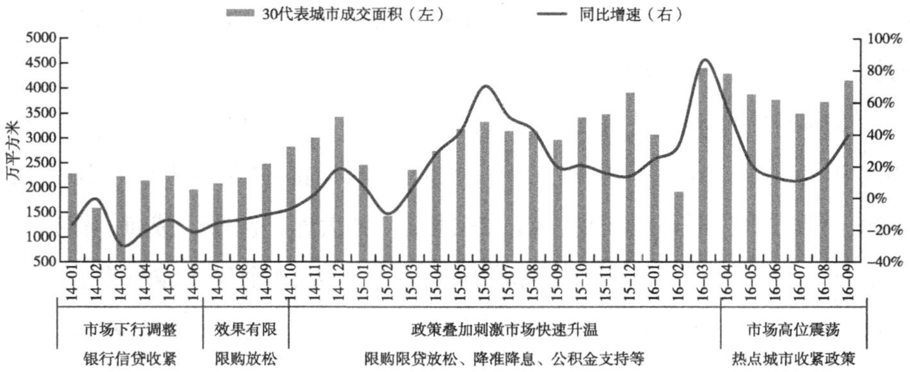

图 1.4.1　2014 年以来 30 个代表城市[①] 商品住宅成交量走势

数据来源：CREIS 中指数据，fdc.fang.com。

一、供求关系改变，去库存成为行业大背景

随着中国城镇化进程放缓与人口红利消失，中国房地产市场长期扩张引擎减弱，加之此前十年的野蛮增长，市场高库存问题开始显现，市场挥别黄金十年，进入白银时代。经过上一个历史时期的快速扩张，国内房地产市场年销售规模已连续 5 年超 10 亿平方米，2008~2014 年，全国商品房新开工面积 113 亿平方米，同期销售面积总计 74 亿平方米，销售新开工比 0.65，市场供求结构已经出现变化。供求失衡的表象是许多城市“造城运动”后，产业、生活配套的缺失导致入住率较低造成的，部分城市“鬼城”林立，住宅存量积压，市场去化难度大。

外部经济环境变化也影响了行业运行轨迹。2014 年，我国 GDP 同比增长 7.4%，经济发展步入新常态。以往粗放式的经济发展模式带来严重的

① 30个代表城市：北京、上海、广州、深圳、杭州、武汉、南昌、苏州、大连、重庆、天津、长沙、东莞、无锡、沈阳、郑州、泸州、南京、成都、厦门、西安、福州、青岛、合肥、长春、海口、唐山、徐州、佛山、包头。

产能过剩，如钢铁、水泥等行业均面临“去产能化”，在经济调结构、稳增长的政策背景下，房地产市场也开始出现转向的苗头。

多因素导致市场供求关系与结构面临调整，去库存成为行业主基调。2014 年，北京、上海、广州三个一线城市的商品住宅可售面积均突破 1000 万平方米，创历史新高，而二三线城市的大连、沈阳、威海、锦州等住宅存量同样达历史高位，去库存压力较大。从 20 个代表城市来看，商品住宅出清周期自 2013 年起持续攀升，于 2014 年 9 月底达到顶峰 18.2 个月，可售面积也于 2014 年底达到高点。

二、调控放松再收紧，城市分化凸显

2014 年 6 月，呼和浩特第一个放松限购，此后各地限购放开步伐加快，但效果较为有限。四季度开始，货币政策与信贷政策开始登场，央行连续实施 5 次降息、4 次降准，330 新政、831 政策、930 政策陆续加码。在宽松的货币环境与信贷政策刺激之下，热点城市量价高歌猛进与三四线城市去库存同时出现，城市分化进一步加剧。

2016 年以来，受政策放松的影响，加之实体经济利润率下滑、人民币贬值预期等因素，导致投资荒困局出现，这一困局也导致资金在各级城市间追逐传导，热点城市房地产市场持续高温态势，促使地方开启调控收紧模式，部分城市如苏州、南京等地二季度已出台收紧措施，但市场热度依然不减，房价地价仍保持较快上涨趋势，三季度苏州、南京、厦门、武汉等城市接连限购限贷，加码调控。随着市场热度的不断传导，调控收紧也在扩围，杭州、郑州、石家庄、福州、济南加入调控收紧行列。

各地政策充分体现“因城施策”总体要求下差别化、精细化调控的思路。限购方面，南京、杭州、苏州针对非本市户籍购买二套房，厦门针对购买 144 平方米及以下普通住宅；信贷收紧方面，厦门进一步区分和细化了购房家庭情况，苏州、南京实施分区施策，南京同时暂停公转商贴息贷款；土地市场方面，郑州对土拍方式采取分区差别化调整；福州限价，深圳、济南、石家庄等多地加强市场监管。

表 1.4.1　　2016 年部分城市收紧政策一览

城市	时间	政策
廊坊	4 月	限购
	8 月	加强监管
石家庄	9 月	加强监管
济南	9 月	加强监管
郑州	9 月	严控土地
南京	4 月	限房价涨幅
	5 月	限地价
	8 月	限贷
	9 月	限购、加强监管
苏州	3 月	限房价涨幅
	5 月	限地价
	8 月	限贷、部分限购
	9 月	市区全面限购
杭州	9 月	限价、加强监管
武汉	3 月	下调公积金贷款上限
	8 月	限贷、加强监管
合肥	4 月	加强监管
	6 月	限贷
福州	9 月	限价、加强监管
厦门	7 月	限贷
	9 月	限购
深圳	9 月	加强监管

数据来源：CREIS 中指数据，fdc.fang.com。

三、一二线城市价格指数率先企稳回升，涨势扩散

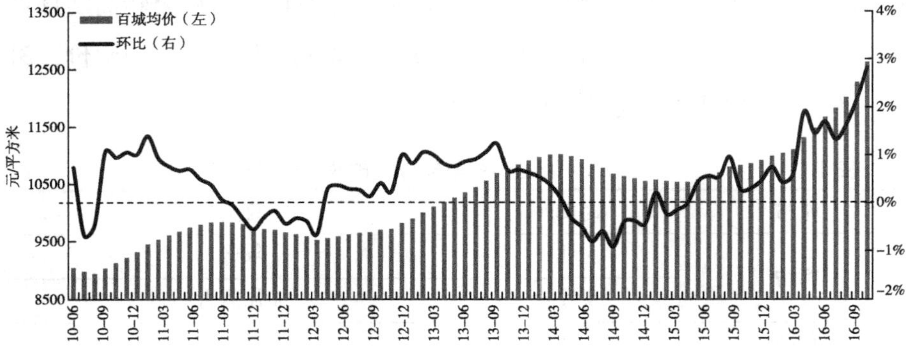

图 1.4.2　百城住宅均价及环比变化

数据来源：CREIS 中指数据，fdc.fang.com。

自 2014 年二季度开始，百城价格指数中的各线城市房价均进入下行通道，2014 年四季度以来受政策刺激影响，一线城市房价开始企稳回升，二三线城市价格因为过去几年的过度开发，市场库存风险仍存，房价上涨动能不足，正式开启上涨通道的时间在 2015 年二季度之后。

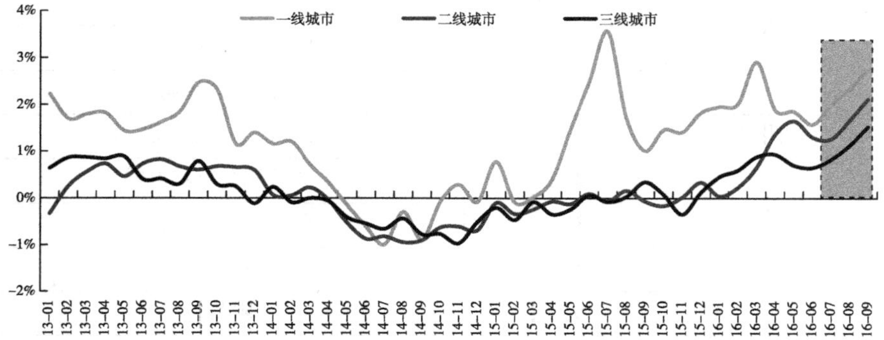

图 1.4.3　各线城市住宅均价环比走势

数据来源：CREIS 中指数据，fdc.fang.com。

2016 年以来，各线城市房价上涨的协同效应，导致 1~9 月百城住宅均价累计上涨 14.91%，各季度涨幅逐步走高。其中，一季度累计上涨 2.94%；二季度涨幅进一步扩大，累计上涨 4.54%；三季度随着更多城市房价加入上

涨行列，全国整体均价涨幅再度扩大，累计上涨 6.78%，其中 8、9 月环比涨幅均突破 2%，一再刷新近年新高。截至 2016 年 9 月，百城住宅均价上涨至 12617 元 / 平方米，环比连续 17 个月上涨；同比连续 14 个月上涨。

表 1.4.2 百城及各类型城市不同阶段累计涨跌幅

城市	2016 年三季度	2016 年二季度	2016 年一季度	2016 年 1-9 月	2015 年 1-9 月
百城	6.78%	4.54%	2.94%	14.91%	2.61%
一线	7.24%	5.39%	7.02%	20.96%	11.87%
二线	5.13%	4.37%	0.92%	10.73%	−0.72%
三线	3.51%	2.29%	1.93%	7.93%	−0.96%

数据来源：CREIS 中指数据，fdc.fang.com。

2016 年三季度，各线城市住宅价格涨幅均扩大，二线城市由局部上涨升级为普涨。总体来看，三季度房价领涨城市仍主要集中在长三角、珠三角、京津冀三大城市群，且上涨态势继续扩散传导，涨幅明显城市大致分三类，第一类是廊坊、昆山、佛山等一线周边城市；第二类是上海、杭州、南京等宏观基本面表现突出，且供应明显不足的热点城市；第三类是无锡、福州等因邻近政策趋紧的南京、苏州、厦门，承接了部分外溢需求的城市。

四、土地市场热度升温，地王城市阵营不断壮大

伴随着房地产市场成交的逐步回暖，一二线城市的土地市场再度返热，地价不断被刷新，总价、单价地王不断涌现。2016 年的地王潮较之前两次来势更为凶猛，地价涨幅赶超房价已成常态。

热点城市土地高热致整体楼面价上涨，住宅用地楼面价及溢价率大幅上涨。2016 年 1~9 月，全国 300 个城市各类用地成交楼面均价为 1891 元 / 平方米，较 2015 年同期上涨 47.9%，其中住宅用地楼面均价为 3333 元 / 平方米，同比上涨 61.7%；商办用地为 2061 元 / 平方米，同比上涨 23.2%。溢价率方面，前三季度全国 300 个城市各类用地成交平均溢价率为 48.6%，

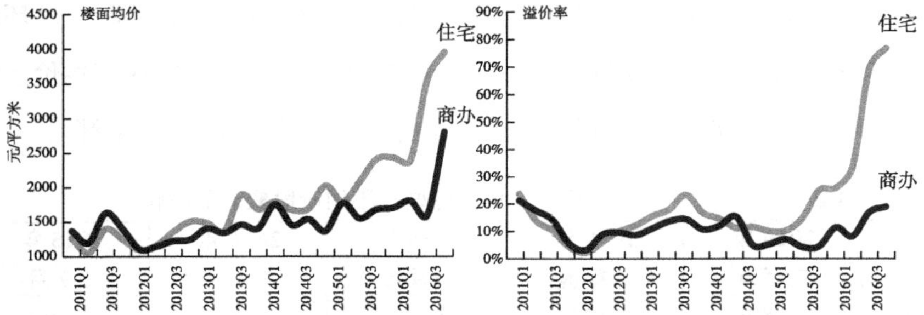

图 1.4.4　2011 年一季度至今全国 300 个城市住宅、商办用地楼面均价及平均溢价率

数据来源：CREIS 中指数据，fdc.fang.com。

较 2015 年同期提高 35.4 个百分点。其中，住宅用地溢价率为 62.8%，较 2015 年同期提高 45.3 个百分点。

表 1.4.3　　2016 年 1~9 月各级城市住宅土地成交月均同比变化情况

城市类别	成交面积同比	出让金同比	楼面价同比	溢价率变化
一线	−53.2%	−12.0%	87.8%	提高 63.94 个百分点
二线	5.8%	101.1%	91.3%	提高 49.09 个百分点
三四线	−8.1%	16.2%	26.9%	提高 28.87 个百分点

数据来源：CREIS 中指数据，fdc.fang.com。

2016 年以来，地王潮从杭州、南京、合肥向成都、郑州、武汉不断蔓延，地王城市数量不断增加，重点二线城市土地市场依旧高温不退，总价和单价地王频现，楼面价涨幅领衔全国。1~9 月二线城市出让金及楼面价分别同比大涨 101.1%、91.3%，溢价率也较 2015 年同期提高 49.09 个百分点，增幅显著。南京、杭州受土拍新规影响，三季度溢价率较二季度回落，但郑州、成都等城市溢价率大幅上涨，导致二线城市溢价率较二季度略有上升。而一线城市供地大幅减少，整体溢价率也较二季度回落 26.4 个百分点。

五、行业整合加剧，促进企业转型升级

2015 年底的中央经济工作会议首次公开提出“促进房地产业兼并重

组，提高产业集中度”，意图创造良性的行业整合环境。据不完全统计，2016年前十月A股上市房企披露重大重组事件合计20宗，交易金额高达1639亿元，远高于2015年。

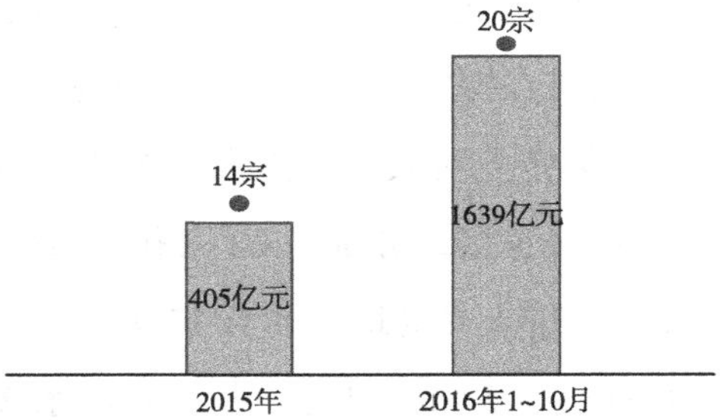

图 1.4.5　2015年与2016年1~10月A股上市房企重大重组事件统计

数据来源：中指研究院综合整理。

品牌房企的整合并购势必压缩小企业的生存空间，行业竞争格局愈加激烈。一方面，央企加快整合，中海与中信的整合，保利与中航的整合，催生了集团化或巨无霸模式，带来行业格局的改变；另一方面，恒大、融创等房企通过自身规模优势、财务优势、融资优势等积极并购入股其他房企，如恒大8月正式控股嘉凯城，接连举牌廊坊发展，积极入股万科等，

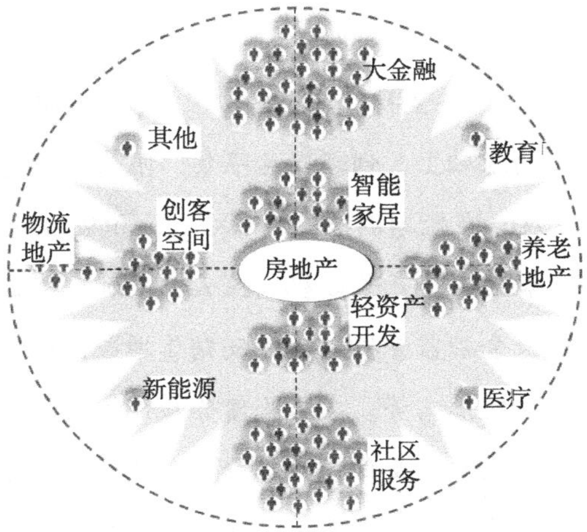

图 1.4.6　2015百强房企主要转型方向

而融创2016年9月份以138亿元收购联想旗下地产企业融科置地，40亿元入股金科，成为金科第二大股东。

从目前房企转型的方向来看，主要遵循以房地产主业为核心、以互联网为切入点的纵横两条主线，纵向上探金融、下延社区服务、开发模式轻型化、家居智能化，横向重点探索养老地产、物流地产、众创空间等。中指院研究组选取2015百强企业对其转型方向进行深入分析显示，向金融领域和社区服务转型的房企最多，分别为28家和23家，转型轻资产开发和智能家居的均为14家，进入养老地产的有17家，探索新兴的众创空间和物流地产的分别为10家和5家，也有一些房企试水教育、医疗、新能源等房地产外的业务领域。

第五节 “房住不炒”定位不动摇，行业进入高质量阶段

2016年以来，中央坚持“房住不炒”调控基调，各地因城施策，在限购限贷的基础上，创新实施限售、限价等调控手段促进房地产市场平稳发展。在短期调控措施基础上，积极推进以住房租赁、共有产权房为代表的房地产长效机制探索，更加重视建立供给端调控机制。在房地产金融监管持续从严及销售增速回落背景下，土地市场热度整体呈现回落态势。在居民债务及调控政策约束下，行业告别过去以追求规模为首要目标的粗放式发展阶段，更加注重从投资、产品、融资、营销等环节精益求精提升企业综合实力，房地产行业正式进入以“高质量管理”为制胜优势的全新发展阶段。

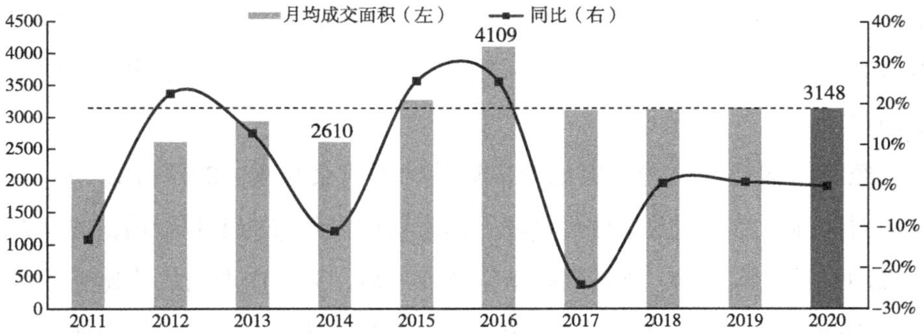

图 1.5.1 2011~2020 年 50 个代表城市[①] 商品住宅月均成交面积及同比走势

数据来源：CREIS 中指数据，fdc.fang.com。

一、行业增速放缓，结构性机会显现

在经历了一轮地产景气周期以后，2017 年以来房地产行业销售增速逐步回归理性。由于楼市火爆导致居民房贷快速增加，居民杠杆率从 2011 年底的 27.9% 逐年升至 2020 年三季度的 61.4%[②]，上升比例远超其他社会部门，居民债务阶段性高企透支了部分未来消费能力，宏观及金融风险加大。因此，政策决策的逻辑在变，“房子是用来住的，不是用来炒的”，勾勒出了现阶段及未来更长一段时期内房地产之于中国经济社会中的基本定位，不断引导各类市场主体的预期，房地产行业由规模化扩张步入向结构优化、品质优化转变的过渡期。在此背景下，商品房销售面积增速和销售额增速均出现逐年递减态势，其中，商品房销售面积增速从 2016 年

① 代表城市共50个，一线包括北京、上海、广州、深圳4个城市；二线包括天津、重庆、杭州、武汉、大连、苏州、厦门、成都、南京、三亚、贵阳、温州、哈尔滨、海口、长春、合肥、青岛、福州、西安、南宁、郑州、沈阳、无锡、长沙、南昌25个城市，主要是各省会城市和计划单列市；三四线包括三明、莆田、中山、惠州、淮安、肇庆、汕头、镇江、绍兴、宿州、韶关、包头、佛山、徐州、唐山、泉州、泸州、芜湖、东莞、扬州、南通21个城市，主要为地级市。

② 数据来源：国家金融与发展实验室。

的22.5%逐年下行到2020年的2.6%，商品房销售额增速从2016年的34.8%逐年下行到2020的8.7%，行业进入总量平稳、市场结构分化的发展新阶段。

经济结构持续改善，房地产市场结构性机会显现。2017年以来，为了应对国际贸易争端及金融去杠杆等因素对国内经济的不利影响，国家大力推动经济结构改善，支持战略新兴产业发展，第三产业增加值比重逐步升至2020年底的54.5%，我国经济发展动能依旧充足。其中，房地产行业在保持总量平稳的背景下，市场结构出现分化，机遇与挑战并存。一方面，以发展城市群、人口流动门槛降低为契机而形成的区域性市场机会显现，重点城市群和中心城市迎来黄金发展期；另一方面，居民对美好生活的向往推动改善型需求占比逐步提高，提升产品力和服务体验成为行业共识，在现阶段市场形势倒逼下，整个行业的产品品质都有明显提升。

在经历“土地红利”“金融红利”阶段后，房地产行业正式进入以“管理红利”为制胜优势的全新发展阶段。2020年8月，监管部门为限制房地产企业融资设置“三道红线”，行业运行的规律悄然发生了变化，“三道红线”的实施将有利于房地产企业形成稳定的金融政策预期，合理安排自身的经营活动和融资行为，增强自身的抗风险能力，推动行业健康发展。与此同时，也将强化行业中杠杆水平不高、财务稳健的地产企业的优势。房企将更加注重修炼“内功”，企业运营更加专业化、精细化，在管理数字化、资金高效周转、打造产品力、培育品牌美誉度等方面积极构筑企业核心竞争优势。

二、坚持“房住不炒”，建立住房长效机制

中央始终坚持“房住不炒”定位，地方因城、因区、因势施策保持房

地产市场稳定。2017年以来“房住不炒”调控基调贯穿始终，2016~2019年，累计超过130个地级以上城市（出台约630项）和74个县市（出台约75项）出台紧缩政策。2017年，调控政策从需求端抑制向供给侧增加进行转变，限购限贷限售叠加土拍收紧，供应结构优化，调控效果逐步显现。2018年，房地产市场调控面临的宏观经济环境更加复杂，在金融财政政策定向“宽松”的同时，房地产市场调控政策仍然“从紧”。2019年一季度整体政策基调相对宽松，市场预期有所向好，4月份，中央政治局会议重申坚持“房子是用来住的，不是用来炒的”定位，落实好因城施策、城市政府主体责任的长效调控机制，会议对“房住不炒”的再次强调对市场情绪稳定和后续地方紧缩政策的跟进起到了关键的引导作用。2020年上半年，中央仍坚持“房住不炒”定位不变，地方政府短期为应对新冠疫情带来的影响，多从供需两端出台房地产扶持政策，因城施策更加灵活，但仍坚持“限购”“限贷”等主体政策底线，需求端更多从放宽人口落户、降低人才引进门槛、加大购房补贴等方面落实。2020年12月，中央经济工作会议召开，进一步强调“要坚持房子是用来住的，不是用来炒的定位，因地制宜、多策并举，促进房地产市场平稳健康发展。”

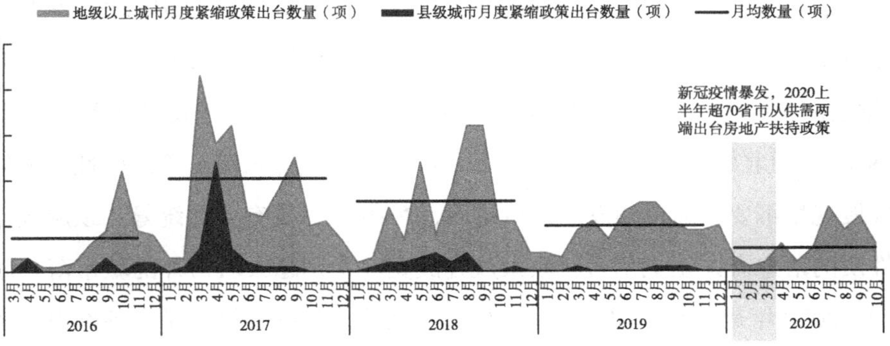

图1.5.2　2016年以来各城市出台紧缩政策数量走势

资料来源：中指研究院综合整理。

控制资金流向，房地产金融端持续收紧。2017年，中央多次表态加强金融管理，防范房地产泡沫风险，防止资金违规流入房地产。2019年，金融政策收紧是全年房地产市场调控的核心，各部门紧盯房地产金融风险，房地产行业资金定向监管全年保持从紧态势。2020年初，银保监会强调严格执行授信集中度等监管规则，严防信贷资金违规流入房地产领域；4月，银保监会再次强调，按照申请贷款时的用途真实使用资金，不能挪用，对于违规流入房地产的坚决纠正；下半年，"三道红线"试点实施，严格限制保险资金、小额贷款公司贷款、商业银行互联网贷款等用于房地产相关领域，个人消费贷、信用贷监管强化，房地产金融监管整体呈现逐渐收紧态势。

探索长效机制建设，短期调控与长效机制有效衔接。2017年政府工作报告提出坚持住房居住属性，加快建立和完善促进房地产市场平稳健康发展的长效机制，健全购租并举的住房制度。十九大报告对房地产市场再次强调"房子是用来住的，不是用来炒的"基调，坚持加快建立多主体供给、多渠道保障、租购并举的住房制度。2018年，供给端发力住房供给结构调整，大力发展住房租赁市场、共有产权住房等保障性安居住房，增加有效供给比重。

推动城市群发展，进一步活跃人口迁移。区域层面，2019年，发改委已就培育发展现代化都市圈出台指导意见，指出城市群已成为中国新型城镇化主体形态。各城市群加速出台规划、实施方案，《粤港澳大湾区规划纲要》《河北雄安新区总体规划（2018–2035年）》《长江三角洲区域一体化发展规划纲要》陆续印发。人口层面，2019年，具有全国统筹、顶层设计性质的落户方案正式出台，政策放开放宽除个别超大城市外的城市落户限制。2020年是检验我国"三个1亿人"战略成效的关键年份，各城市间的人口迁移进一步活跃。

三、价格涨幅整体回落，市场逐步回归理性

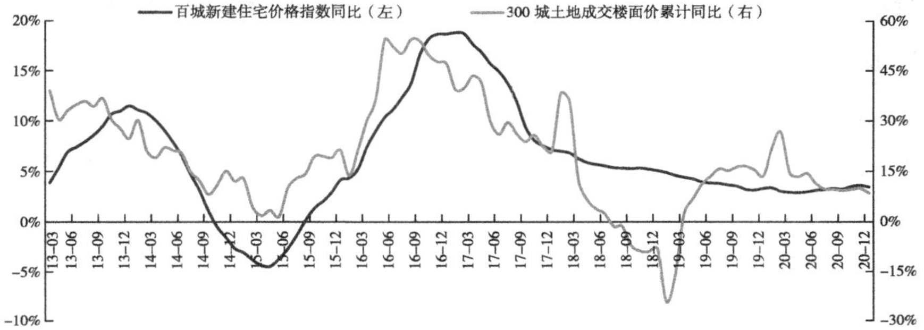

图 1.5.3 2013~2020 年百城新建住宅均价同比涨幅及 300 城住宅用地累计同比涨幅走势

数据来源：CREIS 中指数据，fdc.fang.com。

2020 年以来，虽然经历新冠疫情冲击，但在各方积极合理应对下，房地产市场恢复情况良好。2020 年，百城新建住宅价格累计上涨 3.46%，涨幅较 2019 年扩大 0.12 个百分点。其中，一季度累计上涨 0.18%；二季度随着疫情得到控制，各项经营活动逐步恢复正常，涨幅进一步扩大，累计上涨 1.10%；三季度，市场进一步恢复，全国整体均价涨幅再度扩大，累计上涨 1.18%，尤其 7、8 月份涨幅均超 0.40%，贡献了三季度大部分价格涨幅，四季度累计上涨 0.97%，较 2019 年同期扩大 0.20 个百分点。

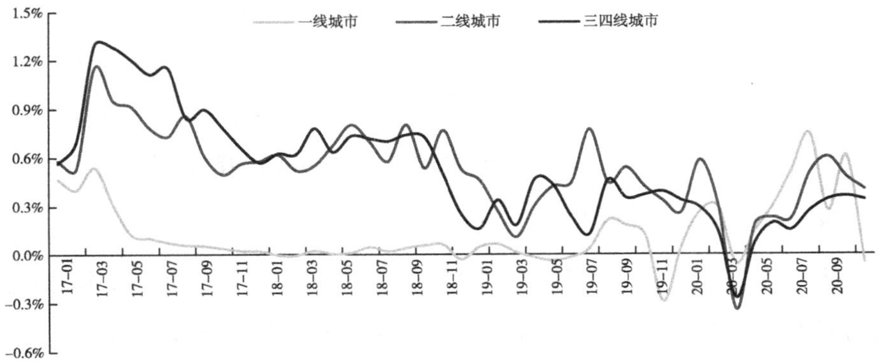

图 1.5.4 各线城市住宅均价环比走势

数据来源：CREIS 中指数据，fdc.fang.com。

自 2016 年下半年开始，百城价格指数中的各线城市房价均进入下行通道，随着 2016 年以来，调控政策陆续从一二线城市辐射到三四线城市，一线城市房价涨幅率先回落，且由于调控政策更为严格，一线城市调控效果也最为显著。

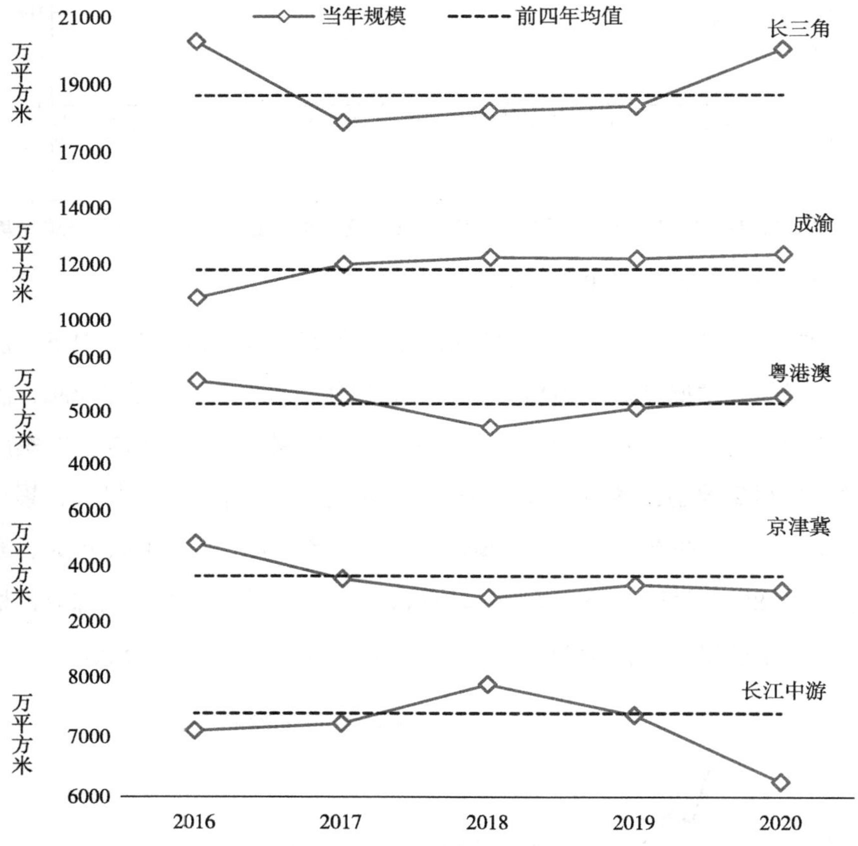

图 1.5.5　2016 年以来五大城市群代表城市商品房销售面积

数据来源：CREIS 中指数据。

从各城市群来看，市场表现分化明显。2020 年，长三角、成渝城市群市场需求释放积极性较高，其商品房销售面积处于历史高位；粤港澳地区需求释放整体较为平稳，商品房销售面积接近近几年平均水平；京津冀、长江中游地区2020年置业需求则存在一定压制，其商品房销售规模均较前四年平均水平有不同程度的缩减，其中以长江中游地区表现最为显著。长江中游地区中湖北省内城市受疫情影响严重，经济及房地产市场均处于恢复阶段，较大比例的置业需求处于压制状态。京津冀房地产市场前期在调控政策影响下，市场步入调整周期，近两年需求虽有所回升，但仍处于自我调节阶段，存在部分需求潜力待释放。

四、土地市场热度回落，稳地价效果显著

伴随着调控政策效力显现，2017年以来，土地市场热度总体回落，房企拿地更为审慎。2019年上半年、2020年二季度土地市场有小幅回暖迹象，在稳地价、稳房价、稳预期调控思路下，通过相应措施适当调节土地市场热度，促进房地产市场平稳发展。

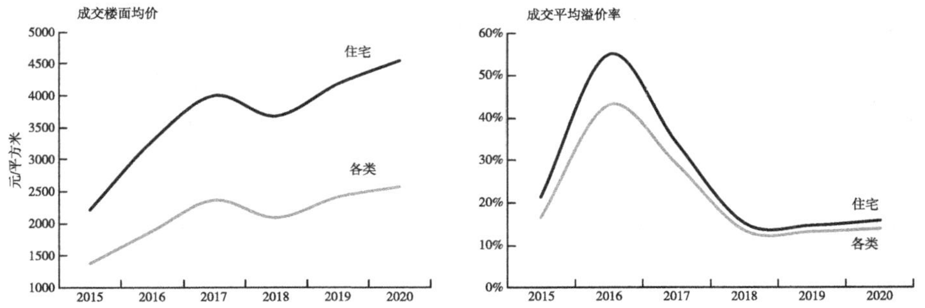

图1.5.6 2015~2020年全国300城各类用地和住宅用地成交楼面均价及平均溢价率

数据来源：CREIS中指数据，fdc.fang.com。

成交楼面均价创历史新高，平均溢价率小幅提高。2020年，全国300城各类用地成交楼面价为2578元/平方米，同比上涨6.8%。其中，住宅用地成交楼面价为4542元/平方米，同比上涨8.9%。楼面均价的上涨一方面受各线城市土地成交结构性因素影响，另一方面，部分热点城市优质

地块供应量增多，企业参拍积极性高，带动全国成交楼面均价上涨。溢价率方面，2020 年，全国 300 城各类用地平均溢价率为 13.6%，其中，住宅用地平均溢价率为 15.4%，较 2019 年提高 1.2 个百分点。具体来看，一季度，受新冠肺炎疫情影响，房地产市场不确定性较大，企业拿地积极性受挫，土地市场热度较低；二季度，随着疫情得到控制，部分一二线城市优质地块推出量增多，叠加相对宽松的金融环境，企业拿地意愿明显提升，土地市场逐步升温；三季度以来，多地陆续发布楼市调控收紧政策，同时房地产金融监管趋严、“三道红线”新规试点实施，企业资金压力加大，拿地热情有所回落，土地市场逐渐回归理性。

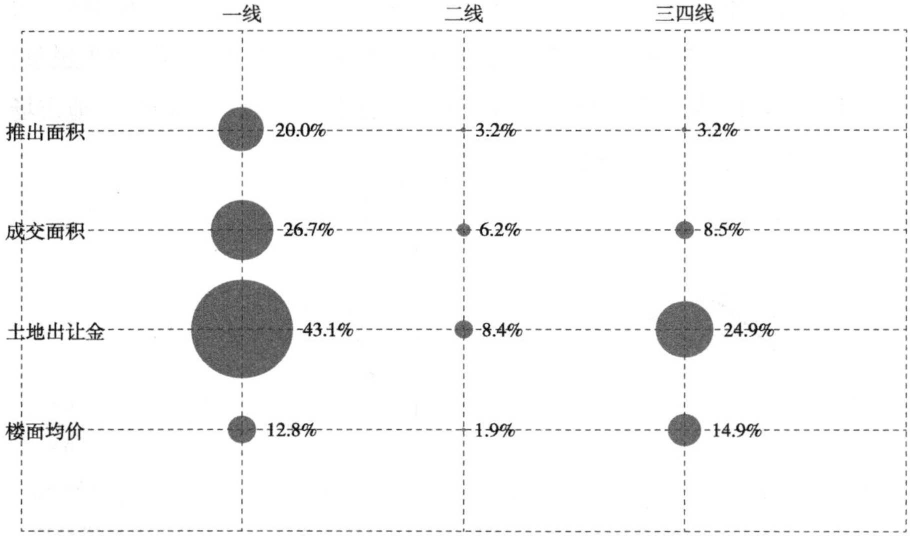

图 1.5.7　2020 年各线城市住宅用地推出和成交相关指标同比变化

数据来源：CREIS 中指数据，fdc.fang.com。

2020 年，一线城市宅地供求规模均有所增长，土地出让金占比显著提升。成交面积方面，2020 年，一线城市住宅用地供求规模均实现较大幅度增长，同比增幅均超两成；二线及三四线城市住宅用地供求规模同比均小幅增长。价格方面，各线城市成交楼面均价均有所上涨。出让金方面，一线城市住宅用地出让金同比增长超四成，增幅居各线城市之首。综合来看，2020年一线城市住宅用地市场热度相对较高。一方面，一线城市土地资源较为稀缺，2020年大规模供地获得企业更多关注；另一方面，优质地块推出量明显增加，带动企业竞拍热情提升，土地成交楼面均价及溢价率均有所提高。

五、战略转向高质量发展，向内部运营要红利

在竞争加剧的行业背景下，打造强势品牌、优化企业内部管理和提升运营效率成为重要的竞争点。房企纷纷加大内功修炼，完善品牌谱系，优化产品和服务，调整组织架构，提升组织响应速度，并积极推动数字化建设及应用，提升决策速度及精准度，赢取新时代下的管理红利。

打造品牌影响力，强化业绩增长与品牌协同。2020品牌价值与业绩相关系数达到0.72，规模化仍是价值增长主动力。品牌企业凭借卓越的用户体验和持续的品牌深耕，扩大品牌影响力，进一步撬动客户购买力，有效推动销售业绩的稳步增长；同时，企业业绩的增长进一步奠定品牌价值的增长根基，推动品牌价值的持续积累。以标签化建立品牌区隔，立体谱系创造新价值。一方面，品牌企业以品质生活为核心，探索与客户需求密切相关的市场空间，围绕高品质产品与服务，形成完善、精细化的产品线，促进品牌增值；另一方面，品牌企业围绕服务商与运营商的定位，重新梳理产业链，打造差异化、专业化的品牌谱系，深挖品牌价值。最后，“线上营销 + 专属服务”改善客户体验，提升品牌三度。品牌企业紧抓营销契机，从线上场景营造、到客户管理、再到线下匹配优质服务，一整套完整连续的客户服务，实现了线上客户的高效转化。

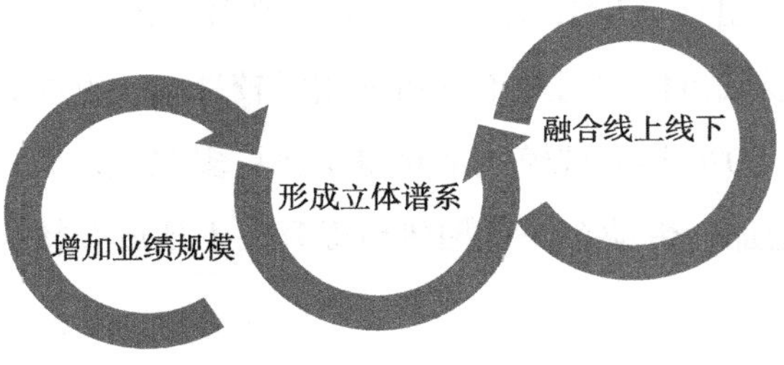

图 1.5.8　房企强化品牌影响力方式

优化产品体系、升级服务业态。产品层面，经过多年发展，房企在积累了丰富的产品经验的同时，产品线也变得臃肿复杂，原有产品系列老化，核心产品系列不突出，供需错配问题日益显现。为此，优秀房企围绕核心产品理念，系统梳理产品体系，精简优化老产品线，并补充创新产品系列，重塑清晰、完整、适宜、规范的产品体系。服务层面，房企依托互联网、物联网等技术建设智慧社区，挖掘客户需求构建增值服务体系，同时积极提升社区管理水平为居民美好生活保驾护航。

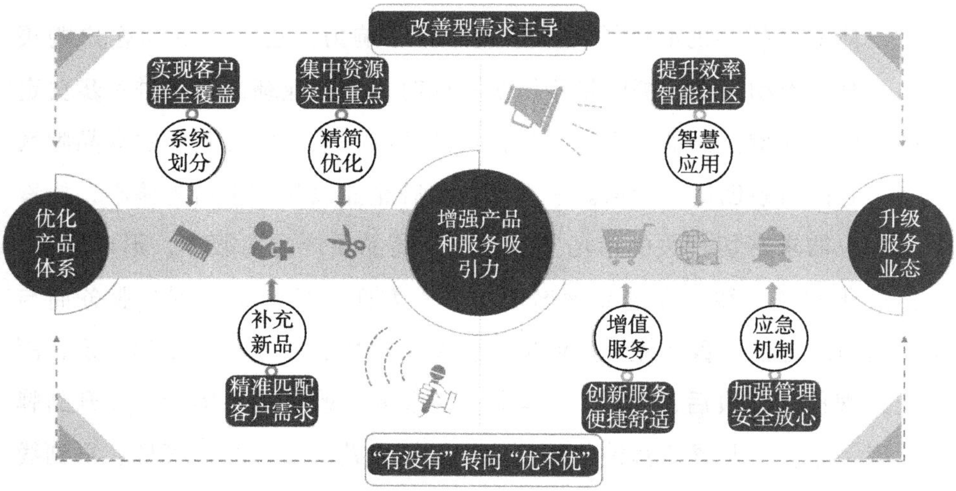

图 1.5.9　房企产品力提升举措

区域整合与放权，提升组织响应与决策效率。一方面，房企通过合并部分区域减少内耗、降低成本，集中做强优势区域。如碧桂园将环京五大区域合并为北京、京东北区域；融创合并海南区域与广深区域，成立新的华南区域。另一方面，房企通过打造大区运营模式放权区域公司，激发区域活力。如旭辉整合苏南、南京两个区域的业务成立江苏区域集团，将北京事业部、天津事业部进行整合成立华北区域集团，除了投资、财务、人力等职能以外，将大量业务下沉至区域业务体系，通过培育区域小集团提升企业综合效能。

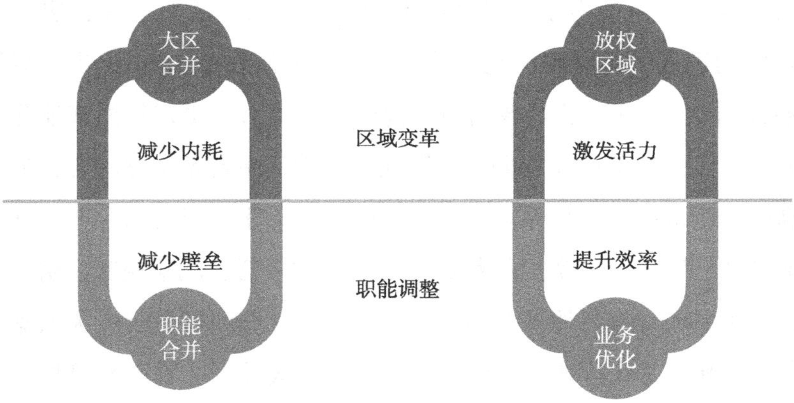

图 1.5.10　房企优化组织架构思路

打造协同高效职能体系，为企业发展赋能增效。一方面，房企横向整合总部职能部门，减少部门壁垒，提升协作和决策效率。正荣推进总部职能整合提效，将总部工程管理部和成本管理部合并为工程成本中心，成立涵盖品质督查部、客户资源部和服务管理部的客户价值中心。另一方面，房企对重要职能条线和业务板块进行优化调整，减少交叉管理，提升组织协同能力。如碧桂园对营销大区、区域营销架构和职能进行整合，提升综合统筹力度；正荣将原商业开发公司商业项目市场研究、标准制定、退出管理等职能并入资产管理部，商业地产项目移交区域平台，将商业板块发展从管项目向管资产转变，减少交叉管理，提高跨板块业务协同。

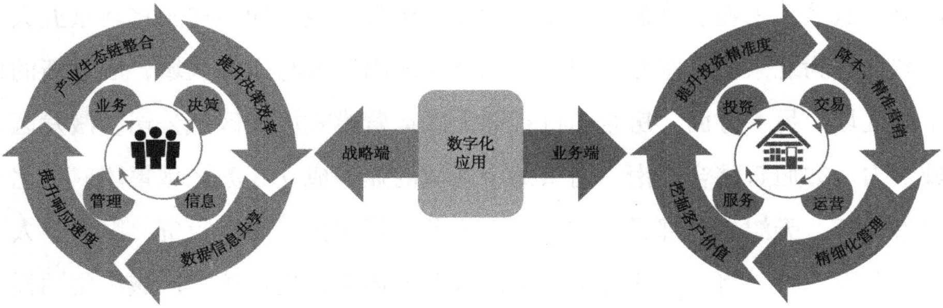

图 1.5.11　房企数字化建设与应用策略

加大数字化建设力度，提升精准化运营能力。战略层面，房企加快数字化应用进程，迈向智能化决策。如蓝光发展在 2018 年提出“智能平台发展计划”，并逐渐建好数据池、构建算法能力，实现数据智能化，保证蓝光产业生态链的生态协同。业务层面，推进平台系统化融合，形成科学、高效、精准的运营体系。如碧桂园打造交易平台凤凰云，在降低企业经营成本的同时留存真实交易数据，为后期的运营、风险控制、精准营销等工作打下基础；金科服务与微软合作开发的“金科服务天启大数据信息系统”，2019 年首次落地到小区管理中，运用大数据、物联网等技术为业主服务，全面提升服务质量并为客户价值的深度挖掘提供基础数据。

除了积极修炼管理运营“内功”外，业务模式也迎来新的变化，房地产代建服务方兴未艾。行业竞争加剧及房地产金融监管持续从严背景下，轻资产模式资本占用小、整合各方优势的特点为房企带来了新的机遇，日益成为应对市场风险、拓展业务规模的重要选择，其中代建业务作为房企品牌、管理资源输出的自然延伸，发展趋势更是方兴未艾。绿城管理以有口皆碑的产品打造能力和创新代建 4.0 的管理体系为合作伙伴提供代建服务，2020 年 7 月，成功登陆资本市场，代建业务成为集团业务布局的重要一极。

第二章

中国房地产代建的起源与演变

从国内房地产代建的发展来看，我国的代建兴起于最初的政府代建，整个行业先后经历了政府代建和商业代建不同阶段的演化，当前已发展成两种代建模式并存的状态。

第一节　中国房地产代建的起源及发展模式

一、中国房地产代建的起源及发展

我国的房地产代建伴随着市场化改革而不断演变，其中主要为政府代建制度改革以及住房制度改革两条主线。政府代建从“财政投资，政府管理”的单一模式转向社会资本的多种参与合作模式，比如保障房、集体安置房等；住房制度改革则起源于城镇住房制度改革由福利分房、集资合作建房向市场化方向转变。

从代建制度改革主线来看，最初的起源则是为了克服我国各级政府对直接投资的项目管理方式多实行“财政投资，政府管理”单一模式带来的弊端。由于计划经济以及改革开放后的一段时间，政府对直接投资项目均由国家进行直接投资与管理，虽然当时也发挥了较大作用，但也存在投资与管理效率低下，“三超工程”“钓鱼工程”“投资无底洞”等现象。为了改变政府对直接投资项目管理中存在的诸多问题，我国政府开始借鉴和探索代建制。

我国政府投资项目实行代建制管理起步于福建省厦门市。1993 年，厦门市政府通过采用直接委托或招标等方式，将非经营性政府投资项目委托给一些市场上的专业项目管理公司进行建设管理，并对其不断地完善和规范，而后逐步发展成为现在的政府投资项目代建制。由于厦门代建制取得的成功，2002 年国家开始组织有关部门对“政府投资项目管理方式改革”进行课题研究，为全国试点做调研准备。随后两年时间里北京、贵州、重庆开始就一些项目进行代建制建设试点。之后的两年时间代建制开始由点到面、由上到下，在全国范围内全面铺开，各地也积极总结经验，出台相关的政策文件来完善代建制管理，目前代建制管理建设仍在不断的完善之中。

从住房制度改革主线来看，房地产代建主要分为房地产市场化改制之前和市场化改制之后两个阶段。其中，房地产市场化改制之前阶段，代建以政府代建的形式存在。新中国成立之初，我国实施“统一管理，统一分配，以租养房”的公有住房实物分配制度。城镇居民的住房主要由所在单位解决，各级政府和单位统一按照国家的基本建设投资计划进行住房建设，住房建设资金的来源 90% 靠政府拨款，少量靠单位自筹。这一时期的房地产代建其实仍为政府代建，还没有真正意义上的民间资本以及市场委托等制度性安排。1978~1993 年的 15 年是我国福利分房制度改革不断探索和发展的阶段，个人购房与售房得到允许，这一时期商品房萌芽开始出现，房地产代建主要由国有或集体建筑公司承建安居保障社区工程、商业综合体、集体住房等，代建环节较为单一，也是代建概念最初的起源。1994~1998 年住房实物分配向住房市场化改革的过渡阶段，房地产代建开始进入更加广阔的范畴，尤其在政府代建中民资也进入招标范围。

"98 房改"开启房地产市场化发展之路，这一阶段的房地产代建最初仍是以房地产企业参与政府保障性住房开始，并随着市场的持续变化，陆续出现民间资本以及市场化的代建委托等，商业代建逐渐成形。1999~2004 年，中国商品房市场逐步进入市场化全面推进阶段，2005 年以来政府对市场开始宏观调控，此阶段房地产代建已经由单一的建筑环节向全产业链拓展，参与代建的主体由建筑公司向房地产开发公司转变，或者由各开发环节的专业化公司接受委托方统一管理与合作，专业化与综合化两个方向并存。

在房地产发展黄金十年的后半期，两次地王潮推动房地产企业成本压力持续提高，行业利润空间受到挤压，倒逼开发企业的开发过程从粗放转向精细化。与此同时，2008 年开始，经过房改 10 年反思之后，"保障性住房"被提到了前所未有的高度。多数有资历、有能力的区域性品牌房企一方面为缓和成本压力，另一方面基于承接保障性住房带来的筹融资便利条件等，纷纷承接政府保障房项目代建，成为企业收入和利润的重要补充。

而进入白银时代之后，行业的专业化要求更高，企业的品牌影响力、资金实力、创新能力以及前后端资源的整合能力都成为企业发展的重要因素。尤其是在信息与技术的快速冲击下，对房产品质与服务的诉求表现愈加突出，房地产市场的专业化程度持续增强，促使房地产企业开始积极寻求转型。无论是多元化尝试，还是跨领域资源整合，由"重"变"轻"始终是房企转型的核心诉求。在行业从高速到中速增长的过程中，集中度明显提高，加快向工业化分工发展，投资与开发逐渐分离，行业价值分配向金融和服务转移，房地产代建顺势得以快速发展，成为房地产行业发展的重要分支之一。

二、中国房地产代建的发展模式

中国房地产代建模式的分类主要有三种。其一，从不动产权属性质划分，有政府公共代建、商业团体代建、个人代建，不同权属物业在代建合约中有不同的约定。其二，从委托人性质划分，这也是目前较为主流的划分方式，分为政府代建、商业代建和资本代建。也有学者划分为商业代建和政府代建两类，其中商业代建分为项目代建和资本代建。其三，从国际代建分类来看，由于委托方及物业属性特点对代建委托代理双方权益划分影响较大，大多将代建分为政府代建和私人代建两类，其中私人代建范畴较大，包含了商业代建、资本代建以及个人委托代建等政府公共物品代建之外的广大领域。

结合国际经验与房地产发展阶段，本书将代建分为政府代建和商业代建。中国房地产代建脱胎于政府投资项目领域，在政府投资制度改革以及房地产市场化改革中逐步兴起和发展。其中，政府代建伴随中国城镇化大趋势仍将占据重要地位，同时商业代建市场规模不断加速，特别是资本介入，商业代建领域除纯收取服务费的项目代建模式外，又有纯资本代建、配资代建等多种模式，且依旧在持续探索和创新过程中。

第二节　代建制度正式推出，政府代建成为主流

一、政府代建模式含义

政府代建模式是指政府或行使政府职能的机构对非营利性项目通过招标，选择具有技术性、专业性的项目代建管理单位，对项目建设进行全过程的管理。我国推行政府代建模式主要是为了实现项目投资、建设、管理、营运的“四分开”，解决政府“投资项目主体”缺位、越位和失位的问题①。

二、政府代建模式背景及发展

1. 政府代建背景

20 世纪 90 年代，我国正处于从计划经济体制向市场经济体制过渡的时期，在计划经济体制下，所有的建设项目由政府投资、政府监督管理、政府生产、政府进行使用管理，也即“投、建、管、用”四位一体，政府在建设项目整个过程中，既是行政长官，又是建设者和管理者；政企不分，官商合一。政府建设项目往往缺少明确的法人及投资责任约束机制，并引发出许多的问题，如项目建设的权责不统一，过多的行政干预，截留、挪用，挤占建设资金，使得项目的资金难以得到有效的控制。随着市场经济及城市化进程的推进，大量城市基础设施、保障性住房急需修建，政府投资管理项目模式已不能适应经济的发展，政府投资项目管理模式改革势在必行。

---

① 胡昱、严竞浮：“政府投资项目管理的新模式——代建制”，《北京建筑工程学院学报》，2003年第3期。

2. 政府代建的起步

我国政府投资项目实行代建制管理起步于福建省厦门市，1993 年，厦门市政府通过采用直接委托或招标等方式，将非经营性政府投资项目委托给一些市场上的专业项目管理公司进行建设管理，并对其不断地完善和规范，而后逐步发展成为现在的政府投资项目代建制。

由于厦门代建制取得的成功，2002 年国家开始组织有关部门对“政府投资项目管理方式改革”进行课题研究，为全国试点做调研准备。随后两年时间里北京、贵州、重庆开始就一些项目进行代建制建设试点。

2003 年 2 月 13 日，建设部下发了《关于培育发展工程总承包和工程项目管理企业的指导意见》。该文明确指出：积极推行工程总承包和工程项目管理，是深化我国工程建设组织实施方式改革，提高管理水平，保证工程投资效益，规范建设市场的重要措施；是勘察、设计、施工、监理企业调整经营结构，增强综合实务，加快与国际工程承包和管理方式接轨，适应社会主义市场经济发展和加入世界贸易组织下新形势的必然要求，是贯彻党的十六大关于“走出去”的发展战略，积极开拓国际承包市场，带动我国技术、机电出口及工程材料的出口，促进劳务输出，提高我国企业国际竞争的有效的途径。并明确规定：鼓励有勘察、设计、施工、监理资质的企业，通过建立与工程项目管理业务相适应的组织机构、项目管理体系，充实项目管理专业人员，按照有关资质的管理规定，并在资质等级许可的工程项目范围内开展相应的工程项目管理业务。

3. 政府代建的发展

2004 年国务院出台《关于投资体制改革的决定》，以官方文件明确提出了代建制管理模式。之后代建制开始由点到面、由上到下，在全国范围内全面铺开。各地积极总结经验，出台相关的政策文件来完善代建制管理。2004 年 9 月 16 日，财政部颁布了《关于切实加强政府投资项目代建制财政财务管理有关问题的指导意见》，对代建资金的拨付和监督检查、代建管理费的开支标准和核算办法等作了原则规定。各地政府投资项目代建制管理办法具体规定了代建单位和使用单位的职责，代建项目组织实施程序，资金拨付、管理与监督，奖惩规定等内容。目前，全国已有超 24 个省、自治区、直辖市出台了省级代建制相关管理文件，陆续开展代建制试点工作。

表 2.2.1　　我国政府投资项目“代建制”发展历程

1	1993 年开始，厦门市开始针对市级财政性投融资项目进行委托代建试点，拉开了代建制序幕
2	2001 年 7 月，厦门市开始在重点工程项目全面实施项目代建制，制定《厦门市重点工程建设项目代建管理暂行办法》，开始了代建制实务的探讨
3	2001 年，上海市发布《上海市市政工程建设管理代建制试行规定》，在高速公路建设中强制实行代建制；同年，上海市市政局发布《关于本市市政行业开展代建制试点方案》
4	2002 年 3 月，厦门市制订《厦门市市级财政性投资融资社会事业建设项目代建管理试行办法》，开始在土建投资 1500 万以上的公益性项目实施代建
5	2002 年 5 月 24 日，宁波市发布并实施《宁波市关于政府投资项目代建制的暂行规定》，规定凡建安工程投资在 200 万元以上，建设单位不具备自行管理条件的建设项目，都应实行代建制
6	2002 年 10 月，北京开始对回龙观医院病房项目推行代建制试点工作
7	2003 年 2 月，重庆市发改委出台《政府公益性项目建设管理代理制暂行办法》
8	2003 年下半年，贵州省政府起草《贵州省政府投资工程项目代建制实施办法》、《贵州省市政府投资工程项目代建协议》并报省政府成立“贵州省省级政府投资工程项目代建中心”
9	2003 年底，国务院常务原则通过《投资体制改革方案》规定更要在全国范围内力推“代建制”
10	2004 年 3 月，北京市发布《北京市政府投资建设项目代建制管理办法（试行）》，并对代建单位的资质进行了规定
11	2004 年，江苏发改委拟定《关于政府投资项实行代建制的暂行规定》，并选择其中若干重大项目进行试点
12	2004 年 7 月，国务院发布《国务院关于投资体制改革的决定》规定在全国范围对非经营政府投资项目实行代建制，并对代建制下了初步定义
13	2004 年 11 月，建设部发布《建设工程项目管理试行办法》，规范代建制运作和操作
14	2005 年以后，重庆、河南、深圳、陕西、江西等各地都对代建制进行试点，并形成具有地方特色的代建操作模式

资料来源：中指研究院综合整理。

三、政府代建的基本模式

2004年《国务院关于投资体制改革的决定》公布后，代建制开始在全国范围内推广和铺开，先后有三十多个省市在政府投资项目领域进行了不同程度的探索，充分考虑和现有的投资体制相衔接，由于代建制处于实施初期，其实施模式还不成熟，各地方政府思想认识不完全统一，制度设计不够完善，在实施过程中遇到了很多问题和困难，如代建制的组织形式、职能定位、法律地位和合同关系，这些都没有明确的界定，代建制未在全国范围内形成统一的标准。在实施代建制管理模式的过程中，各地区政府采取了不同的形式。

基于不同的划分标准，代建制模式则有所不同。根据代建单位产生和运作的标准不同，代建制模式分为政府直属事业单位代建模式、社会化代建模式、政府授权委托代建模式。根据典型地区不同，代建制模式可以划分为深圳模式、北京模式和上海模式。根据代建内容不同，代建制模式分为全过程代建模式、分阶段代建模式和联合代建模式①。根据代建合同约定的责任主体不同，代建制模式可以分为委托代建合同模式、指定代建合同模式和三方代建合同模式。根据代建制的委托和选择方式不同，代建制模式可以划分为有限选择代建单位模式和公开招标选定代建单位模式。

目前，代建制的主流划分方法为基于代建单位产生和运作的标准的划分，即将代建制模式划分为政府直属事业单位代建模式、社会化代建模式、政府授权委托代建模式②。下面就这三种政府代建模式进行阐述。

---

① 林作明、王萍："政府性投资项目代建模式探讨"，《财政研究》，2009年第7期。
② 赵阿敏："政府投资项目代建制模式比较与优化研究"，天津大学，2014年。

1. 政府直属事业单位代建模式

政府直属事业单位代建模式，或称政府专业管理机构模式、政府集中代建模式等，即政府组建政府直属事业单位性质的代建单位，统一承担和负责政府非经营性或公益性投资项目的建设管理工作的模式。香港、深圳、安徽、河南等地均采取这种代建制模式。

政府直属事业单位代建模式的典型主要有深圳市建筑工务署、河北省社会公益项目建设管理中心等。政府直属事业单位代建模式可以进一步细化为：政府成立的事业单位和直属于投资主管单位的相关部门。

其中，深圳建筑工务署是更深入、全面的改革创新，深圳模式成为该代建模式的典型代表。2001 年，深圳市机构编制委员会发布深编〔2001〕63 号文件，决定成立深圳市建筑工务局。2002 年 4 月 22 日，深圳市建筑工务局正式成立，后更名为深圳市建筑工务署。《深圳市建筑工务署职能配置内设机构和人员编制的规定》（深府办〔2004〕72 号）确立了深圳市建筑工务署作为政府投资项目代建人的法律地位。深圳市代建制遵循“相对集中，区别对待”的原则，取消一次性业主的建设管理模式。建筑工务署作为代建方，主要负责政府投资项目的统一建设管理工作，包括除水务、公路以外的市政府投资建设项目，经济适用房及其他政策性住房建设，政府公共房屋结构性维修工程等的实施和监督管理工作，对所承担的项目实行“交钥匙工程”。

深圳市建筑工务署属于事业单位，其运作经费由财政全额拨付。承接某一任务后，深圳市建筑工务署通过公开招标方式选取勘探设计单位、施工单位、监理单位和供应商，并分别签订勘探设计合同、施工合同、监理合同和采购合同。工务署与勘探审计单位、施工单位等不直接发生财务往来关系，政府投资项目的资金支付坚持国库统一支付的财务管理制度。在代建项目的实施过程中，工务署受财政、监察、审计等相关行政管理部门和项目使用单位的监督。

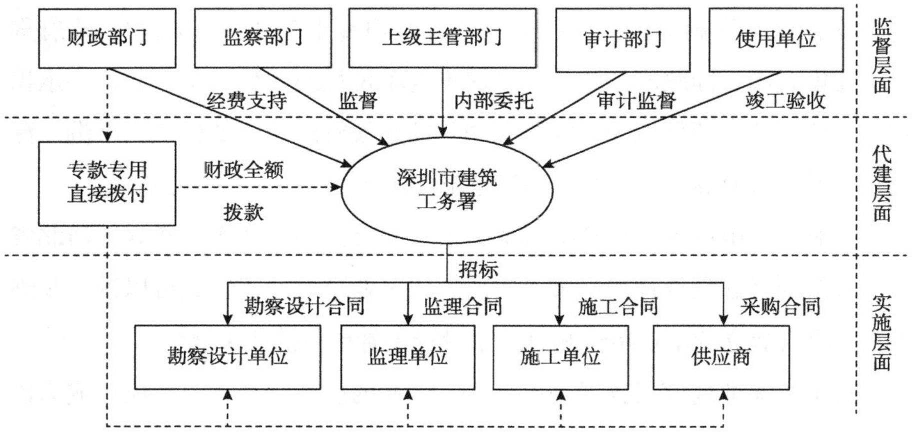

图 2.2.1　深圳市政府投资项目代建制模式

资料来源：中指研究院综合整理。

2. 社会化代建模式

社会化代建模式，或称市场化代建模式、项目管理公司竞争代建模式等，即政府通过公开招投标，对市场化的工程管理公司进行择优，由其负责指定项目的建设管理的模式①。北京市、厦门市、重庆市、浙江省等地运用社会化代建模式。社会化代建模式的主要做法是政府设立准入条件，遵循市场竞争原则，通过市场公开招投标方式选择具有相应资质、并能够独立承担履约责任的项目管理公司。

作为社会化代建模式的典型代表地区，北京于 2002 年 10 月开始对回龙观医院病房项目推行试点工作。随后，北京市发改委先后出台了两项代建制管理文件。其中，《北京市政府投资建设项目代建制管理办法（试行）》正式确立了北京市代建制的运作框架和基本模式。朝阳公园沙滩排球场、首都图书馆二期项目等项目均采用代建制，并取得了很好的效果。

① 周国栋：“政府投资项目代建制改革研究”，《建筑经济》，2005年第4期。

北京市政府投资项目的代建工作一般分为两阶段实施：确定前期工作代理单位和确定建设实施代建单位。市发改委通过公开招标方式确立前期工作代理单位，并与前期工作代理单位、使用单位签订三方前期工作委托合同。由前期工作代理单位负责勘探设计单位的招投标、编制项目可行性研究报告等工作。前期工作阶段结束后，市发改委通过招标择优选择代建单位。确定后，三方签订代建合同。代建单位根据国家和北京市有关规定，对监理、施工和原材料、重要设备采购进行公开招标。财政局、审计局等市有关行政管理部门对政府投资代建制项目进行稽查、评审、审计和监察。

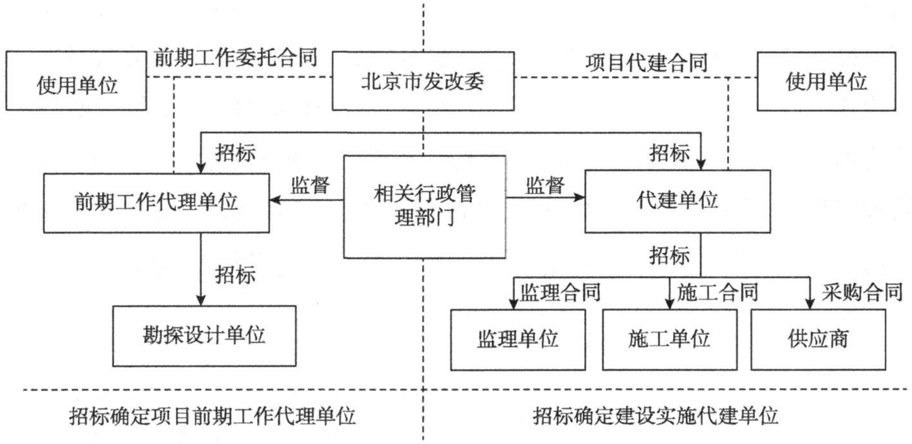

图 2.2.2　北京市政府投资项目代建制模式

资料来源：中指研究院综合整理。

3. 政府授权委托代建模式

政府授权委托代建模式，又称政府专业代建公司模式、有限选择模式、中间模式等。政府授权委托代建模式是指政府指定若干家有实力的投资公司参与项目代建竞争的模式。政府授权委托代建模式是有别于政府直属事业单位代建模式和社会化代建模式的中间状态。上海市、武汉市、江西省等地区采用政府授权委托代建模式。例如，武汉市选取三家工程项目管理公司作为代建单位。政府授权委托模式的典型代表是上海模式。从2001年起，为了使决策更加科学，资源配置更加优化，上海市引入代建制并推进代建制试点工作。2001年，上海先后颁布了两项代建制管理规定，规范政府项目工程建设管理行为，明确各方职责。2002年，上海市在市政、水务、交通等系统选定上海市市政工程建设公司、上海自来水建设公司等11家单位作为首批政府投资工程项目管理公司。

上海市代建制主要采用三级管理，即政府、投资公司和项目管理公司。根据投、建、管、用四分离原则，上海市市政工程管理局成立政府所属投资公司，确立其投资主体地位，并赋予其较大责任，对代建项目进行全过程管理。投资公司在获批的项目管理公司中公开招标，通过有限竞争方式择优选取代建单位。投资公司与设计、施工、材料供应单位签订相关合同，明确工程管理公司职责。作为代建人，工程管理公司进行项目设计、组织和协调等管理工作。上海模式中设立了独立平行的“财务监理公司”，负责工程管理公司的监督工作，从而有利于避免产生逆向选择和道德风险问题。

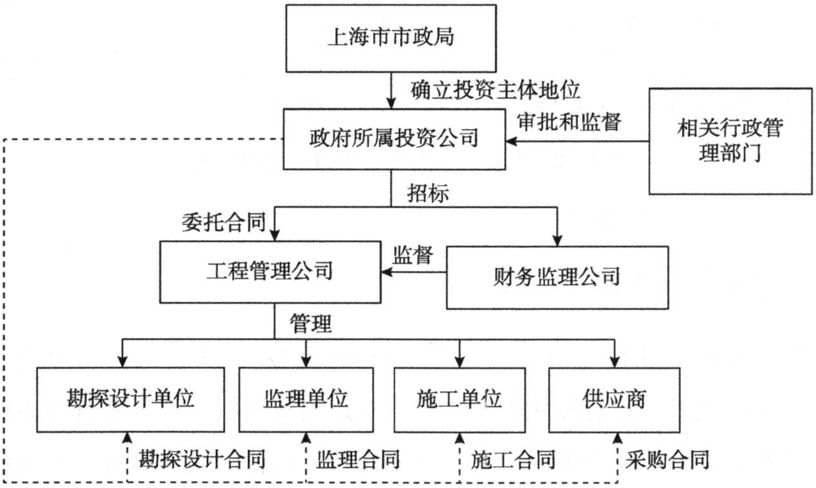

图 2.2.3 上海市政府投资项目代建制模式

资料来源：中指研究院综合整理。

四、政府代建模式的特征

1. 代建项目具有政治相关性和非营利性

政府代建模式下的项目一般可归纳为由政府发起，虽不直接参与项目的实施，但通常服务于政治目标的项目。一般包括能源、交通、水利等公共建筑，例如博物馆、体育馆、城市广场、学校、医院、保障性住房等。与私有投资项目的最终投资目标是为了经济上获利不同，政府代建模式下的项目更多考虑满足社会需求与经济发展。

以代建参与程度较高的保障性住房来说，由于其受到价格限制，企业利润大约在 3% 左右。如《云南省城镇保障性住房价格管理暂行办法（草案）》明确规定：规定政策性保障住房销售价格实行政府指导价管理，依据保本微利原则，具体标准由所在地县、市、区价格主管部门会同同级住房城乡建设（住房保障）主管部门在综合考虑城市基准地价、开发建设成本、税费和利润基础上确定并向社会公布。由房地产企业开发的经济适用住房利润率不高于 3%。较低的利润率导致房企参与代建工程的积极性较低，主要以国企和大型房企为主。这是因小型房企参建保障房，尤其是廉租房和公租房，目前并没有形成成熟的盈利模式，其直接投资收益薄弱，净利润在 3%左右，而市场化住宅开发净利润一般都在 8%以上。两相对比，房企大规模代建保障房很难形成强烈的直接利益驱动。

2. 提升政府投资项目的市场化水平和管理能力

政府代建是对我国政府投资的公益性建设项目管理模式进行市场化改革的重要举措，虽然源于国际上通用的工程项目总承包，但我国的“代建制”中还包括了制度的内涵，是结合国情的一项政府管理创新。与房地产市场的发展进程相对应的是，随着“98 房改”启动房地产市场化进程以来，各地代建制项目纷纷试点推行，到 2004 年进入一个高速发展的时代。

政府代建的发展是将政府投资项目纳入房地产市场化竞争中，通过市场招标选择项目代建人，即：政府投资人从市场采购项目管理服务资源。由代建人在项目整个建设过程中提供专业化的项目管理服务，对投资人负责，承担相应的法律责任，并获得合理的经济收入（代建服务费）。这种体制既落实了政府投资人对项目监管的深度和力度，又使政府对建设项目的管理真正向市场化和目标化管理转变。

通过充分发挥代建企业的专业优势和积累的工程经验，保证对工程质量、进度和成本的有效控制。例如，代建企业可以通过优化建设方案，控制建设成本；可以按照规范的招标程序，选择优秀的施工队伍和技术设备供应商；可以准确核定工程量和工程进度，避免高估冒领建设资金；可以有效地减少工程风险所造成的各种损失。根据代建合同，代建企业有责任随时向投资人报告项目的进度、质量和成本（TQC）的进展情况，使政府投资人始终心中有数。对政府投资人来说，委托代建是真正把政府投资人对项目的监控融入建设工程中，同时政府又从具体的工程管理工作中解脱出来，把精力集中到目标性监控和规范市场规则的本职工作之中。

专业化的工程项目管理企业能够主动积累工程经验和教训，并使后继的其他项目受益，而临时筹建机构很难做到。代建企业积累的知识、技能、经验和教训对投资人来说十分宝贵，使委托方既可以获得专业化的项目管理能力，又可规避很多常见的风险损失。

3. 代建企业以政府主导型房企和区域性龙头企业为主

政府代建时期涌现出一大批政府主导型代建企业，这部分企业都有财政资金背景，由政府出资成立并运行[①]。如上海市建设工程管理有限公司前身为上海市浦东市政建设公司，是由上海市市政工程浦东指挥部出资成立从事重大工程建设管理的全资国有企业，是上海市首批获得承担政府投资

① 何新华、胡文发："引入代建制推进工程管理体制创新"，《中国水运》，2002年第5期。

项目工程的代建资格的专业建设工程管理企业，自1981年成立以来，以工程建设方、代建方、“代建制”和施工总承包等形式承建了一百多项大中型市政、公路、建筑工程项目。

政府对于参加代建的企业具有严格的资质及相关要求，在公司规模、资金背景、施工业绩这些方面进行全面考核，只有相关政府部门认可后才有准入资格。以杭州为例，根据2010年颁布的《杭州市拆迁安置房项目代建制实施细则》，要求开发商注册资金部分超过人民币1亿元以上，申请前3年内在杭州市开发房地产住宅项目和代建拆迁安置房项目累计竣工建筑面积达20万平方米以上（含20万平方米）或者申请上一年在杭州市开发房地产住宅项目和代建拆迁安置房项目施工建筑面积达12万平方米以上（含12万平方米），有良好的企业信誉，近两年内无不良信用记录等。

拥有丰富的工程管理经验、全方位的企业资质、专业的人才配置的大型开发商在工程建设过程中完全胜任。同时，基于政府代建中各地市场资源尚未完全打通，各地招投标企业以区域性房企为主，因此满足上述条件的综合资质的区域性龙头房企受到各地政府青睐，在公开招标等竞争代建资格的环节也更易中标。比如2004年开始在杭州市场当时的区域性龙头房企，包括绿城、中天、复兴、广宇、大华等企业纷纷涉足政府代建。2005年，作为浙江房地产企业龙头代表的绿城，首次介入了杭州彭埠安置房代建。此后，绿城的代建业务逐步扩张。根据相关统计数据显示，截至2016年绿城已经在杭州、舟山、金华、义乌、南京等城市承担了杭州大江东安置房项目、舟山万阳花园、金华多湖项目、义乌的十和里项目和南京江浦街道安置房项目等政府代建类项目，总建筑面积超过1400万平方米，而单独上市的绿城管理截至2020年在管的政府代建项目数量高达129个，政府代建总建面积占代建项目总建面积的40.3%。

房企纷纷开展保障房代建业务，一方面是因为开发商期望利用自身的开发经验和管理优势，以及在产品建设的良好资源背景，积极参与政企合作，为政府的保障性住房建设提供良好的资源平台，有效控制成本，提升品质，是对于社会的一种回馈和责任的体现。另一方面，政府代建项目体量较大，涉及社会群体广泛，一旦把项目品质做好了，社会效应就体现出来了，对代建企业的品牌也是一种很好的推动和提升，是一种双赢的局面。

4. 地方模式各自为政，难以形成全国统一的代建模式

政府代建是我国房地产市场化发展的产物，有效完善了社会分工，并提高了政府投资项目的管理能力，使我国的工程项目管理与国际接轨。但在这一过程中，各地政府根据不同的制度偏好，全国各地形成了多种各具特色的代建模式，包括以北京、上海、深圳、重庆、武汉等为代表的代建模式，各地的代建模式的差异主要体现为对代建企业的选择方式不尽相同。例如上海指定代建企业，北京公开招标选择代建企业，武汉通过招标选定三家项目管理公司作为代建服务的候选对象。这样容易形成地方保护主义，只有当地企业才能对本地政府投资项目进行代建，可能形成地方垄断，并造成寻租，不利于提高项目管理水平，提高投资效益，也对代建企业跨地区发展产生严重的制约作用。

政府代建是我国房地产代建行业的起源，也是当前存在的发展时间最长的代建模式。随着我国房地产市场化的不断推进和演化，尤其是2011年以来，房地产市场调控逐步深入，作为调控房价的重要举措之一——保障性住房的建设也在加速。“十二五”规划明确提出，未来5年中国将建设3600万套保障房，从而使保障房的覆盖率达到20%。保障性住房的建设加速使得政府代建模式的内容更为丰富，承接政府代建的企业也由之前的区域性龙头房企演变为全国性的品牌房企，包括万科、绿城、金隅、首开、富力、远洋、雅居乐、住总等企业，各企业承接的保障房建设范围也不再局限于总部所在地区域，而是在全国城市迅速铺开，对于打破政府代建的区域性保护主义做出了重要贡献。

五、政府代建未来发展趋势

随着我国城镇化水平不断推进，城市配套设施完善升级、城镇旧城改造，城市更新等领域开始发力，政府代建所涉及的领域不断延展，除了传统的棚改项目、保障性住房项目外，城市更新、未来社区等成为政府代建的重要业务补充，未来政府代建仍将是代建市场的重要支柱。

1. 城市更新

城市更新是将已经不适应现代化城市的社会生活的地区进行必要的和有计划的改建活动，其目的是对城市中某个衰落的区域进行拆迁、改造、投资和建设，以全新的城市功能替换衰败的物质空间，使之重新发展和繁荣①。城市更新的要义在于如何在城市用地规模不增加的情况下，通过已建设用地的内生提质来实现城市功能的优化以及空间品质的提升②。

我国的城市更新经历了从棚户区改造到老旧小区改造，再到确切提出实施城市更新的不同阶段。从各省实践来看，改革开放以来，广东省通过积极推进"三旧改造"一直走在全国城市更新前列。全省的城市更新始于2008年12月国土资源部与省政府启动共建广东节约集约用地试点示范省。2009年，广东省发布《关于推进"三旧"改造促进节约集约用地的若干意见》，标志着广东诸城将"三旧改造"作为突破口进入大范围的城市更新阶段。2009年，深圳颁布《深圳市城市更新办法》，开启了城市更新的深圳时代。2015年，广州成立全国首个城市更新局。从中央层面来看，2013年至2018年中央对于城市更新的认识与推动不断深入，棚户区改造、老旧小区改造等多政策出台。例如，2013年，国务院印发《国务院关于加

① "城市更新塑造城市新魅力"，《中国城市报》，2017年11月27日。

② 唐燕、张璐、刘思璐："2019年城市更新研究与实践热点回眸"，《科技导报》，2020年第3期。

快棚户区改造工作的意见》，提出“棚户区改造是重大的民生工程和发展工程，要重点推进资源枯竭型城市及独立工矿棚户区、三线企业集中地区的棚户区改造，稳步实施城中村改造”。2014 年，《国家新型城镇化规划（2014–2020 年）》明确提出“要按照改造更新与保护修复并重的要求，健全旧城改造机制，优化提升旧城功能，加快城区老工业区搬迁改造”。

表 2.2.2　　2013 年 ~2018 年城市更新相关政策

国家	2013 年，国务院印发《国务院关于加快棚户区改造工作的意见》，提出“棚户区改造是重大的民生工程和发展工程，要重点推进资源枯竭型城市及独立工矿棚户区、三线企业集中地区的棚户区改造，稳步实施城中村改造”
	2014 年，《国家新型城镇化规划（2014–2020 年）》明确提出“要按照改造更新与保护修复并重的要求，健全旧城改造机制，优化提升旧城功能，加快城区老工业区搬迁改造”
	2015 年，《国务院关于进一步做好城镇棚户区和城乡危房改造及配套基础设施建设有关工作的意见》提出制定城镇棚户区和城乡危房改造及配套基础设施建设三年计划，全国改造包括城市危房、城中村在内的各类棚户区住房 1800 万套
地区	2015 年 5 月，杭州出台《关于大力推进住房货币化保障方式的指导意见》，提出要加大征迁货币安置力度。国有土地征迁中，被征收人选择货币补偿且按期搬迁的，征收部门在对被征收人住宅房屋按照评估价格给予补偿的基础上，按评估价格的 20% 给予其货币补贴
	2017 年，南京出台《关于加快推进棚户区（危旧房）改造货币化安置的意见》，提高了奖励标准，被征收人、直管公房承租人在签约期限内搬迁，仅选择货币补偿且放弃申购征收安置房和保障性住房的，可以给予不超过房地产评估总额 20% 的奖励
	2017 年，上海出台《关于坚持留改拆并举深化城市有机更新进一步改善市民群众居住条件的若干意见》，提出“十三五”期间，实施各类旧住房修缮改造 5000 万平方米，其中三类旧住房综合改造 1500 万平方米；完成中心城区二级旧里为主的房屋改造 240 万平方米
	2018 年，《宁波市人民政府关于推进城市有机更新工作的实施意见》提出，构建城市有机更新“三维空间结构”，完善城市有机更新“四个工作机制”，重点实施老旧小区更新、低效空间更新、交通轴线更新、文化遗存更新、生态系统更新等五大专项更新

2019 年以来，“城市更新”概念被首次强调，政策密集发布，城市更新成为政策新风口。2019 年 12 月，中央经济工作会议首次强调了“城市更新”这一概念，我国的城市更新也进入到大力推进老旧小区改造的阶

段。2021 年，城市更新的重要地位再次升级，十三届全国人大四次会议上，李克强在作政府工作报告时提出，“十四五”时期要“实施城市更新行动，完善住房市场体系和住房保障体系，提升城镇化发展质量”，未来五年城市更新的力度将进一步加大。

表 2.2.3　　2019 年以来城市更新相关政策

国家	《2019 年国务院政府工作报告》提到多项城市更新工作，包括大力提升老旧小区改造、支持加装电梯等生活设施、继续推进棚户区改造、大力发展社区养老服务等
	2019 年 2 月，中国住房和城乡建设部《关于在城乡人居环境建设和整治中开展美好环境与幸福生活共同缔造活动的指导意见》指出，应以社区为基础，以群众为主体，坚持共建共治共享来对空间整治实现共同缔造
	2019 年 7 月，中国住房和城乡建设部会同发展改革委、财政部联合印发《关于做好 2019 年老旧小区改造工作的通知》，要求全面推进城镇老旧小区改造
	2019 年底，国家召开中央经济工作会议，提出要加强城市更新和存量住房改造提升
	2020 年 7 月，《关于全面推进城镇老旧小区改造工作的指导意见》中提到，到 2022 年，基本形成城镇老旧小区改造制度框架、政策体系和工作机制；到“十四五”期末，结合各地实际，力争基本完成 2000 年底前建成的需改造城镇老旧小区改造任务
	2020 年 10 月，《中共中央关于制定国民经济和社会发展第十四个五年规划和二〇三五年远景目标的建议》指出，实施城市更新行动，推进城市生态修复、功能完善工程，统筹城市规划、建设、管理，合理确定城市规模、人口密度、空间结构，促进大中小城市和小城镇协调发展。强化历史文化保护、塑造城市风貌，加强城镇老旧小区改造和社区建设
	2020 年 12 月，中央经济工作会议提出坚持扩大内需这个战略基点，要实施城市更新行动，推进城镇老旧小区改造，建设现代物流体系
	2021 年 3 月 5 日，政府工作报告提出，要实施城市更新行动，完善住房市场体系和住房保障体系，提升城镇化发展质量。新开工改造城镇老旧小区 5.3 万个，较 2020 年实际完成量增加约 1.3 万套
	2021 年 3 月 12 日，《中华人民共和国国民经济和社会发展第十四个五年规划和 2035 年远景目标纲要》提出要加快转变城市发展方式，统筹城市规划建设管理，实施城市更新行动，推动城市空间结构优化和品质提升。加快推进城市更新，改造提升老旧小区、老旧厂区、老旧街区和城中村等存量片区功能，推进老旧楼宇改造，积极扩建新建停车场、充电桩

续表

地区	2019 年初，广州市政府工作报告明确要加快城市更新改造，推动 151 个老旧小区微改造，10 个旧村改造和 50 个旧厂改造项目
	2019 年 1 月，北京市政府工作报告提出要推出一批城市更新试点区域和试点项目，推动城市减量提质发展
	2019 年 3 月，深圳市规划和自然资源局印发《深圳市拆除重建类城市更新单元计划管理规定》《深圳市城中村（旧村）综合整治总体规划（2019—2025）》等系列文件
	2019 年 4 月，广州市发布《广州市深入推进城市更新工作实施细则》，从标图建库动态调整、旧村庄全面改造、加大国有土地中旧厂房改造收益支持、成片连片改造、城市更新微改造、加大城市更新项目支持力度、完善历史用地手续等方面对已有政策加以补充和完善
	2019 年 8 月，广州市启动编制《广州市城市更新专项总体规划（2018-2035 年）》，以此总结城市更新经验并对未来 15 年的全市城市更新做出总体安排
	2019 年 11 月，上海市旧区改造工作领导小组、上海市大型居住社区土地储备工作领导小组、上海市“城中村”改造领导小组、上海市城市更新领导小组合并，成立“上海市城市更新和旧区改造工作领导小组”
	2020 年，《杭州市老旧小区综合改造提升四年行动计划（2019-2022 年）》提出，重点改造 2000 年（含）以前建成、近 5 年未实施综合改造且今后 5 年未纳入规划征迁改造范围的住宅小区；涵盖部分 2000 年（不含）以后建成，但小区基础设施和功能明显不足、物业管理不完善、居民改造意愿强烈的保障性安居工程小区。至 2022 年底，全市计划改造老旧小区约 950 个、1.2 万幢、43 万套、3300 万平方米

资料来源：中指研究院综合整理。

政府主导或引导模式的市场化程度加强，城市更新中代建将扮演更加重要的角色，参与度将逐步加深。根据参与治理的社会主体的构成不同，城市更新可分为政府主导的一元治理模式、有开发商与社会联盟构成的以市场为导向的治理模式，以及以社区自主更新的治理模式等。在我国，广州和北京都采取了以政府为主导，村集体、村民或市场参与的治理模式，深圳的城市更新模式更为市场化，政府遵循“政府引导，市场运作”原则，仅充当政策支持、规划引导、审批管理等角色，以鼓励 和吸引私人投资。可以预见，伴随着城市更新的规模扩大以及行业的日趋规范，“政府引导、市场运作”将成为城市更新的主流，代建将发挥越来越重要的作用。

表 2.2.4　国内重点城市城市更新模式

城市	模式	概况
北京	政府出资改造为主	中心区的城中村，政府主导并出资改造为主，面积较大的片区，采取市场化的方式开发
上海	旧城改造进入高成本阶段	积极探索选择有品牌、有实力、有经验的开发企业参与旧城改造，参与旧城改造的企业主要以各区域土地储备中心及具有政府背景的地方性企业为主，大型开发项目也不乏开发实力较强的知名发展商介入
广州	城市更新机构引导行业发展	早期完全市场开放，鼓励开发商主导，现在政府主导，微改造是主要形式
深圳	开发商与村股份公司进行合作	政府主导下开发商与村股份公司合作改造：政府规划监督，股份公司拆迁谈判及补偿安置，开发商作为出资方负责回迁房建设、商品房建设与出售
天津	政府主导，先安置后改造	政府主导，以宅基地换房，先安置后改造的政策
杭州	政府协调，开发商出资建设	基本形成二元体系，政府规划协调公共设施，开发商出资进行项目建设，杭州各区属房地产开发企业是旧城改造项目的主要参与者
武汉	在城中村改造过程中保障开发商的利益	人均农用地＞0.1 亩，≤ 0.5 亩的村以项目开发的形式改造，城中村改造过程中，土地全部是以项目捆绑、挂牌底价的方式出让

资料来源：中指研究院综合整理。

城市更新开始由“重”向“轻”的转变。城市更新资金需求量大，如果完全依靠自身资金收购持有旧资产后再开展更新，不仅资金压力大，其回报率也较低，而轻资产运营通过将资产持有等部分环节转移出去，减少了资金占用，通过品牌输出迅速扩大经营规模，并获取品牌溢价。目前我国城市更新领域的轻资产运营主要包括四种类型：一是长期租赁型，指以长期租赁的方式获取房源，对房源进行改造和装修后对外出租，并提供相关的增值服务；二是基金持有型，指由基金持有重资产，由专业化运营机构（企业）负责进行更新并开展运营管理；三是合作开发型，指城市更新运营企业与资产方或资金方成立合资公司，通过资源整合和专业运营获取资产增值收益，同时获得资产托管费等收入；四是专业能力输出型，指更新运营企业进行去房地产化，不持有重资产项目，通过在城市更新业务的开发和运营管理等环节提供系统化或品牌化的专业服务，并按比例分享项目收益。

表 2.2.5　　　　　　　　国内城市更新四大轻资产模式

模式	资产获取模式	运营管理模式	盈利模式
基金持有型	基金持有，专业机构运营	改造升级与租赁管理	基金管理费、服务费和资产增值收益
合作开发型	成立合资公司	优势互补、资源整合	股权收益或资产增值与运营管理费等
管理输出型	资产托管、入股、长期租赁或合作开发	管理输出，实现物业与品牌增值	委托管理费和品牌溢价
长期租赁型	长期租赁	改造装修增值服务	租金差价和增值服务费

资料来源：中指研究院综合整理。

以存量盘活改造为主的城市更新，将成为房地产行业发展新的增长点。近年来，全国建设用地供应面积和房地产用地供应面积整体呈现下降的趋势，2019 年全国建设用地供应面积 62.4 亿平方米，其中房地产用地供应面积 14.2 亿平方米，同比分别减少 3.0% 和 1.4%，土地供应缩减，通过城市更新释放土地供应成为重要举措。

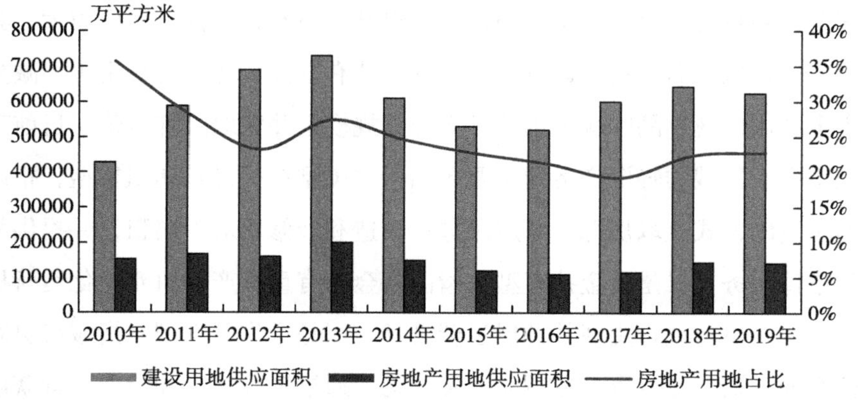

图 2.2.4　2010~2019 年全国建设用地和房地产用地供应面积

数据来源：国家统计局。

“十三五”时期，我国保障性安居工程建设持续推进。2016 年至 2019 年底，全国棚改开工 2157 万套，已超额完成我国“十三五”规划纲要明确的目标任务。根据住建部摸排结果，全国 2000 年以前建成的老旧小区近 17 万个、涉及居民上亿人、超 4200 万户、建面约 40 亿平方米，由此可见未来更新改造空间之大。

未来，随着中国房地产增量市场规模见顶，以存量改造为主的城市更新迎来蓬勃发展时代。国家统计局数据显示，2020 年末，中国城镇化率已经突破 60%，距离发达国家 70% 的城镇化水平还有 10 个百分点，其中一线城市和重点二线城市已经超过 70% 的城镇化水平，大中型城市正在由“增量扩张”转向“存量更新”。2021 年，“实施城市更新行动”首次写入政府工作报告，城市更新已经成为“十四五”时期国家新型城镇化战略方向。据中指研究院测算，预计“十四五”期间，住宅拆迁改造需求将达到 22.7~26.5 亿平方米，占总体住房需求的 24%~27%，以存量盘活改造为主的城市更新模式将为政府代建带来巨大的发展空间。

2. 未来社区

未来社区是浙江省推进社区建设和老旧小区改造的最新路径。根据浙江省对未来社区的研究成果，未来社区是以满足人民美好生活向往为根本目的的人民社区，是以围绕社区全生活链服务需求，以人本化、生态化、数字化为价值导向，以未来邻里、教育、健康、创业、建筑、交通、能源、物业和治理等九大场景创新为引领的新型城市功能单元。

2018 年底，浙江省委省政府提出要把未来社区建设做细做实做好，2019 年 3 月 20 日，浙江省《政府工作报告》中提出将启动实施未来社区等标志性项目，并正式印发《浙江省未来社区建设试点工作方案》，标志着浙江省未来社区建设试点工作全面启动。根据《浙江省未来社区建设试点工作方案》，未来社区建设试点分为改造更新和规划新建两个类型，其中改造更新类占 80% 左右，以 20 世纪 70~90 年代老旧小区为主体，采取全拆重建和插花式改修建等方式进行。2019 年 6 月公布了首批 24 个未来社区试点项目，截至 2020 年 9 月，首批 24 个试点社区已有 16 个全面开工。2020 年 7 月公布了 36 个试点项目，拓展了乡村类、全域类等未来社区建设新类型，包括全拆重建类 29 个，局部改建类 2 个，规划新建类 3 个，乡村类 1 个以及全域类 1 个。

表 2.2.6　　未来社区顶层设计

未来建筑	采用集约高效的布局方式，构建宜居生活空间和人文地标，同时引入全周期管理平台，将艺术、数字与建筑相融合
未来邻里	以远亲不如近邻为理念，构建全新邻里关系，具体采取邻里积分机制、邻里特色文化、邻里互助生活等方式
未来健康	推进基本健康服务和居家养老助残服务全覆盖，名医名院服务零距离
未来教育	打造涵盖幼儿教育、青少年教育等在内的“终身学习”平台，实现 3 岁以下托育全覆盖，构建“人人为师”共享学习机制
未来交通	提供共享车位、充电设施、智慧物流服务，优化道路，协同车、路、人
未来治理	党建引领、居民自治、数字化管理
未来创业	以构建社区“双创”空间助推“大众创业”，同时鼓励共享经济发展，创新特色人才落户机制
未来低碳	提供低碳能源，以分类分级方式促进资源循环利用
未来服务	构建基本物业服务免费和增值服务收费的物业运营模式，建立社区商业服务圈，建设安全防护网

资料来源：中指研究院综合整理。

未来社区建设将对以房地产为主的多元产业转型升级发挥引领作用。在未来社区，社区的功能和运行、社区的设施和配套、建筑施工技术和材料等，都将有不同程度的改进和提高，甚至是革命性的变化。其中，涉及的技术有房地产管理、建筑施工、医疗保健、信息网络、物联网、智能控制、生态环保、安防管理、能源输送、再生利用和城市规划等，涉及的行业有房地产业、建筑业、信息通信业、制造业以及医疗、教育、娱乐和环保等行业。当前，这些行业或多或少遇到了发展瓶颈，未来社区概念的提出，将对相关行业的技术研发、生产制造、产品销售提出新问题，带来发展的新机遇，从而引领产业转型发展。无论是开发还是代建未来社区，对房企都是一个机遇。

表 2.2.7　传统社区和未来社区开发模式对比

	传统社区开发模式	未来社区开发模式
开发主体	单一开发建设单位	多板块建设单位
建设周期	一次性建设	持续迭代建设
资金投入	所有资金一次性投入	建设单位提供种子资金，通过服务和产业实现资金循环
主管单位	住建部门	住建、经信、政数等多部门
建设参与方	设计、施工方	设计、施工方与社区适用房、运维方全员参与

资料来源：中指研究院综合整理。

未来社区建设将分三个阶段持续推进。第一个阶段即加快启动阶段，2019 年除培育建设 24 个试点项目之外，还将在杭州等地区建设未来社区规划展示馆，同步开通数字展示馆。第二阶段即增点扩面阶段，到 2021 年，试点项目达到 100 个左右，同时建立未来社区运营标准体系，推选一批典型范例，形成可复制可推广的经验做法。第三阶段即全面推广阶段，2022 年开始全面复制推广，形成浙江省高质量发展、高品质生活的新“金名片”。

综合来看，无论是保障房、棚户区改造，还是城市更新、未来社区建设，都旨在为群众创造更好的居住条件，市场广阔。而房地产开发企业无论是开发能力还是社区配套运营能力都具有明显优势，为房地产企业政府代建带来了广阔的发展空间。

第三节　市场广阔，商业代建不断发力

一、商业代建含义

所谓商业代建，是由非政府类委托方委托，以盈利为目的，受托方以品牌输出或管理输出为主要运营模式并收取代建管理费或服务费的代建模式。当前，商业代建模式种类较多且复杂，本节仅对纯收取服务费的商业代建模式进行讨论。

纯收取服务费的商业代建是指代建方与已经取得标的地块土地所有权证的委托方合作，由委托方承担全部或部分资金，代建方无任何股权投入，根据双方签订的代建委托协议中的契约关系行使项目操盘权，承担工程营造和销售任务，通过管理和品牌输出，为委托方提供项目开发全过程管理与服务，并依据项目销售或利润总额收取佣金的代建模式。

在项目代建运作过程中，委托方负责筹措项目开发所需全部资金，拥有项目开发中的投资决策权、监督权、建议权和知情权，享有项目的投资收益，承担项目投资风险。代建方主要负责项目管理团队组建、规划设计管理、工程营造管理、成本管理、营销管理、竣工交付管理等开发环节的全过程管理。

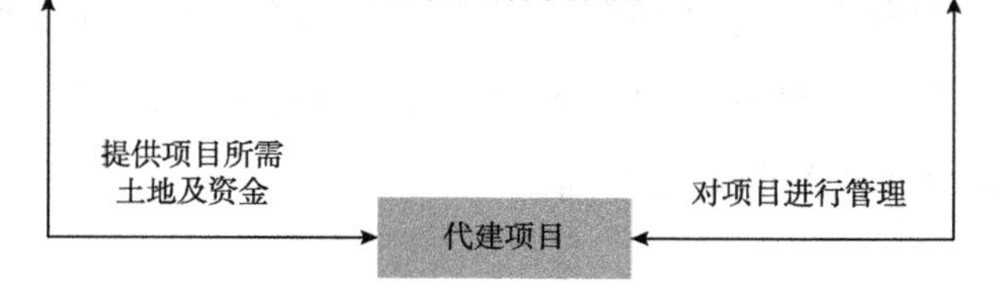

图 2.3.1　项目代建操作模式示意图

资料来源：中指研究院综合整理。

二、商业代建模式产生背景

我国房地产开发一直沿用“香港模式”，即房地产开发的全部流程，从买地、建造到销售、管理全部由一家开发商独立完成，是一种重资产模式。这种模式在过去的开发中获得了巨大的成功，但是其前期的土地投资和房屋开发资金需求大、回笼现金滞后等缺点，造成了房地产行业负债率高，现金周转速度慢，融资财务费用高等问题，房地产企业开始寻找新的赢利点。同时，在库存压力越来越大、市场回归理性的情况下，房地产市场正逐步从卖方市场过渡到买方市场，消费者日益重视产品品质，许多中小房企有土地资源，但因开发、销售能力不足等问题，开始寻找具有品牌影响力和开发经验的房企合作或委托其开发项目。

1. 资金来源加剧传统开发模式风险

我国传统房地产开发模式的资金主要来自贷款，这就造成了企业的高负债率。2008 年房地产市场火爆，房地产开发企业急速扩张，加剧了这一局势。我们可以看到，许多房地产企业在年销售额迅速增加的同时，财务负债比率也在迅速增加。这样，运营规模越大，企业的资金链就越紧张，风险就越大。一旦遭遇经济形势不好，潜在的危机便很有可能暴发。

2. 政府调控下房企风险加剧

2004 年起房地产行业进入了全面发展阶段，住房需求旺盛，销售面积与金额一路攀升，市场容量不断扩大。供不应求之下，价格不断上涨。随着房地产市场的持续火爆，房地产企业更加注重土地储备，开始大规模囤地，甚至很多房地产开发企业在拍得土地之后直接拿土地进行进一步的融资，继而形成“拍地 – 融资 – 拍地 – 融资”，依靠土地增值获取利润的恶性循环，这种现象在 2007 年达到高峰，一时间各地“地王”频现，不少地方出现了“面粉贵过面包”的怪象。

高房价和囤地的投机行为大大制约了房地产市场的发展，影响到国家经济的平稳运行。2008 年以来，政府与市场多次过招，相继出台了“国八条”“国十条”“国十一条”“新国十条”和“新国八条”等政策，调控力度不断升级，坚持抑制投资投机需求。这样一来，“拿地难”成为目前房地产企业发展的普遍问题。在房价平稳上涨和土地供应量不足、地价持续上涨综合作用下房地产企业所获取的利润越来越低。

同时，伴随着银根收紧，以金融信贷、财政税收方式来抑制地产商的融资，很多企业信用评级被下调，面临资金链断裂的风险却手足无措。这个时候传统的开发模式由于融资和资金回笼困难而难以为继，同时高额的利息负担使得企业现金流愈加吃紧。

3. 中小企业开发难度提升，部分国企寻求开发经验

得益于经济的快速增长，以及城镇化战略加速推进，中国居民的购买力也得到极大提升。消费者对住房的需求已经从人住升级到了人居，更加注重住宅产品的品质，以及住宅物业服务所带来的生活体验。人们对居住的要求也不再是单纯的条件改善，而是着重于住宅的使用功能、价值功能和其他综合功能，促使住房品质快速提升。

在资金流动性充裕的背景下，拥有土地或者现金的很多优质企业具有投资需求，具有较高利润的房地产业是其重要的考虑对象。但是初涉房地产领域的投资商，缺乏房地产项目的开发经验。投资商把项目用地买来，如果转而委托开发商进行专业代建，可以最大程度地规避自身经验的缺乏及其他的市场不确定因素，大幅降低投资风险。这样形成了房地产项目代建这一新的市场需求。

与此同时，市场化后房地产市场发展空间广阔，越来越多的企业借助资本市场融资实现了跨越式发展。2006~2007 年，内地房企掀起赴港上市

热潮，世茂、绿城、碧桂园、远洋等房企先后成功在香港主板上市。房企也开始了扩张之路，龙头企业和品牌房企开始出现，品牌开始出现溢价，无论是前期规划设计、园林造景还是产品细节把控等开发环节都更为专业，产品与风格屡有创新。

部分拥有资金或土地资源的中小企业，缺乏在品质项目设计、开发、销售等方面经验。同时，中小企业在品牌房企不断崛起的过程中，面临开发成本较品牌房企高，新产品品质相对欠缺等窘境，自行进行项目的开发工作的风险较高。从而，中小企业需要更具影响力的房地产品牌代为开发来确保项目的品质、议价能力与盈利水平。

由此可见，传统房地产开发模式正面临两大难题：一是行业负债率高，融资越来越难，传统融资渠道受到国家政策的限制。二是地价越来越高，投资土地的难度和成本越来越大。同时，部分中小企业在品牌房企市场份额挤压与消费者需求提升的压力下，房地产开发风险加剧。

与此同时，一部分国企、金融机构等企业拥有土地资源，由于没有土地开发经验，亦需寻找有开发经验的房企，委托其进行开发，培养项目团队，从而形成了另一方面的代建需求。

无论是从新形势下的政策导向、行业升级还是消费者需求的角度，商业代建模式的合理性和可行性都日渐凸显。我国房地产代建业务也跳出政府代建框架，开始在房地产行业蔓延开来，成为很多企业新的利润增长点。企业寻求代建企业进行项目管理，代建企业依托品牌、资源等因素进行代建，是中国财政紧缩后，房地产市场改革引发的房地产市场开发模式的一种变革。

三、商业代建模式的兴起

业内最早介入商业代建的房地产企业是绿城，也正是在绿城之后，代建被房地产行业广泛认可，并快速发展。对于绿城来说，商业代建是绿城轻资产战略实现路径，主要以纯收取服务费的商业代建的形式参与代建。而在绿城之后，国内具有品牌影响力的建业、绿地、阳光城等企业纷纷落子纯收取服务费的商业代建项目。

2010 年 9 月，绿城集团成立绿城房产建设管理有限公司（以下简称绿城建设）。绿城建设通过“土地资源委托代建”“投资资本委托代建”和“政府安置房委托代建”三大业务模式，旨在全面、全程整合绿城现有管理资源、整合资源并与外部机构开展项目开发合作。绿城建设的成立，意味着项目代建模式第一次在国内房地产行业展开。

绿城建设（绿城管理前身）自 2010 年创立以来，其商业模式飞速发展，代建业务呈现高速成长趋势。截至 2020 年 12 月，绿城管理旗下受托管理项目 296 个，总建筑面积超 7600 万平方米。项目已遍布浙江省内大部分地区，以及浙江省外内蒙古、上海、江苏、安徽、山东、海南、新疆等省、市、自治区。

绿城管理以契约形式向委托方提供房地产项目全过程开发管理服务；授权绿城品牌使用，派驻绿城专业团队、执行绿城产品标准、营造绿城产品并通过销售服务体现绿城产品价值，最终导入绿城交付后的物业服务及维保体系。

资金管理方面，委托方负责项目开发阶段的全部资金，拥有投资决策权，承担投资风险，享受投资收益。绿城的收益来源于三部分：派驻团队基本管理费、委托开发管理费、项目业绩奖励。派驻团队基本管理费包括管理团队基本工资、社会保险、福利等；委托开发管理费是主要的代建收益来源，收取标准原则上为项目总销售额的 3%~5%；项目绩效奖则是根据考核指标给予绿城的项目业绩奖励。

四、商业代建模式的特征

在我国的房地产行业进入调整阶段的背景下，商业代建模式通过土地资源、资金投资以及开发、建设、后期物业管理开发运营链条上的专业化分工，逐步推进房地产行业的进一步细分，一些拥有良好品牌、技术实力、管理力量及资源整合能力的开发企业，逐步摆脱对资金、土地等资源的过度依赖，获得更多的发展机会。同时投资方在缺乏开发实力的情况下，能收获其应有的回报，有效分散企业和市场风险。

从当前商业代建的发展来看，商业代建的特征呈现为以下几点。

1. 合作双方有机融合，前期委托方的选择、沟通尤为重要

我国的商业代建模式有其独特的地方，它不同于国外的管理模式，投资商与开发商并没有完全分离，而是有机融合在一起。因此，其依赖于合作双方认知的一致性、管理人员素质、工程质量以及委托方土地与资金的保障力度等等因素。其中，最重要的是委托方需要具备非常好的资金条件，避免出现资金链断裂，导致工程无法继续，项目的各种抵押贷款无法偿还等问题。

作为代建企业，除了在选择委托方时要做好前期调查工作，自身也需制定救急方案。如果是暂时性的资金链问题，可以有专门的过桥基金来补血；如果是无法挽回的资金链断裂，就得有愿意进来接盘、收购项目股权的战略投资方。

另外，由于商业代建委托方多样且诉求不同，在确定合作关系前，委托方与代建方必须就开发理念和产品营造的各项标准达成协调一致，以保障项目正常运转。在项目开发建设过程中，双方也需形成较好的沟通机

制，一方面，代建方要有财务知情权，确保项目公司账面上的资金能够应付各种可能发生的危机；另一方面，委托方要能充分了解开发情况，确保项目品质、成本符合产品定位。

2. 代建方强化研发、服务，通过“微笑曲线”两端创造高收益

所谓“微笑曲线”是微笑嘴型的一条曲线，两端朝上，微笑曲线中间环节的是制造，其产生的附加值最低；两端分别是研发和营销，在产业链中，附加值更多体现在两端。因此产业未来应朝微笑曲线的两端发展，也就是在左边加强研发创造智慧财产权，在右边加强客户导向的营销与服务。

房地产企业从拿地到物业管理，真正能够增值的，一个是产品的规划设计，一个是营销和服务，还有一个是企业品牌。这就是整个房地产开发链条里面产品链条的两端，也就是适用于房地产企业的微笑曲线两端。

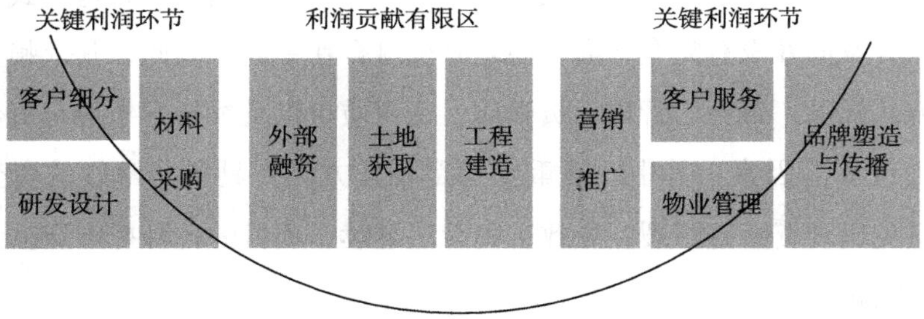

图 2.3.2　房地产行业“微笑曲线”图

资料来源：中指研究院综合整理。

房企在根据自身核心优势来定位自己的价值链优势，放弃对土地的投资，而以房屋的设计、提供开发管理人才、销售、物业为核心业务，通过将企业现有资源集中在其具有优势的环节，以此放大企业优势，由委托方负责提供占用资金较多的土地和施工材料，从而借助相应的开发模式创新来把效率放大。也就是通过代建业务，用其相对有限的资源，盘活沉淀的

地产“重资产”，达到“用资源换资产、用资产换资本”的杠杆效益，从“微笑曲线”两端盈利。

3. 委托方多为中小企业，以三四线城市为主，市场风险相对较高

企业与企业之间的代建合作，发生在大型房企与中小房企之间的案例较多。通常是土地使用权持有方缺乏资质、资金、技术、品牌、管理能力等要素之一或者几个，无法自行进行项目的开发工作，需要有资质的、有能力的房地产开发企业与其进行合作。而中小企业由于资金能力有限，难以承担一线及部分二线城市高额地价，拿地区域多集中在部分二线及三四线城市。

然而，三、四线城市由于城市能级较小，大多缺乏产业支撑，对外来人口的吸纳能力有限，甚至连当地人口都不断外流。在调控政策和市场观望情绪加大的影响下，当地的购房需求进一步萎缩。同时，大量大型房企在一、二线城市政策收紧的形势下，纷纷撤出受限制的城市，转而进军并扎堆三、四线城市，加之当地政府为了拉动 GDP 增长，大力推动房地产建设，导致房地产的过度开发，脱离了当地的经济、人口和产业发展水平，城市化建设发展与房地产开发出现脱节、导致其风险高于一、二线城市。

五、商业代建模式的未来发展趋势

中国房地产行业周期性高点已过，正告别粗放式增长，逐步走向成熟，这个转变过程将带来行业洗牌和格局重构。从百强房企的销售额走势来看，从 2015 年的 3.2 万亿规模增长到 2020 年超十万亿市场规模，市场份额从 35.1% 增长到 63.2%，房地产行业集中度在稳步提升，但尚未达到行业寡头垄断的阶段。中小房企仍占据较大的市场，给代建行业提供了广阔的市场空间。

传统的房地产开发模式主要为高周转、高负债，被热议的房地产资管新规“三道红线”，显然是为了对规模房企的扩张模式和扩张速度做进一步的安全性引导，明确了重点房地产企业资金监测和融资管理的规则。其中，三条红线全中的“红档”企业将不得再增加有息负债，而即使是一条未触的“绿档”，有息负债规模年增速也不得超过15%。

虽然近年来国家频繁出台房地产融资收紧的相关政策，但此次政策内容则是监管层第一次通过设定具体的财务指标来量化房企的财务水平，调控决心可见一斑。而房地产行业的增长逻辑也由最初的“土地红利”时代向“金融红利”时代过渡，在不断趋紧的市场调控下，将由“金融红利”时代向“管理红利”时代迈进，在行业内变迁中，无论是大型房企还是中小房企，商业代建模式将成为房地产发展的必然趋势，未来发展的空间广阔。

商业代建是大型房企实现转型升级的方向之一。大型房企可以依托自身的品牌影响力，优秀的管理能力，成熟的产品体系和服务体系资源整合能力等，进行品牌输出、管理输出和资源输出，全面提升企业的综合竞争力和价值创造能力。近年来，大型房企发展成熟，在品牌、产品、成本、融资、管理以及团队等方面积累了成熟的经验，可为委托方提供项目定位、规划设计、工程管理、成本管理、招投标管理、营销管理、品牌管理、交付管理等开发全过程服务。通过品牌输出、专业赋能等方式提高代建项目的价值，以收费或股权的方式实现盈利。

当前，在竞争激烈、土地成本增加、融资压力和现金流压力增大的行业大背景下，中小房企面临的拿地难、融资难等压力日益凸显，这也大大加强了中小房企对商业代建的内在需求动力。同时，随着代建业不断发展，代建委托方也发生着改变，非房企中的大型国企、金融机构、基金持有方等比例不断加大，同中小房企寻求品牌、技术、品质等保障相同，非房企亦需要同可以提供科学的项目规划和管理、较强的品牌影响力和运营能力的代建企业合作，从而实现项目的品质保障、金融资本投放的安全可控。因此，未来，非房企中的大型国企、金融机构、基金持有方等必成为代建委托方中重要的组成部分，同中小房企一样，共同成为代建领域的重要市场。

第四节 资本介入，商业代建模式不断演变

一、商业代建模式演变种类

近些年，随着资本的介入，商业代建模式亦在不断演变，除纯收取服务费的商业代建模式外，又演变出配资、股权式和资本三类商业代建模式。本节就这三类模式进行讨论。

1. 配资代建

配资代建是指代建方除了提供代建业务外，还为代建项目引入部分资本的商业代建模式。该模式下，资本通常由代建企业提供，代建企业的资本方与代建方通常属于集团不同的部门或公司，这主要是由于二者在业务目标、经营模式和内部管理上差异较大，同一个体系内很难进行并行经营，也不利于风险的防控。

该模式下，项目主体拿地之后面临一定的开发资金短缺，代建企业在看好项目发展前景的基础上，引荐与自身战略合作关系的金融资本参与到项目开发中。项目主体与金融资本之间是类似于投资与被投资的关系，金融资本从中收取一定的投资收益，代建单位负责项目开发和管控。这种模

式下，金融资本相当于是代建单位引荐的资本，要求代建单位有强大的资金整合能力，且品牌实力和开发能力又能得到项目主体的认可，对代建企业的要求较高。

配资模式下，资金来源通常有两个渠道，一种是自有资金，一种是由有合作关系的地产基金、信托等金融机构注入。然而，单纯依赖自有资金经营配资，往往效率低、平衡力差和流动性脆弱。因此，引入战投补充资金的流动性和夯实资金保障、强化双方利益捆绑关系的资金注入形式，更多被配资代建企业所使用。相较于纯收取代建服务费的模式，部分配资代建方除收取代建服务费外，还会收取引入资本的服务费用，在费用收取方面更加多样。

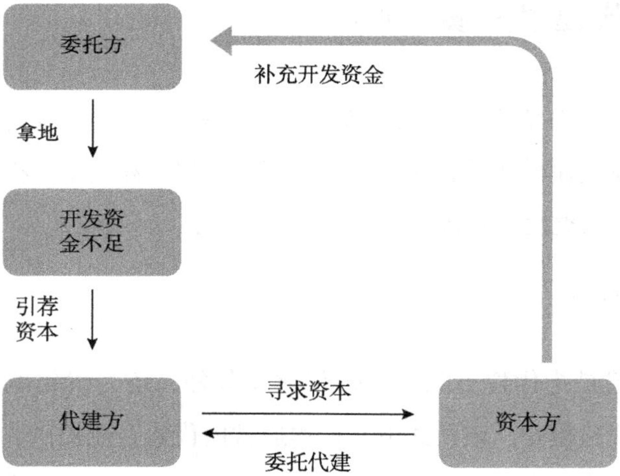

图 2.4.1　配资代建结构

2. 股权式代建

股权式代建是指代建方在项目中占有一定股权的特殊代建形式。部分代建方通过在项目中持股，一方面可以加强合作中的信任关系，另一方面可以通过持“小股”获取除代建管理费外的股权收益，因此，股权式代建也较为常见。

股权式代建中，持股比例受双方品牌实力、风险评估、服务模式等方面的影响，并没有固定的比例，但代建作为轻资产模式，目前实践中代建方股权占比基本低于 10%。与纯收取服务费的代建模式相比，对代建企业而言，股权式代建不仅可以收到代建服务费，还包括股权收益以及溢价分成，而纯代建对品牌的要求更高，没有股权收益，因此代建服务费收取比例要高于股权式代建。

3. 资本代建

资本代建是指信托公司、保险公司等各类具备房地产投资能力的金融机构出资，委托代建方参与从项目研判、土地获取到房产开发的全过程服务的商业代建模式，其目的是为委托方实现安全、高效的投资收益。

这种模式下，金融资本以项目投资方或投资方一员成为代建委托主体之一，对代建项目拥有全部或部分股权。其中，金融资本作为项目主体，拥有开发项目 100% 的股权，以代建委托主体的身份，寻找与待开发项目品牌理念、产品匹配度、客户匹配度等相契合的代建开发商，签订委托代建合作协议，明确相关各方职责和权利，由代建企业负责开发全流程的管理和管控，包括前期管理、规划设计到工程营造、成本控制、营销策划、竣工交付甚至到最后的物业管理各个环节全权委托给代建企业，金融资本仅保障资金的充足性，并监控资金使用情况等，这是权责关系相对简单的资本代建形式。

资本代建与配资代建的区域在于：①委托方性质不同，资本代建的委托方为金融机构，配资代建的委托方多为房地产开发企业或拥有土地的、寻求土地开发的非金融机构；②资金来源不同，资本代建的资金全部来自于委托方，配资代建的资金来自代建方或由代建方引入的外部资本。

二、商业代建模式演变的背景

1. 股权式代建

万科在股权代建方面实践较早，其提出源于与铁狮门的合作。2013年2月，铁狮门公司（Tishman Speyer）和万科合作开发旧金山 Lumina 项目，项目包括2个连在一起的住宅塔楼，分别为37层和42层，总计655套住宅，总投资6.2亿元，万科股权占比71.5%，铁狮门及其下属基金占28.5%，该项目由铁狮门操盘。

在此次合作中，铁狮门通过层层杠杆，减少自己的投入和风险，实际投资仅占股权价值的1.71%，股权结构如下。

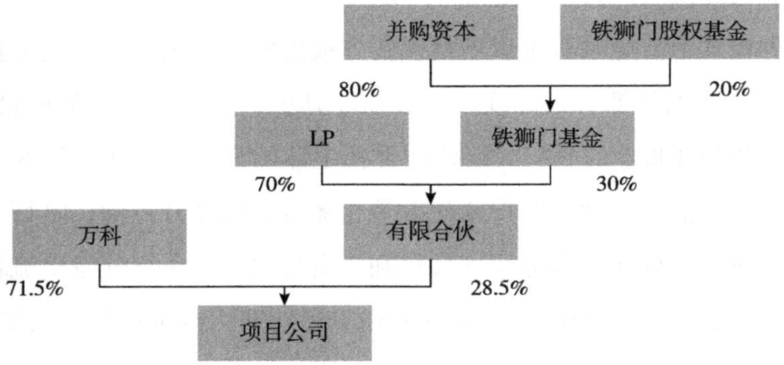

图 2.4.2　旧金山 Lumina 项目铁狮门与万科股权结构

资料来源：中指研究院综合整理。

铁狮门仅以1.71%的股权，配合运营与财务的多层杠杆，在项目中赚取了“五道钱”：股权收益、项目管理费、项目超额利润分配、基金管理费、基金超额利润分配。

在收益分配上，万科通常会与合作方约定项目的预期收益标准，并设立浮动的分配方案，而非简单按照股权比例进行分配。通常而言，万科将赚取股权收益、项目管理费、项目超额利润分配这三道利润：先按照销售收入收取一定比例的管理费，再按照股权比例进行收益分配；同时，根据和其他投资合作方事先签订的协议，按照项目最终的收益情况，设立浮动的分配方案，收取项目的超额利润分配。一般来说，万科收取的管理费约为收入的 2.5%，包干 5%~6%。

昆明云上城是万科较为成功的项目，项目一期销售欠佳，土地方陷入短期经营困境，但由于地理位置优越、周边配套齐全，后市被看好。2012 年万科介入该项目，投入 0.23 亿元占股 23%，并与土地方达成小股操盘合作协议，约定了阶梯式技术服务费用，即根据二期的开盘均价收取 5%~6% 不等的服务费用，并确定在一期存货和二期销售达 95% 并完成结算、利润分配及交付的情况下，万科退出项目公司。

本项目万科共收益 2.27 亿元，其中管理费用收入 1.26 亿元、万科融资渠道及手续费 0.17 亿元、项目收益分配 0.84 亿元，而万科的投入仅为 0.23 亿元，投资回报率高达 987%。

2. 资本代建和配资代建

在经历了 30 多年的超高速发展后，在生产成本上升、技术进步、投资收益率下降、出口导向型增长不可持续等因素的作用下，中国经济进入了一个新常态。而宏观经济向新常态的回归势必会对各行各业产生重要甚至重大影响，作为中国经济发展的支柱产业之一的房地产行业也必将受到该趋势的影响。

以“去库存，稳增长”为目标，2014 年以来央行六次降息六次降准，利率水平已降至历史低值，恰逢 2015 年 7 月股市不振，更是使得大量避险资金从股市转战房地产市场。尤其是热点一二线城市疯狂的地王潮此起彼伏，行业分化加剧。

由于地产行业属性为长周期，重资金、重资产、高风险。在整个长周期过程中，涉及产品建造、价值判断和未来市场分析等许多专业工作，这些恰恰是能够和金融很好结合起来的部分。从整个房地产发展的模式来看，从过去的大量、粗放性的建房，解决供需矛盾转向更精细化的建房及更专业的服务，向更高水平、更绿色、更清洁的方向发展。

因此，过去对于房地产企业而言，金融机构的主要功能就是融资，双方的合作主要聚焦在前端。在房地产行业从粗放式向精细化运作的转变过程中，金融机构对房地产行业已经从单纯的前端（融资阶段），开始向中间环节（资产管理）和通过金融手段实现退出的后端进行渗透。原本带有金融属性的房地产行业的发展和金融的关系将更紧密。

伴随着融资监管政策的从严从紧，房地产行业的融资环境持续不放松，特别是 2020 年“三道红线”试点以来，部分中小企业为维持稳定的现金流，寻求品牌房企代建的同时，对资金也存在一定的需求。在此背景下，代建方通过品牌背书，为代建项目引入部分资本，可实现双赢。

三、资本介入模式的商业代建特征

对比一般房地产开发模式，资本介入实现了“各司其职、资源最优化配置”的目标。当前，房地产行业面临转型，从过去的资金密集型行业逐步转变为资金和技术密集型行业，开发商单纯依靠土地红利和资金快速周转获取高额利润的时代已渐行渐远。消费者开始关注产品品质和售后服务，追求房产品“性价比”，对开发商“专业化”程度的要求也日益提高。资本参与房地产行业，将开发商从“重资产”的模式中解脱出来，更好地实现资本与技术专业化分工的紧密结合，发挥出委托方和代建方各自的特长，整合优势资源，将项目风险控制到最小或是将风险降到最低。

1. 资本介入模式的商业代建对项目的收益有更高要求，更易与代建企业形成战略合作

资本介入模式的商业代建是资本从单纯的前端融资阶段，开始向中间环节的项目开发增值和通过金融手段实现退出的后端进行渗透。因此，从一定意义上而言，资本对房地产行业更广泛的渗透意味着资本已不满足于单纯的投资利息收益，而对整个开发过程中的项目增值收益、甚至后期的物业管理中的服务增值收益都想分得其中的一杯羹，这也就意味着该模式对项目的收益能力有更高的要求。

基于这一诉求，资本方在选择投资项目或代建单位的过程中，最注重的是项目的投资价值和代建单位的品牌影响力及项目运营管理能力所带来的项目整体溢价水平。从现实的角度而言，资本在房地产行业的专业性相对不高，也没有太多的精力投入到项目选择和企业选择中，更容易与代建单位形成战略合作关系，由代建单位承担起前期的项目甄别、投资咨询等方面的工作。在这一过程中，资本仅负责资金的投入和收益核算等，而代建企业则负责专业化的开发及后期运营管理各个环节，在各自的专业领域各司其职，权责明确。

2. 开发企业对代建项目选择的自主权相对较高

一般来说，政府代建和商业代建的项目相对较为分散，对于代建方而言可能 80 个委托代建项目有 70 多个代建委托方，这对代建方来说不仅前期沟通成本较高，而且一般都相对被动接受代建项目，对代建的城市布局、不同层次项目配比以及产品线的完善升级等都较为不利。

在资本介入下，由于代建企业承担了一定的项目筛选职责，对项目的选择相对自主权更高，而且与资本的合作可迅速铺开代建项目规模，在长期战略合作的机制下，有利于代建企业减少前期沟通成本，对自身发展的

规划性和战略性更高，更强化专业分工。因此，从长远来看，资本介入模式的商业代建是未来房地产行业的主流趋势，也更有利于代建企业的稳健发展。

但是从另一个角度而言，该模式对资本和代建企业的专业性要求更高，分工的精细化、模块化更需要不断完善；同时也要警惕具有“逐利性”的资本介入之后的急功近利行为给房地产市场所带来的不稳定因素。因此，处于市场初探期的资本介入模式的商业代建尚需要较长时间的探索和经验积累，资本与代建企业尚需长时间的相互磨合，方能更好地推进房地产市场的系统化、专业化发展。

四、资本注入模式的商业代建发展趋势

从长远来看，资本注入模式是未来房地产行业的趋势之一，开发、代建、资本的分拆再融合也更有利于房地产行业的稳健发展。

1. 中小房企到期债务压力较大，为资本引入代建提供了市场

根据中指研究院数据统计，2007 年以来中国房地产开发企业境内外发行的债券、票据及定向工具等中，在 2020 年 ~2024 年到期需偿还的金额高达 35028 亿元，其中中小房企债务累计约达 7000 亿 ~10000 亿元。如此庞大的资金需求量，为资本注入模式提供了广阔的市场，急需拥有大量资金以及可以吸引优质资本的代建企业进入。此外，“三道红线”政策背景下，单靠去库存和高周转实现达标的房企难度更大，更需要积极寻求股权融资，债转股，REITS 等方式，进一步为资本的介入提供市场。

2. 不动产作为另类投资基金的重要投资标的，未来具有较大成长空间

2017年以来，人民币地产基金承诺募集规模受基金业严监管和房地产调控的影响，规模呈下降趋势。2015年以前，人民币地产基金的承诺募集规模整体稳定在1000亿~1300亿元。2015~2016年，国内的房地产基金公司逐渐发展壮大，资金筹集与投资管理能力不断提升，政府资金和金融机构资金大规模进入，同时银行贷款等主流融资渠道受阻，人民币地产基金的募集规模呈现倍增态势，增长率分别达161.3%和91.0%。2016年人民币地产基金承诺募集规模创历史新高，达6273亿元，超过2013~2015三年的累计规模。但是2017年以来，随着房地产调控政策的趋紧和基金业监管趋严，人民币地产基金承诺募集规模持续下降，2019年人民币地产基金承诺募集规模下降至2000亿元人民币左右。但是长期来看，不动产作为另类投资基金的重要投资标的，随着基金市场的发展成熟和监管规范，仍具有较大成长空间。

第五节　代建行业日趋规范，标准体系应运而生

一、绿星标准产生背景

伴随着宏观经济的快速发展，中国房地产行业也经历了爆发式的“野蛮生长”。与高增长相伴，“重规模、轻品质；重投资、轻开发；重装饰、

轻服务”等一系列问题也随之而来。代建行业在这种“野蛮生长”的环境中也面临同样的问题。作为国内最早以轻资产模式运作的房地产开发管理型公司，绿城管理在多年的发展与实战操盘项目过程中，亦面临着发展上的瓶颈和痛点。

痛点一：诉求触及品质底线，无法予以满足。绿城管理的核心竞争优势之一就是品牌效应，而品牌效应的基础是绿城管理多年来有口皆碑的产品打造能力和独有的产品基因，即品质与特色是绿城管理一直坚守的底线。但在代建诉求方面，部分委托方仅寻求“绿城”的品牌作为其产品背书，或要求独立建造产品，或为了控制产品要求牺牲产品品质，严重影响绿城品牌。面对这些触及品质底线的诉求，绿城管理均无法给予满足。

痛点二：谨慎选取委托方，成本耗费高。因为痛点一的存在，绿城管理在选择委托方的时候，通常比较认真谨慎，除了基本的法律调查、资信情况、资金情况调查外，为了考察对方的经营诉求、契约精神，还需要了解对方高层的性格、处事方式等，确保合作的顺畅开展，耗费较多的时间和人力成本。

痛点三：供应商水平参差不齐，无法保证项目品质。在供应商选择方面，由于部分中小房企会偏向于选择熟悉的或者关系供应商，导致绿城代建体系内合格的供应商无法进入，绿城管理从产品设计到营造把控较弱，项目品质无法得到有效保证。

痛点四：诉求多样且复杂，内部沟通成本高。代建的委托方不同，诉求也不同，多个委托方诉求多样且复杂，绿城管理内部各个中心、分支机构联合作业的时候，整合资源的过程更加复杂，容易造成无效沟通，直接导致沟通成本很高。

痛点五：准业主担心品质，产生额外教育成本。购房者通常基于对绿城品牌的信任选择绿城的项目，但由于是代建项目，准业主会对项目的品质是否一致产生诸多疑虑，相关的解释工作会产生额外的教育成本。

为了解决以上五个痛点，绿城管理历时一年半的探索与论证，以寻求打造房地产行业的“米其林标准”为出发点，首次提出将代建产品和服务进行标准化，通过对项目的评分、分级、认证体系，以“菜单化、可视化、平台化”的理念为委托方、供应方和购房者提供一套星级识别体系，于是，一套多维度衡量“好房子”的项目评级体系“绿星标准”正式发布。

“绿星标准”通过菜单形式，实现房产品营造的可视化与透明化，以标准规范服务，实现多方价值与利益的共享。基于这套标准，绿城管理可以有效减少内耗和外部的教育成本、选择成本，快速把与绿城管理有共同认知的客户挑选出来；通过这套标准，绿城管理亦可以搭建终端客户的信任体系、委托方选定标准，同时统一供应商标准，作为实现准入制、提高项目竞争力的基础等，从而破解代建过程中遇到的五大痛点。

二、绿星标准体系架构

2018 年 3 月，由中指研究院举办的“2018 中国房地产百强企业研究成果发布会”在北京举行，绿城管理正式发布了项目评定体系“绿星标准”（或称“绿星标准 1.0”）。“绿星标准”被业内称为对标“米其林星级标准”，体系覆盖代建前后端的产品、供应商、运营、服务四大模块，并与开发成本、收益绑定，让管理过程、结果清晰透明，为定制开发、成本控制、产品品质确立科学标准，是代建行业的首个行业标准。

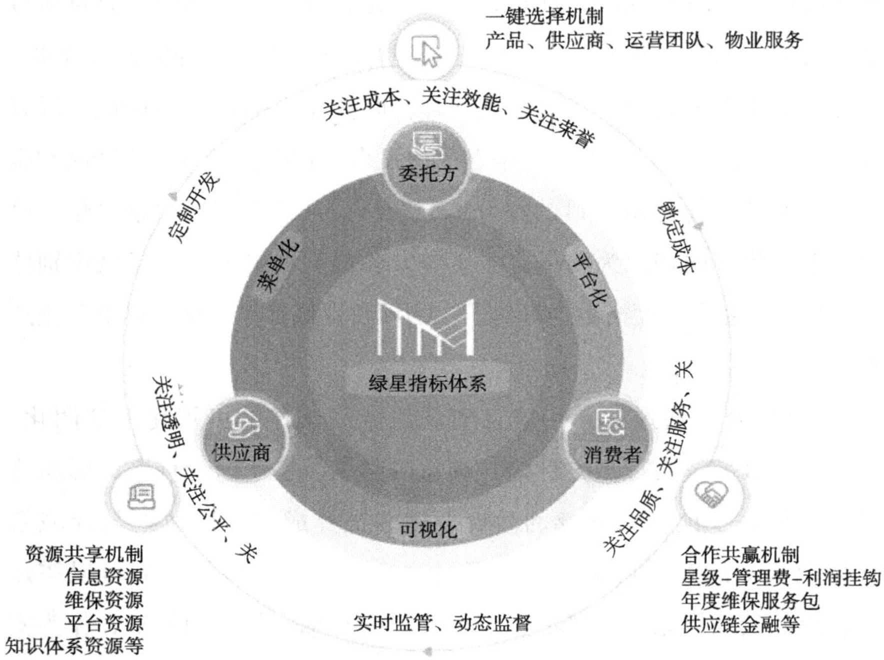

图 2.5.1 “绿星标准”下的生态环

“绿星标准”的优势具体体现在以下四个方面。第一，通过相互约束、实现共赢实行企业核心原则。绿星标准明确绿城管理与委托方、供应商的职权和约束机制，在产品开发之前明确产品星级，不同星级对应不同权责、费用、利润分成等，实现共赢。第二，通过平台运作、信息共享直击代建痛点。绿星标准以委托方、供应商和消费者三方的关注点为基础，直击痛点设计指标，覆盖代建前后端的产品、供应商、运营、服务四大模块，实现平台运作信息共享。第三，通过一键可视、菜单选择达到标准的透明清晰。绿星标准为委托方提供菜单式选择产品、供应商、运营团队和物业服务，选择结果透明清晰，一键可视。第四，通过锁定成本、实时监督保障定制开发。

2017 年，绿城管理发起“绿星标准”项目，通过包括绿城管理高层、委托方代表、供应商代表在内的13个访谈、经过10轮论证，最终确定了4大模块、17个二级指标和73个子项。

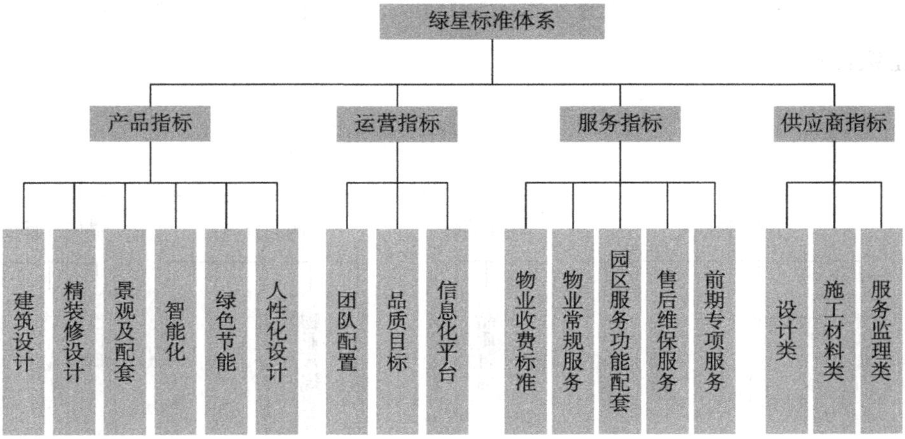

图 2.5.2 “绿星标准”体系

“绿星标准”下，委托方一旦选择了星级标准，双方合作的基础就形成了，绿城管理基于星级设定制定施工和费用标准，供应商和消费者亦可根据项目星级标准享受不同程度的权益，实现委托方、供应商和消费者三方共赢的生态机制。

“绿星标准”是对绿城多年“美好生活”理念以及背后的高品质产品营造与服务经验的核心价值提炼。在开放与共享的心态之下，绿城管理集团不仅把内部的美好营造体系进行系统化与标准化的呈现，更愿意通过开放性的知识共享平台与产业平台进行分享与输出，与行业共未来，共建激动人心的品质生活。

三、绿星标准的延展——绿星标准（1.0G）

“绿星标准（1.0G）”作为“绿星标准”的重要分支，以规范政府代建行业标准为目的，以协同打造产业生态圈和美好人居生态圈为宗旨，通过对项目的评分、分级、认证体系，形成具有普遍共识的政府代建行业标准。“绿星标准（1.0G）”把绿城代建的经验，用到保障房体系中，依旧从产品、供应商、运营和服务 4 大指标纬度，通过数据量化各项指标，进行星级评价，建立标准。

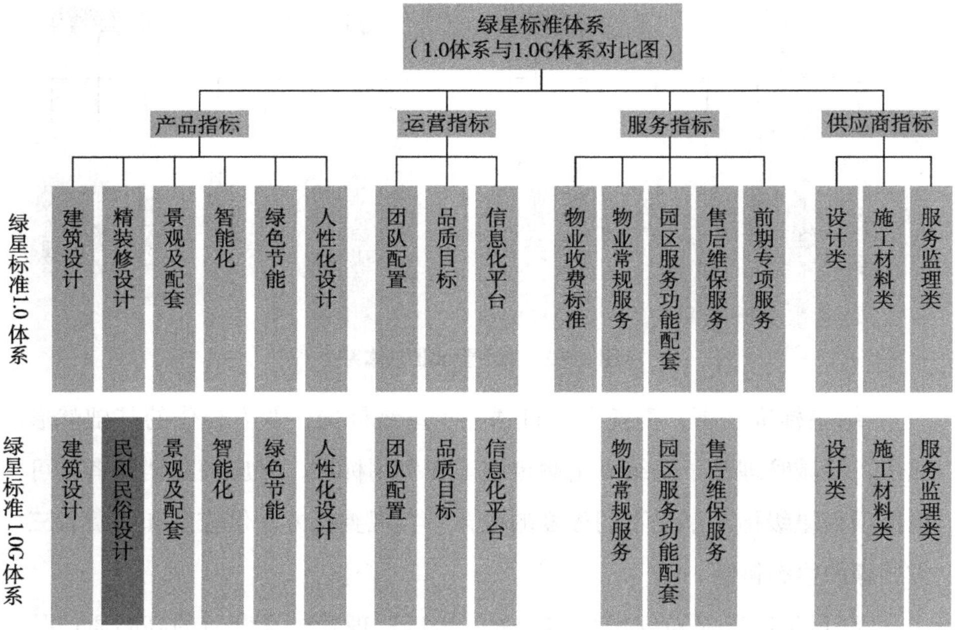

图 2.5.3 “绿星标准”与“绿星标准 1.0G”标准体系对比

第三章

中国香港及海外房地产代建概况及模式研究

海外代建制模式兴起和发展时间相对较长，制度规范相对完善，相关研究也较为细化和成熟，实践经验较为丰富，对我国房地产代建行业发展有着重要借鉴意义。从海外理论研究方面来看，相关学者主要在代建制度规范、管理激励、合作评估等方面进行了深入的研究，从不同的角度对该模式进行了深入的探讨与分析；从操作实践来看，受国家制度及文化差异的影响，海外房地产代建模式各有不同，尤其政府房地产代建因政府体制及制度不同差异较大。

综合来看，海外发达国家及地区的房地产代建已经处于相对成熟的阶段，尤其房地产金融属性突出，而我国房地产代建仍处于快速发展期，政府代建仍在不断改革完善和深度市场化，而商业代建刚刚起步，总体仍在摸索与学习进程中，因此学习和借鉴海外房地产代建经验对我国房地产代建发展具有重要的意义。

第一节　美国房地产代建模式

一、美国政府投资项目管理模式

美国作为典型的联邦制国家，其各州拥有相当广泛的自主权，联邦政府、州政府以及地方政府分别对各自的工程项目进行管理，其中联邦政府投资项目涉及面较广，主要包括住宅及城市规划、农业设施、水利设施、军事及国防设施、交通等方面。美国政府投资项目的管理模式有自行管理、部分自行管理和全部委托监理公司管理，其中房地产代建作为政府投资项目管理中的重要组成部分并未独立出来。就房地产开发模式而言，美国专业分工细致，每一环节部门通过完成各自的任务获取利润，项目主导多为基金类资本，开发商、建筑商、中介商以及其他环节都属于围绕资本的价值链环节，其中房地产代建属于建筑与工程服务行业，参与者多为“地产开发公司”“管理咨询公司”“监理公司”等，一般采用 CM 模式。

1. 管理模式

政府自行管理。自行管理是指联邦政府或地方政府在投资兴建建设规模适当、工艺较为简单的工程，以及政府有关部门具有较强管理能力时，工程建设管理全部由政府部门自行管理。自行管理分为两种方式，目前广泛采用的方式为：政府管理者通过招标方式挑选总承包商，并直接挑选分包商，一个工程至少由五家承包商建造，即总承包商（一般指土建部分）、电气、给排水、暖通、装饰等五个专业的承包商。另外一种方式为政府管理者通过招标确定总承包商，总承包商再招标或委托分包商，现在较少采用。

部分自行管理。当工程建设规模较大，或政府管理力量较弱时，政府管理相关部门就会聘请部分监理工程师与政府管理人员共同管理工程。

全部委托监理公司管理。当政府有关部门没有相应的管理人员或工程规模太大，则往往全部委托给监理公司全面管理。委托监理公司管理工程建设的具体形式有两种：一种是委托监理公司挑选承包商，另一种是业主挑选承包商后再委托监理公司管理。

2. 美国政府投资项目管理的特点

严格区分政府项目和私人项目进行管理。政府工程和私人工程中的住房工程管理分别由总务管理局和住宅与城市建设部来管理，美国对政府工程的教练角色与对私人工程的裁判管理角色是严格区分的。

政府投资项目的管理高度专业化。美国政府投资项目按照铁路、交通、航空、水利、建筑等领域进行划分，专业工程类项目由各专业项目行政主管部门管理。

政府工程建设与金融保险市场有着密切关系。美国的政府工程项目，无论是业主、工程师、承包商都与银行、保险公司有着非常密切的联系。如在工程承包时，政府业主通常要求承包商在承包工程时办理各种保险，承包商也需要银行的各种贷款，在办理保险和银行贷款的过程中，保险公司和银行将会慎重地审查企业的承包能力、履约记录、营业记录和资信状况，据以决定是否给予承包商担保，通过这种方式约束承包商的承包能力与其实际能力相一致。

CM 项目管理的社会化程度高，覆盖范围广。美国的重点建设项目以及民用建筑项目一般均实行 CM 制，同时服务的范围包含酒店、写字楼、商业设施、业厂房、学校等工程，CM 服务覆盖率达到 95% 以上。

项目管理科学规范、工作效率高。一方面，美国的工程管理服务一般为全过程服务，但多偏重于前期阶段，如可行性研究、规划、设计等，充当政府的专业参谋和顾问；另一方面，美国实行的是高技术、高智能、现代化的代建服务，重视开发和利用新技术、新材料、新方法，并通过项目决策委员会，共同研究开发过程中的有关问题。

工程咨询公司对工程项目的取费，一般是按工程造价或总体服务费用计取。费率标准一般是工程造价的5%~10%；同时，监理工程师在负责该项目过程中的电话费、交通费、差旅费、加班费、各种检测设备使用费等均由政府另外承担。

二、美国房地产商业代建模式

经过一百多年的发展，美国房地产市场呈现精细化、专业化和金融化三个特征，行业分工明确，土地开发商负责土地开发，地块划分商负责地块的规划设计，中介经纪负责市场销售策划，保险机构负担灾害风险、抵押信用风险、产权保险风险，抵押服务则负责抵押贷款的后续管理等等。在市场不断成熟的背景下，美国房地产企业多具有金融属性，商业代建亦是如此，以资本代建为主，接下来以铁狮门和汉斯地产为代表性企业对商业代建模式进行说明。

1. 铁狮门的商业代建模式

自1978年成立以来，铁狮门投资、开发和运营了390多个项目，总物业面积达1.665亿平方英尺，业务遍布四大洲八个国家和地区的30个市场，在美国、欧洲、拉美、印度和中国的物业资产组合总值超过802亿美元。

铁狮门的业务延伸至行业的整个领域，包括投资与开发、设计与工程、租赁、物业管理、投资管理和可持续发展，实现产业链纵向一体化，尤其是投融资管理和物业运营管理的成熟，奠定了其在高端物业投资以及管理中的行业地位。铁狮门的基金运作体现了企业的金融属性。

价值增长	• 收购物业后，通过重新规划设计、配置，提高物业品质，以此提升物业价值。
投资结构	• 综合考虑公司资本需求及对物业价值的预期，采取股权投资或债券投资方式改变物业股权结构； • 协同合作伙伴收购物业，将办公类物业分拆放入旗下投资基金，在较短时间后通过出售部分股权，享受项目增值收入； • 铁狮门一方面持有剩余股权享受物业租金收益，另一方面通过运营物业收取管理费。
多元化	• 投资物业类型包括高档商业物业、住宅物业、办公楼物业等，投资多元化发展，在不同的市场获得利润回报。

图 3.1.1　铁狮门基金运作模式

数据来源：中指研究院综合整理。

铁狮门的基金运作模式是通过减少资金占用规模来提高资金使用效率，其合资基金能够以不到 5%（通常只有 1%）的资本投入分享项目 40% 以上的收益，铁狮门基金的运营分别由其澳大利亚子公司（Tishman Speyer Australia）和总部的全球投资组合管理部（Global Portfloio Management）负责。以铁狮门旗下 Tishman Speyer Office Fund（简称 TSOF）为例，铁狮门初始投入资本金仅为 Prime Plus 1.01% 的股权，通过旗下子公司 TST PH 获得了 Prime Plus 100% 持有的写字楼物业的全部运营权利。

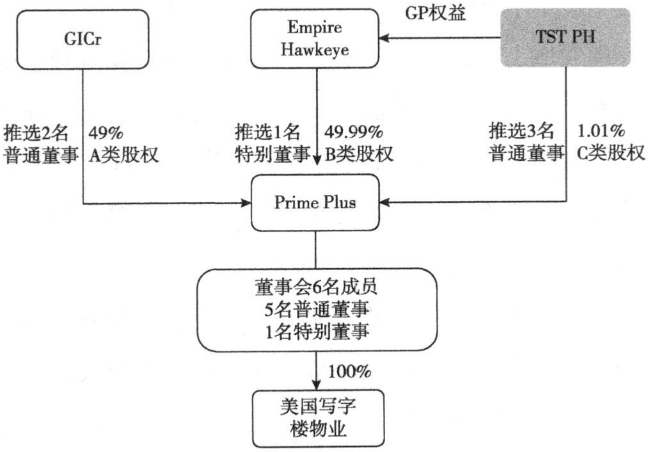

图 3.1.2　铁狮门 TSOF 如何通过小额资本金获取全部运营权利

数据来源：中指研究院综合整理。

铁狮门 TSOF 基金的盈利包括基础费用和额外收入两项：作为 TSOF 的实际管理人，铁狮门及其旗下的 TS Manager 在项目的开发、持有、运营阶段收取各类费用，作为基本管理费；通过业绩提成分享投资物业升值带来的超额收益，根据信托协议，自 TSOF 上市之日起，TSOF 每五年进行一次超额业绩提成。

2. 汉斯地产的商业代建模式

汉斯地产成立于 1957 年，总部位于美国德克萨斯州休斯敦市，为全球最大的房地产投资与开发管理服务商之一。经过 60 年的发展，汉斯地产的业务遍及 20 个国家的 192 个城市，资产管理规模达 932 亿美元。

汉斯地产有投资、开发和管理三大业务板块。

在投资领域，汉斯地产建立了“募集权益资金—开发、收购与管理—权益分红”融资模式，自 1991 年以来先后发起设立 52 个投资工具，包括基金、投资信托、有限合伙公司等，管理资产规模超 280 亿美元。

在开发领域，汉斯地产业务涉足房地产开发的各个环节，包括土地获取、物业收购、规划设计、工程建造、销售、出租、咨询服务等。在开发方式上，汉斯地产除自有开发经营外，还采用合作开发、第三方代建等方式。

在物业管理领域，汉斯地产建立了一套完整的物业管理规范，以客户满意、人楼齐安和为业主创造价值为宗旨。目前，汉斯地产在全球管理着 483 个项目，总建筑面积约 1.99 亿平方英尺。其中，汉斯地产自身拥有并管理的项目总建筑面积为 1.07 亿平方英尺，为第三方管理的项目总建筑面积为 9100 万平方英尺。

汉斯地产具备较强的价值链整合能力，三个业务领域互相支撑，成就汉斯地产从传统的“拿地—找钱—银行贷款”的运作模式，转向“募集权益资金—开发、收购与管理—权益分红”的运营模式。在投资环节，汉斯地产在发起设立的金融工具中，自有资金仅占 10% ~ 30%，其他资金均来源于投资机构和个人投资者，可以实现 3 ~ 10 倍的杠杆效应；在基金管理上，委托著名专业基金、投资银行管理，汉斯地产主要负责找项目。在开发环节，汉斯地产追求产品本身的性能良好、可靠耐用，与著名建筑材料、设备供应商长期合作，能以相当优惠的价格采购品质上乘、性能优越的材料和设备；在管理环节，汉斯地产在产品设计时即充分考虑到未来的营运费用，后期物业管理费用低。因此，许多第三方代建项目都交其管理，如摩根士丹利在纽约的总部大楼由汉斯地产代建，在大厦完成后汉斯凭借超高的服务满意度获取了该栋大楼的物业管理权限。

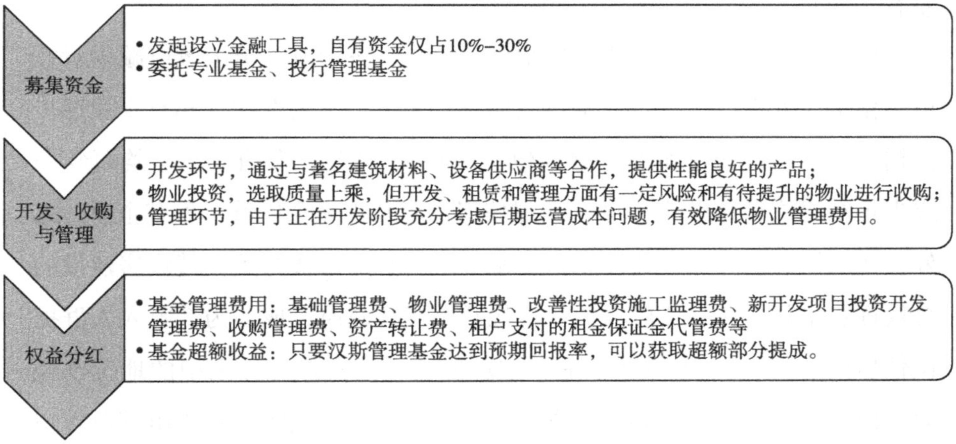

图 3.1.3　汉斯地产代建运作模式

第二节　英国房地产代建模式

英国的住房开发供应体系一直处于不断改进完善的过程中，保障性住房和私人房地产开发商融资结构不断完善，房屋开发建设水平不断提升，住房拥有率大幅提高。从历年住房建设情况来看，英国的住房供应主体主要有 3 个，即私有企业、住房协会和地方政府。二次世界大战后，英国为了解决战后严重的住房短缺问题，政府作为住房供应的主体，进行了大规模的住房建设。在 20 世纪 40 年代后期及 20 世纪 50 年代期间，地方政府负责建设的住房占同期住房建设总量的 77.6% 和 64.3%。英国政府在战后相当长时间内承担了住房建设的主要任务，是住房供应的绝对主体。虽然从 1960 年代开始，私有企业逐步取代了地方政府，但在 20 世纪 60~70 年代，由政府负责和政府补贴的住房建设量仍占总量的一半左右。

从 20 世纪 80 年代开始，受新自由主义经济影响，英国政府减少对非市场化房屋的支持，导致住房供应体系发生了根本的变化，私有企业逐步占据了新住房建设的绝对主导地位。1990~2011 年，私有企业平均每年完成当年新建住房总量的 84%，新建住房供应几乎完全依赖于私有企业。此外，住房协会的作用也逐步增强，从 20 世纪 60 年代开始，其住房建设的总量逐步增加，并从 20 世纪 80 年代开始接替政府，成为为低收入人群提供住房的主体。到 1990 年以后，住房协会在住房供应体系中的地位已经取代地方当局，成为得到政府支持的重要住房供应组织，每年由其负责完成的新住房占总住房建设量的比例都在 10% 以上。

英国代建业务的发展离不开英国的政府采购制度。当前国际上通行的政府采购制度起源于欧洲，早在 1782 年英国就已经实行了政府采购，中央各部门的采购活动都是在政策指引的基础上进行的。经过长期的发展演变，特别是 1973 年英国加入欧洲经济共同体以后，逐步形成了一套较为完善的政府采购体系和运作规则。包括政府采购的政策和原则、采购机制、采购方式、法律法规及基本程序。英国代建业务主要围绕政府代建、私人代建展开。

一、基于政府采购的代建模式

政府采购的基本方式可以概括为：一是精心挑选供应商，要求他们以各自的生产产量、产品规格和生产执行情况进行竞争性投标；二是对于价格为主要因素又相对较容易些的合同，各部门采取公开招标方式，让任何对合同感兴趣的供应商都参加投标竞争；三是对于较复杂的合同，如私有经济项目，则应采取协商和竞争投标相结合的方式进行；四是对于少数极为复杂的合同，则只采取有竞争性的协商谈判方式；五是对于极廉价的采购或极例外的特殊情况，采取单方投标的方式；六是投标后再协商的方式，这种方式可以更好地用好资金和改进合同细节，对买卖双方都有好处。

二、英国政府代理建设模式

英国的建筑工程项目分为两类，一是私人工程项目，二是政府工程项目。其中，私人工程项目（即非国家、非政府项目）主要包括工业、商业、学校、房屋、私人医院、仓库、房屋协会等。这类工程主要以“私人工程合同形式”为依据。政府工程项目主要分为以国防设施等为代表的中央政府项目；以监狱、国会、税务办公室、社会保安、法院等建筑为代表的公共办公楼项目；以道路、桥梁、铁路、隧道、港口等为代表的公共基础设施项目；以公立医院、学校等为代表的公共服务建筑，这类项目主要采用由政府制定的“政府项目合同形式”。此外，地方政府项目主要分地县级和区级政府项目，主要类型包括地方公共设施、区县政府楼、警察局、水处理、地方法院、图书馆、健康中心等。在英国，私人工程项目和公共项目的管理无太大区别。

近10年来，政府的许多项目呈现私有化趋势。英国政府的建设主管部门主要是“英国环境交通区域部”（DETR–Department of the Environment

Transport and Regions)，该部于 1997 年 6 月由英国原环境部与交通部合并而成。一般来说，政府主要是通过立法来规范建设行为，并不对其实施过程进行具体的监督与管理。对于不同的项目类型，通常采用不同的合同条件通过全面仔细的规范建设行为以达到建设活动的有序进行。目前英国总的趋势是政府项目的减少，许多政府项目都逐渐转成私人项目。

除了环境交通区域部，其他涉及政府投资的部门包括教育劳工部（DFEE）、国防部（MOD）、财政部（Treasury）、外交部（HO）等，涉及政府投资建设项目的管理经历了以下发展历程：首先，政府建筑工程是由公共建筑部负责的，采用以工程清单为基础计算的工程合同管理。随后政府采用了 PSA 模式，即“财产服务代理（Property Service Agency）”。近 20 年来英国在政治方面发生的变化也给建筑业带来了影响。在近些年中，政府投资建设项目逐步采取建立经审查的承包商、咨询人员清单（即 DETR/NQS 体系）及设立合同处等方式实施管理，PSA 逐渐消失转化为私人承包商和咨询单位。

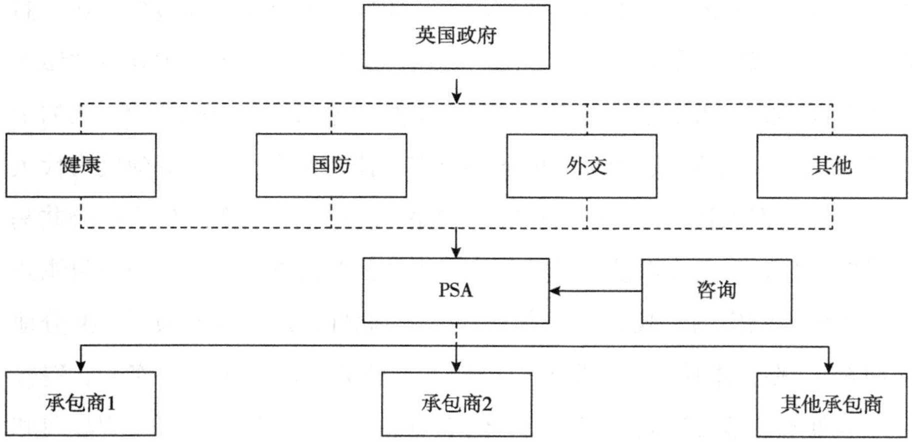

图 3.2.1　英国政府投资项目管理的 PSA 模式

数据来源：中指研究院综合整理。

（1）PSA 以项目管理者的身份代表政府对项目进行管理：一方面 PSA

雇用建筑师、测量师和工程师组建相应的管理机构，其组织结构如图；另一方面，PSA 也委托咨询机构完成专业化的咨询工作。通过实施 PSA 的管理模式，PSA（专家机构）在业主（政府）与承包商之间建立了一种好的联系，同时 PSA 机构制定的政府项目合同（GC Works Contracts）对保证项目的实施能顺利进行起到积极作用。

（2）经审查的承包商、咨询人员清单及设立合同处：英国政府采用审查的承包商、咨询人员的清单，即 DETR（英国环境交通区域部）/NQS（国家资质认证系统）体系。在 DETR/NQS 方式下，将严格审查承包商的各项情况，并给予项目规模限制（如小于 200 万英镑），政府部门通过选择资信度高的承包商、咨询人员，来保证工程项目的有效实施，同时私人业主也可购置审查清单供项目中使用。从理论上讲，今后将进一步采用这样的审查清单，以减少承包商和咨询人员繁多的问卷调查表，合同处的作用主要是委托监理进行项目的管理。

第三节　德国房地产代建模式

德国实施政府投资项目的主要方式是通过财政进行投资，财政投资可分为直接投资和间接投资。为促进德国经济的发展，尤其是两德统一后东部地区的发展，联邦政府在基础设施及公共设施建设方面多采用直接投资方式，在企业发展方面多采用津贴、补助等间接投资方式，从而形成大量的政府投资项目。在保障房的建设方面，德国政府主要通过税收减免和兴建福利性公共住宅来保障供给，同时政府也鼓励个人、非营利住宅公司、自治团体等建造“保障性住房”。

一、基于政府采购的代建模式

德国政府采购的方式有三种：公开招标、不完全公开招标（有限招标）、以谈判方式将合同分配给公司（定向招标）。公开招标不能限制投标者数量，不能暗示；有限招标是对部分内容进行招标，必须写明有限招标，将资料寄给采购方感兴趣的公司；定向招标可以公开、直接跟几家公司谈判。德国的《采购法》规定了政府采购在国民经济发展中需要达到的三个目标：公开性和透明度目标、促进和利用世界竞争的目标、使私人公司处于平等竞争水平的目标。

二、德国 Project Controlling 模式

Project Controlling 模式于 20 世纪 90 年代中期在德国首次出现并形成相应的理论。Project Controlling 可以直译为"项目控制"，实际上是建设工程业主的决策支持机构，其日常工作就是及时、准确地收集建设工程实施过程中产生的与工程三大目标有关的各种信息，并科学地对其进行分析和处理，最后将处理结果以多种不同的书面报告形式提供给业主管理人员，使业主能够及时地做出正确决策。这种模式适应大型建筑工程业主高层管理人员决策的需要。Project Controlling 模式的出现反映了工程项目管理专业化发展的一种新的趋势，即专业分工的细化，Project Controlling 单位只为业主服务。它一般适用于大型和特大型建设工程，不能作为一种独立存在的模式，在这一点上，Project Controlling 模式与 Partnering 模式有共同之处。

德国政府投资项目一般设立专门机构对项目进行全程管理，代替政府行使业主职能。专业机构的管理内容主要包括：①确定项目投资考核决策

因素，包括经济、环保、政府利益、科技、技术等诸多因素，一般产投比需大于 2 以上才能通过；②论证与批准的严格程序，从而形成申请报告递交州政府批准，申请内容包括开竣工日期、投资金额、资金来源、经济效益评估、技术标准等等，均需进行公开，接受公众监督；③组织程序实施，政府大中型项目均需进行公开招投标选择施工队伍，且均采用无标底方式；④项目预算管理，项目一经确定，必须保障计划内资金供应，如果超支则超支部分需要按投资权、归属向联邦政府或州政府申请追加，如果联邦政府与财政部门发生矛盾，最终由联邦政府总理决定，同时超支部分将由政府进行严格评审，最终报议会批准。

通过招标选择设计、开发等单位往往是专业从事项目投资建设管理的咨询机构。咨询机构拥有大批专业人员，具有丰富的项目建设管理知识和经验，熟悉整个建设流程。通过对项目进行管理，从而在项目建设中发挥重要的主导作用，同时通过制定全程项目实施计划，设计风险预案，协调参建单位关系，合理安排工作，能极大地提升项目管理水平和工作效率，同时使用单位也可从盲目、繁琐的项目管理业务中超脱出来，将精力更多地放到本职工作上去。

三、德国私人代理建设模式案例

成都的英特尔 A7T7 项目为建筑面积约 60000 平方米的芯片基地，位于成都进出口加工区西区，项目包括一幢两层厂房，一幢三层办公楼和一幢单层动力厂房，以及化学品仓库、污水处理、加气站、巴士站等。该项目业主为英特尔股份有限公司，由德国美施威尔（中国）有限公司负责设计、采购、施工，并由工料测量师和第三方顾问辅助完成。

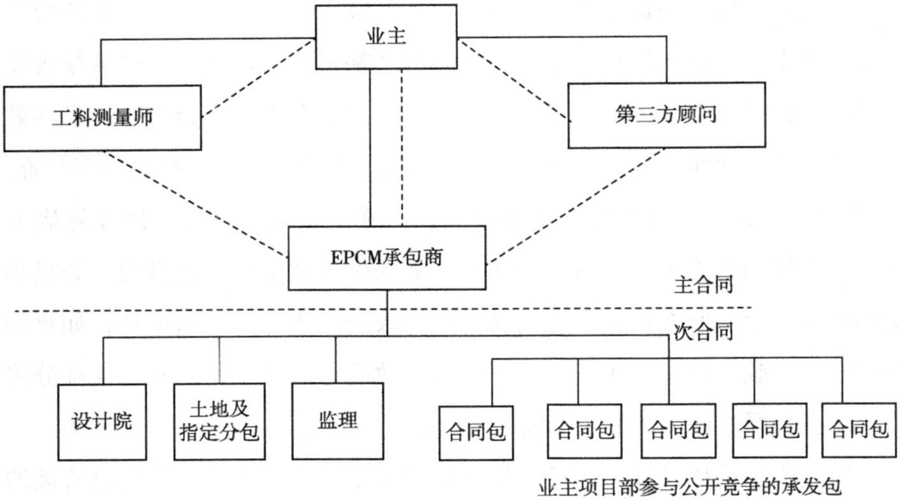

图 3.3.1　德国私人代建“成都英特尔 A7T7”项目

数据来源：中指研究院综合整理。

EPCM 承包商是收取总价固定服务费的承包主体，参与全过程领导与项目承包范围内一切工程成本有关的设计、采购和施工管理、进度计划安排、详细设计、国际采购、政府批准；协调设计合同包和承发包策略；分包商和供应商的预审、招投标、授标；施工管理；在施工阶段提供设计支撑服务；质量保证、质量管理；调试和验收；安全管理、安全培训。

工料测量师的服务范围主要包括：编制 30%、60%、90% 图纸的工程量清单造价估算；与 EPCM 复核风险预留费用、设计方案假设、设计标准、计价依据、项目内容等问题；参与设计、财务、采购、项目管理会议；编制合同规划，包括勘探、临时工地用房、底下结构、上部结构、室外景观、绿化、合同结构等 42 个合同包；与 EPCM 复核设计矛盾、图纸界面、计价标准等问题；参与资格预审、评标和中标通知书的编制；施工期间预审变更、编制中期付款证书、编制结算书。

第三方顾问主要负责：廉政要求；安全要求（每百名员工每年工伤率低于 0.4%）；建厂标准（设计任务书的编写）；财务控制；进度控制。

第四节　新加坡房地产代建模式

新加坡的代建业务发展与新加坡政府“居者有其屋”的保障房建设密不可分。因为国情和发展方式的不同，新加坡的代建模式与中国房地产企业的代建模式存在一定差异，主要分为基于政府采购的代建模式和以凯德置地小股操盘、基金运作为代表的资本代建模式。

一、基于政府采购的代建模式

新加坡政府国家发展部设立建屋发展局和公共工程局，分别负责公营住宅和政府工程的建设管理。新加坡的建屋发展局成立于 1960 年 2 月，它是国家发展部署下的法定机构之一，也是新加坡唯一的公共住屋机构。建屋发展局的职责主要包括：其一，提供高品质的住屋及优良的服务，以及组屋区策划与改善住屋有关公共基础设施，使居民拥有高素质的生活环境；其二，通过组屋区更新计划，改善屋龄较大的组屋区，提升到现代组屋的水平；其三，替其他政府机构管理一些工程，比如填土、设计与建设出租车转换站、教堂和体育场。建屋局所有的专业服务如规划、设计、工程和品质测量都由建屋局提供，实际的工地施工是通过公开招标的方式让私人承包商承建，建屋局则负责工地的监督。

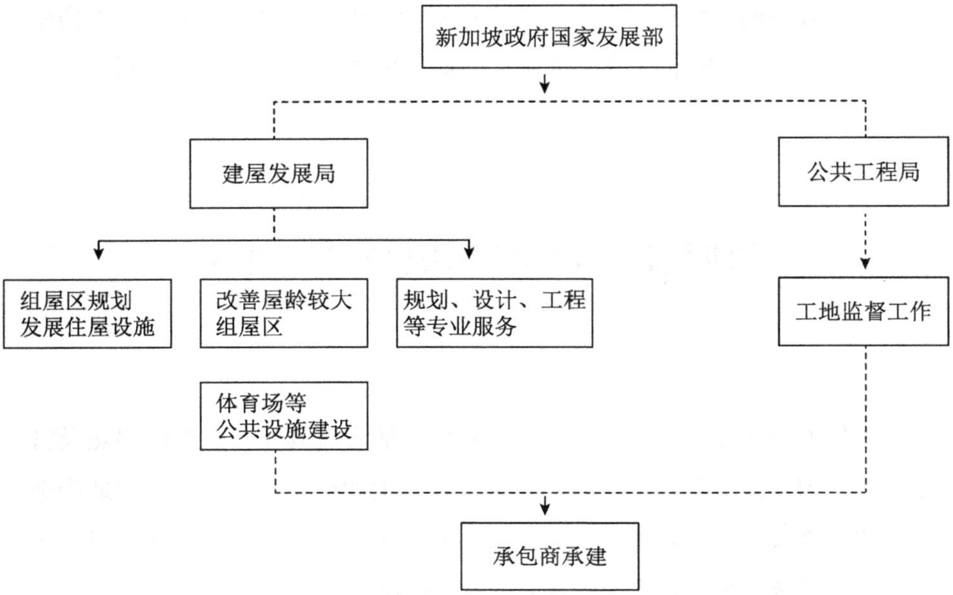

图 3.4.1　基于政府采购的代建模式

数据来源：中指研究院综合整理。

二、凯德置地代表的资本代建模式

凯德置地通过信托基金等形式与资金方建立起合作模式，在房地产开发链条中进行全程或部分参与融资、设计、开发、管理及服务，以小股操盘的形式实现与合作方的共同盈利。私募基金是凯德集团成功运作的重要支撑，在与机构投资者合作发起基金的过程中，凯德集团充分发挥了自己在房地产投资领域的专业优势，在按照一定比例出资的同时，还充当基金管理人，不但可以获得不菲的管理收入，也可以拓展房地产资产管理领域的业务，为凯德集团提供了长期稳定的资金来源。

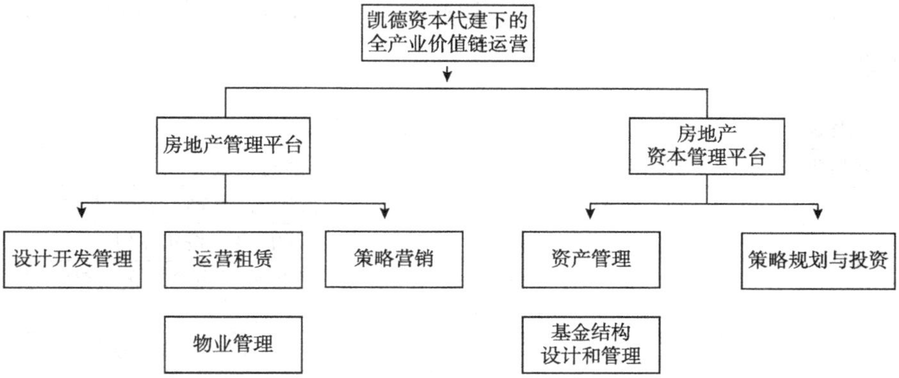

图 3.4.2 凯德置地资本代建模式

数据来源：中指研究院综合整理。

凯德集团参与发起的私募基金积极介入到房地产开发环节，等到项目培育成熟之后，再把这些资产注入上市基金 REITs 里或者转手出售，在实现项目推出的同时获得较高的溢价收益。早在 2003 年，凯德集团便成立了"凯德置地中国住宅基金"，筹集资金 0.61 亿美元，全部投放于凯德中国位于上海和北京的项目。在"凯德置地中国住宅基金"运作成功的基础上，凯德集团于 2005 年成立"凯德中国发展基金"，私募规模达到 4 亿美元。该基金成立 7 天之后，凯德中国就把部分资金投向考察已久的宁波市场，以 10.7 亿元拿下宁波江北区一块 9.8 万平方米的土地。

凯德置地比较具有代表性的资本代建模式为在中国境内的持有物业凯德商用中国信托（CRCT）。CRCT 于 2006 年 12 月 8 日在新加坡证券交易所上市，是新加坡首支且唯一一支专注投资于中国购物中心的房地产投资信托基金。CRCT 的长期目标是投资位于中国包括香港和澳门，以零售商业地产为主的多元化收益型物业组合。其中为 CRCT 提供基金管理和物业管理的公司均为凯德子公司，凯德集团在持有商业物业一定比例权益、获取租金和升值收益的同时还可以通过提供基金管理服务和物业管理服务收取费用。借助 REITs 结构，凯德集团可以不断将成熟商业项目注入套现，减少商业项目中的资金沉淀，加速资本的高效流动，充分提高资金利用率。

表 3.4.1　　CRCT 的管理费

费用类别	费用名称	条件与金额
经营管 理费	基本费用	CRCT 持有物业价值的 0.25%，按年支付
	业绩提成费	CRCT 净收入的 4%，按年支付
	授权投资管理费	CRCT 投向非房地产的授权投资金额的 0.5%，按年支付
其他重大费用	物业管理费	每个物业，总收入的 2%，按年支付
		每个物业，净收入的 2%，按年支付
		每个物业，净收入的 0.5%，以代替租金佣金
	收购费	CRCT 授权投资物业收购价格的 1%~1.5%
	处置费	CRCT 授权投资物业处置价格的 0.5%

数据来源：中指研究院综合整理。

CRCT 的结构设计：凯德置地间接持有 CRCT 份额的 20%，同时通过全资子公司 Property Managers，获得了 Project Companies 100% 持有的零售物业的全部运营管理权利。作为代表凯德置地的运营团队，CRCT Manager 并不持有 Project Companies 的股权，而仅是签订了物业管理协议。

CRCT 的盈利模式：①基础费用。作为 CRCT 的实际管理人，凯德置地及其旗下的 CRCT Manager 和 Property Managers 也收取相应的管理费。②额外收入。除了上述的日常管理费用，凯德置地从 CRCT 中获得的额外收入来自其持有 20%CRCT 单位份额（该比例在 CRCT 上市之初以来至今基本保持稳定），可以享受基金分红收益。根据简单估算，在 2007~2013 这七年间，凯德置地从 CRCT 获得的年均分红收入约 0.1 亿新元，再加上年均提取的基础管理费收入约 0.12 亿新元，相比其初始投入的 1.5 亿新元（CRCT 运营物业总价值 7.57 亿新元 ×20%），年均投入资本回报率约为 15%（0.22 ÷ 1.5）。综上所述，凯德置地主要盈利来源既包括其提取自 CRCT 的基础管理费用，也包括其持有 CRCT20% 份额获取分红带来的额外收入。

CRCT 采用制度：合伙人制度对小股操盘具有重要意义。①使运营团队在持股比例较低的情况下仍是项目公司在经营层面的主导者。在合伙人制度下，运营团队的持股股权比例即使很低，仍然可以通过董事推选机制，保持对项目公司在经营层面上的实际控制权。②可以通过灵活设计激励机制，稳定核心团队，共享公司成长。除了通过契约约定分配给运营团队基础管理费和额外收入之外，对运营团队进行股权激励也是一种有效的选择。股权激励在 CRCT 中较为典型，CRCT 运营团队的收入，可以选择现金，也可以选择现金折算的 CRCT 份额。这一选择权通过授予运营团队基金份额，使得他们与 CRCT 的份额持有者成为更紧密的利益共同体，有利于 CRCT 的长期成长和价值实现。此外，合伙人从优秀员工中提拔，使企业员工以长远眼光看待自己的职业规划，提高员工的忠诚度，减少人才流失率。

第五节　日本房地产代建模式

一、日本政府投资项目管理模式

1. 定义

日本政府投资项目是指国家、地方公共团体以及其他的公共团体采购的土木建筑工程（包括土木建筑工程的有关工程设计、调查以及用于土木建筑工程的机械类的制造）以及测量（土地的测量、地图的承制以及政令规定以外的测量用照片摄影等），并包括国土交通大臣指定的有关资源开发的重要土木建筑的工程和测量。

2. 日本政府投资项目的管理特点

通过立法稳定投资，以专项计划指导投资。日本政府为了保证投资政策的连续性和稳定性，通过建立、健全立法，将政府投资行为完全纳入立法的保护和监督之下，为政府投资提供了法律依据，有效发挥政府投资的宏观调控作用；由于日本实行政府主导的市场经济体制，将整个国家基础设施的建设纳入国家计划，并与国土开发计划紧密配合，在不同时期通过制订中长期发展计划，明确政府投资总方向，同时采用专项计划对相关产业实施产业倾斜。

采用类企业化经营管理模式。日本政府投资项目采用企业化的经营管理办法，由国家和地方经营基础设施的公共企业，一方面在经营上拥有地区垄断的特权，允许发行债券，减免税收和从财政得到补助和贷款；另一方面经营活动必须接受政府监督，财务需上报政府审查，服务价格和收费由政府核准，企业领导人由政府任命。

招投标方式确定承包商。日本政府投资项目的招投标方式有：一般竞争招标、指名竞争招标和随意契约。最常采用的方式是一般竞争招标，在招投标过程中，采用“低价中标”原则，同时设置最低限制价格机制和低投标调查制度，防止倾销。

实施保证制度保护发包者利益。日本政府投资工程在签订合同后，为避免发包者的损失，要求承包商履行各种保证制度，包括契约保证金、金融机关的保证、履约保证保险、履约担保和工程完工保证人等形式。

二、日本商业投资项目管理模式

日本由于土地私有化，很多人都是在自己的宅基地上建造房子，为代建服务领域的发展提供了较大的市场基础。日本房地产企业的代建业务更多倾向于私人代建业务。积水住宅就是有代表性的日本代建模式。

积水住宅成立于1960年，经过50多年的发展，企业的业务内容包括独户住宅业务、租赁型住宅业务、住宅翻新改建业务、房地产投资业务、独户商品房业务、住宅楼商品房业务、城市再开发业务、国际业务及其他业务（园林绿化景观业务等）。目前，积水住宅已经建立起“承建型业务”“资产型业务”和“开发型业务”三项商业模式的均衡发展，其中“承建型业务”收益约占五成。

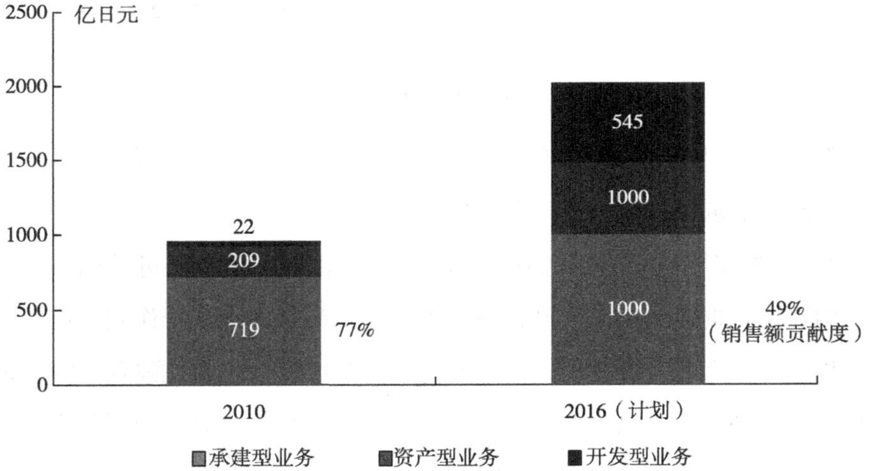

图 3.5.1　积水住宅营业利润按商业模式分类情况

数据来源：《积水住宅株式会社企业社会责任报告 2016》，中指研究院综合整理。

2015年度，积水住宅实现18588.79亿日元的销售额，其中承建型业务（独户住宅业务和租赁型住宅业务）占比达42.8%、资产型业务（翻新改造、房地产）占比31.3%、开发型业务（独户商品房、住宅楼、城市再开发）占比16.8%，承建型业务是其最为重要的业务类型。

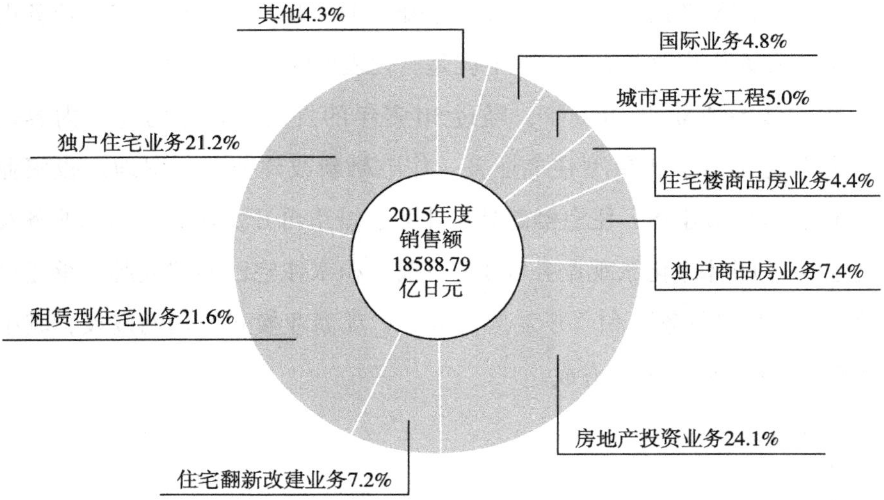

图 3.5.2　积水住宅各业务销售额

数据来源：《积水住宅株式会社企业社会责任报告 2016》，中指研究院综合整理。

积水住宅承建型业务的特点有两个。

“责任施工”确保最高的施工品质。积水住宅为了确保可靠的施工品质，构建了“责任施工”体制，由全资子公司积和建设及合作施工组织组成“积水住宅会”。通过开展培训等提高技能水平，还通过独自的管理体系将工程计划、检查信息及施工进展情况进行可视化，时刻与“积水住宅会”保持共享，严格执行质量管理。

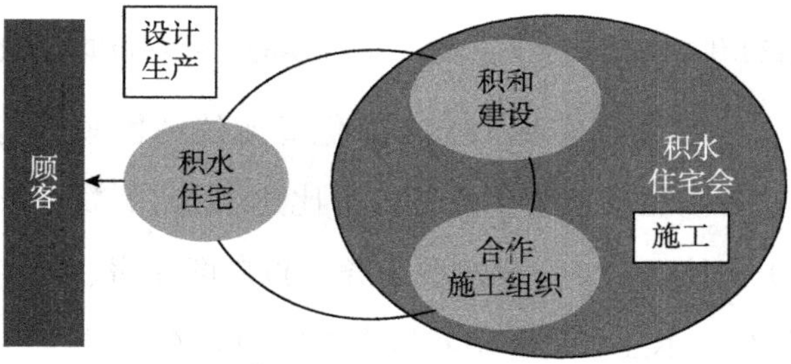

图 3.5.3　积水住宅承建型业务的施工模式

数据来源：中指研究院综合整理。

租赁型住宅从建设施工到中介、运营和管理，皆由集团内部实施运营管理。积水住宅的租赁型住宅“SHA MAISON”的特点是根据多样化需求，与独户住宅同样设计自由度高，但入住率和稳定经营取决于后期的运营和管理。集团7家全资子公司积和不动产，承揽从招租到建后包租、维护管理的全套租赁经营业务，集团内部对项目全程实施运营管理，在稳定的房地产投资业务体制下，确保高入住率和长期稳定的经营，长期维护业主的资产价值①。

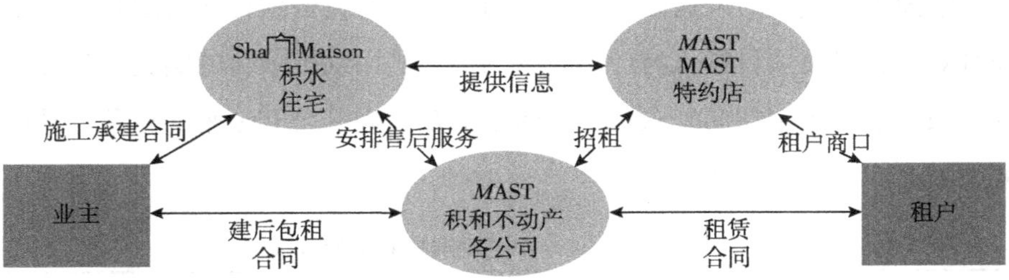

图 3.5.4　积水住宅租赁住宅的运营模式

数据来源：中指研究院综合整理。

第六节　中国香港房地产代建模式

一、中国香港政府投资项目管理模式

根据投资性质和政府监督管理部门的差别，中国香港政府投资项目分为私人工程和公共工程，两者的管理要求差别较大。私人工程由屋宇

① 积水住宅.可持续发展报告2016[M]. 日本：积水住宅，2016.

署负责管理，其主要职能是制定并执行私人楼宇的安全、卫生、环境标准。公共工程由房屋委员会和工务局负责，香港房屋委员会根据政府制订的长期发展计划，对公共房屋建设提出具体政策及计划；工务局的职责是负责所有与工务工程有关政策的制定，对公共工程进行统一建设，统一管理。

1. 政府采购原则

中国香港政府的采购以经济效益为原则。其投资项目的管理政策注重经济效益，以使项目投入与产出较为均衡，从而助推项目的实施；除此之外，采购原则还包括向公众负责、保证清楚明确、公开公平的竞争。具体原则如下。

表 3.6.1　　中国香港政府采购原则

采购原则	主要内容
向公众负责	政府采购的资金来源于全港公民的纳税，所以政府采购应该向纳税人负责，而且政府采购部门有责任向立法机关、纳税人以及有意参与的供应商解释采购决定
合乎经济效益	投标书评审首先是价格是否合理，同时也会对产品或服务的品质、表现、售后等等相关服务是否合理进行评审
清楚明确	政府采购部门在招标文件内尽量列示所有必需资料，保证交易程序及作业方法清晰明确，使供应商和承包商全面了解竞标工程，提供契合要求又具竞争力的投标书
公开、公平的竞争	所有投标者一视同仁。政府采购部门在制定规格时，不会给国际贸易带来不必要的障碍；在投标准备期间，确保有意投标者获得同样的资料；在确定中标者时，不会因产品产地不同而区别对待等等

数据来源：中指研究院综合整理。

2. 政府采购方式

中国香港政府一般采用公开招标的招投标形式，以工程造价预算代替标底，不作为评标的依据，一般采用最低价中标原则。

表 3.6.2　中国香港政府采购的招标方式

招标方式	主要内容
公开招标	招标公告会在政府宪报、报纸、互联网等公开，所有供应商 / 承包商均可自由投标
选择性招标	在政府宪报刊登招标公告，或发信邀请为选择性招标工作设立的认可供应商 / 承包商名册上的所有供应商 / 承包商参加
资格预审招标	只发信邀请经资格预审程序而获财经事务及库务局常任秘书长（库务）在听取中央投标委员会的意见后所批准的供应商 / 承包商投标
单一招标或局限性招标	只邀请一个或数个获财经事务及库务局常任秘书长（库务）或政府物流服务署署长批准的供应商 / 承包商投标

数据来源：中指研究院综合整理。

3. 政府采购管理

设立工务局对政府投资项目集中管理，接受机构监督。中国香港政府专门设立工务局，其下属各署都以业主身份代表香港政府，对政府投资项目的工程建设进行全方位、全过程周密的管理，且各工务部门有专业人员从事设计及管理等工作，有时也聘请社会上的顾问工程师。工务局作为政府机构，在行使政府的业主职能时受各种建筑条例的约束，而且在资金支付等环节上需要接受库务署等政府机构的监督。

采用承包商和专业人士制度。中国香港政府对投资项目承包商的选取相当严格：首先，环境运输及工务局对公共工程承建商进行管理，设有认可公共工程承建商名册和认可公共工程物料供应商及专门承造商名册，承造商必须符合相应的财务、技术及管理准则等，才可获准名列上述名册，且环境运输及工务局会对名册不断增加、删除以及更改，每月都会更新。

中国香港政府投资项目一般由环境运输及工务局负责，在项目太大或人手不够等特殊情况下，也可委托社会工程造价咨询组织代行管理。工程建设社会咨询师专业人士包括建筑师、工程师和测量师，政府投资项目的建设有专门的顾问筛选程序，通过组建顾问筛选委员会，经过初步筛选和最终筛选两个阶段为政府投资项目选择顾问。

二、中国香港商业投资项目管理模式

随着工程项目日趋庞大复杂，大型屋宇建筑工程合约多以单一项目形式选择具备多种专业能力的承建商，中国香港房地产企业堪称“全能开发商”，其业务链条涵盖投资买地、开发建设、营销销售、物业管理等全产业链，并且一家企业通常独立完成。中国香港土地资源的稀缺性有利于形成行业巨头，行业集中度高，前十家地产商的开发量约占香港市场总量的80% 左右，这也造成了中国香港房地产企业多采用重资产模式，即以获取土地为中心，如长江实业地产、新鸿基地产、新世界发展、恒基兆业等通常采用拿地、盖房、销售、物管“一条龙”的开发模式。因此，中国香港房地产企业在本土的商业投资项目建设基本是以企业自主开发为主，代建较少，但中国香港公司擅长快速兴建优质高层住宅及办公大楼，享誉国际，境外特别是亚洲市场对这些专长需求殷切。因此，中国香港建造商以亚洲尤其是中国内地为主要输出市场，提供项目管理、承建及工程顾问等数大类的服务。

表 3.6.3　　　　中国香港建造服务输出情况

	2010 年	2011 年	2012 年	2013 年
价值（亿美元）	1.44	1.42	3.29	3.90
占总服务输出份额	0.2%	0.2%	0.3%	0.4%
同比增长	4.1%	–1.1%	130.8%	18.7%

数据来源：中指研究院综合整理。

第四章

海内外房地产代建的总结启示及研究意义

第一节　国内房地产代建总结

政府代建开启了我国房地产代建行业的发展之路，随着每一次的房地产市场调控和市场化推进，商业代建不断丰富了代建行业的运营模式。当前，我国房地产代建行业已形成两种代建模式并存的状态，相互协调、共生共促，推进房地产代建行业的健康发展。

一、房地产代建模式比较

房地产代建目前的两种模式政府代建和商业代建相比，分别在理论基础、合作基础、组织关系、委托方类型和利益诉求等方面存在较大差异。

（1）对比一般房地产开发模式，代建模式实现了“各司其职、资源最优化配置”的目标。当前，房地产行业面临转型，从过去的资金密集型行业逐步转变为资金和技术密集型的行业，开发商单纯依靠土地红利和资金快速周转获取高额利润的时代已渐行渐远。消费者开始关注产品品质和售后服务，追求房产品“性价比”，对开发商“专业化”程度的要求也日益提高。合作可以发挥出委托方和代建方各自的特长，整合优势资源，将项目收益提升至最大或是将风险带来损失降到最低。

（2）对比政府代建模式，商业代建是在双方互相信任、资源共享的“双赢”理念上实施的，双方的关系是“和谐”和“平等”的，不存在一般代建项目中某一方占据主导地位，而处于劣势地位的另一方为了实现自身利益而牺牲其余参与者利益的现象。各个参与者为了统一的目标，组建同一支团队，通过真诚的沟通和协调，努力达成“双赢”目标。

（3）就合作模式分析，商业代建模式突破了过去常有的“公私合作模式（即政府部门与项目管理公司合作）”的局限性，将合作主体扩展为普通公司之间的战略合作。资本介入模式的商业代建又突破普通房产公司之间的合作，将合作主体进一步扩展到资本和房产两个行业的融合，更突显专业化和精细化分工的优势。委托方的投资群体多元化，利益诉求多样化；代建方也由单一的总承包单位或项目管理单位扩展为专业性、品牌性的开发管理服务商，房地产项目代建模式的适用范围更广。

二、房地产代建模式小结

房地产代建行业的发展体现了市场经济专业化分工的基本原则，政府代建模式存在时间长，成熟度高，目前绿城管理、华润置地、招商蛇口、联发等企业在政府代建领域均有较大发展；另一方面，以收取服务费为主的商业代建模式在当前房地产市场正逐步从卖方市场过渡到买方市场、产品品质日益受到重视的背景下，其合理性、可行性和经济价值日渐凸显；而目前我国的资本市场发展尚未达到成熟的专业化水平，处于市场探索期的资本介入模式的商业代建尚处于起步阶段，相关的案例和经验较为匮乏。具有专业化开发和运营能力的品牌房企绿城、万科、建业、中海、朗诗等多家企业均涉猎房地产代建业务，且在政府代建和商业代建领域中均已形成一定的规模，积累了丰富的经验。因此，目前代建领域已形成政府代建和商业代建并行，且作用基本相当的阶段。

第二节　中国香港及海外房地产代建的启示

一、房地产代建的经验总结

通过对美国、英国、德国、日本、中国香港地区和新加坡政府投资项目管理的分析，政府投资项目管理模式特点有以下几点。

针对不同项目性质进行区别化专业管理。政府投资项目根据专业性质由不同的政府专业机构进行严格管理，即由政府专业机构行使业主职能，对政府投资项目的实施进行全过程的集中管理，建设完成后，再交付使用单位使用。经营性投资项目基本采用私人项目的方式进行操作，成立专门的机构进行运作管理；非经营性投资项目一般由政府直接管理，专门的建设管理部门行使委托方职能，项目运作遵循一般项目的运作模式。

法律法规相对健全，管理透明度高。一方面，由于政府投资项目的管理方式、管理机构、运作方法与私人投资有所不同，发达国家对于政府投资项目的管理设有专门的法律法规和合同，所有的投资项目需依法运作，有效避免不同利益目的管理干扰，保证政府投资项目达到预想目标；另一方面，政府投资项目要接受多方监督，保证项目实施的廉洁、公正，通过建立严格透明的操作程序以及严格的外部监督体制，从制度上保证项目管理的有效进行和监管。

充分依靠专业人士和中介组织。一是政府的专业管理机构本身就是由建筑师、工程师、合同律师等专业人士构成；二是除了政府对项目进行管理外，一般都选择和委托相应的项目咨询公司管理，政府实施监督；三是重要技术环节有专业人士把关，专业人士则是由政府管理或专业协会、学会注册的。专业人士在风险责任制度、无限经济责任和责任保险制度等约束下，向政府和业主负责，可以减轻政府管理投资项目的负担，同时也有利于投资目标的实现。

强制性的担保和保险制度。首先，通过担保或保险分散或转移项目风险，无论设计、施工、设备或材料供应，均实行强制性履约担保，项目担保和保险通常包括投标担保、履约担保、支付担保、职业责任险、工程质量险、雇主责任险；其次，担保的额度通常较高，投标担保或保证金达到投标价的 10%、旅游担保一般为合同价的 100%，支付担保最高达合同价的 50%。

二、房地产商业代建的经验总结

由于不同国家（地区）的历史特点、经济发展程度以及房地产金融制度差异，海外房企的商业代建模式亦有所差异。值得注意的是，从国际各成熟市场的房企发展轨迹来看，诸多海外房企均是在上市及实现初步资本化发展之后，一方面抓住房地产金融深化的有利时机，加快推动自身金融化的实施；另一方面积极顺应经济环境变化及市场需求推动企业向专业化分工、平台化运作进行转型。综合来看，发达国家的房地产行业均实现了专业化分工，金融制度与金融产品较为成熟，房地产代建呈现金融化、专业化、一体化趋势。

资本代建较为普遍。以美国、新加坡等为代表的海外房地产企业在长期的发展中金融属性越发明显，“地产＋金融”融合特征十分显著。从国际经验来看，主要分为两类：其一，房企借助基金运作模式以较低成本撬动大额资金，提高资金使用效率，并收取项目的开发、持有、运营阶段各类费用，作为基本管理费，同时通过业绩提成分享投资物业价值升值带来的超额收益；其二，在房地产开发链条中进行全程或部分参与融资、设计、开发、管理及服务，以小股操盘的形式实现与合作方的共同盈利，同时倚靠地产基金在项目运营成熟之后，发行REITs整体打包上市，在实现投资收益的同时，完成项目退出，REITs则一般由房企下属的基金公司负责独立管理运作。

专业化与一体化并存。一方面，海外成熟房地产市场经过多年的发展，专业分工已经十分明确，土地开发商负责土地开发，地块划分商负责地块的规划设计，中介经纪负责市场销售策划，保险机构负担灾害风险、抵押信用风险、产权保险风险，抵押服务则负责抵押贷款的后续管理等等；另一方面，海外大型房企的商业代建也出现一体化运营态势，通过不断收购重组优化业务结构，利用综合竞争优势在设计、开发、施工、监管、物业等相关环节进行全程代建，从而获取产业链各环节收益。

综合服务平台化。一般由业主或团体发起商业代建委托，由具有开发经验的代建房企或第三方咨询机构牵头，整合产业链设计、采购、施工、工料测量等环节的机构，共同实施完成项目。房地产代建企业承担资源整合与分包、合作方资质评估与选择、财务控制、进度控制、安全要求等，部分或完全参与项目的开发环节，通过各机构协作促成项目的顺利实施和完成。

第三节 房地产代建的界定及研究意义

严格来说，房地产代建隶属于代建行业的一个重要分支，讨论房地产代建应先对代建行业的概念及特征进行分析，然而关于代建的概念在国内尚无统一的界定，学术界、政府以及房地产代建行业各自从利益分配、道德风险、委托代理机制、制度建设、代建模式等不同角度进行界定和内涵解读，形成了多种多样的概念界定。我们将对代建行业的概念进行梳理，从而尝试对房地产代建进行综合解读，从而确定我们的研究边界和分析范畴。

一、代建概念的界定

在学术研究领域，胡昱等认为“代建制”是政府主管部门对政府投资的基本建设项目，按照使用单位提出的使用、建筑功能要求，通过招投标的市场机制选定专业的工程建设单位，并委托其进行建设，建成后经竣工验收备案移交给使用单位的项目管理方法（俗称交钥匙工程）。张华平认为“代建制”是指通过设立专业的建设代理机构，代理（或提供咨询服务）建设单位负责有关工程项目建设的前期和实施阶段的工作，并明确指出工作性质是工程建设管理和咨询，单位性质是企业。陈志华、成虎等认为“代建制”是指对非经营性政府投资项目经过规定的程序，由专业性的管理机构或工程项目管理公司代行政府业主职能，对政府投资项目实行相对集中的专业化管理，实现投资、建设、管理、使用的分离。

在政府层面，代建定义主要是针对政府投资项目而言，最具有权威性的定义为2004年7月《国务院关于投资体制改革的决定》的定义："对非经营性政府投资项目加快推行'代建制'，即通过招标等方式，选择专业化的项目管理单位负责建设实施，严格控制项目投资、质量和工期，竣工验收后移交使用单位"。地方政府在制定相关政府投资项目时，也纷纷引用国务院对代建制度的定义，并未形成有效的突破。如，北京市《北京市政府投资建设项目代建制管理办法（试行）》中认为：代建制是指政府通过招标的方式，选择社会专业化的项目管理单位，负责项目的投资管理和建设组织实施工作，项目建成后交付使用单位的制度。

以上各项研究表明，最初的代建制是起源于政府层面的投资项目，是为了更好地对政府投资项目进行社会化、专业化的建设和管理，解决"建设、监管、使用"多位一体的矛盾而发展起来的，其核心要点为代替委托方行使各项职能，包括投资、策划、设计、管理、监督、实施、评估等服务，服务范畴由双方进行约定。代建制涉及的范围极其广泛，包括各类基础设施及基础产业投融资领域，如交通运输、机场、港口、桥梁等各类工程，以及廉租住房、经济适用住房、政策性租赁住房、定向安置房等政府保障性住房。

伴随中国房地产市场日趋成熟，房地产代建作为代建行业的一个重要分支，在代建行业中正在扮演越来越重要的角色。

二、房地产代建概念的界定

目前，关于房地产代建概念界定及相关研究仍然较少，主要从代建对象、代建阶段、代建过程等方面开展研究。纪茂全、薛清明等认为房地产开发项目代建就是投资商和开发商相剥离，开发商以代建的形式承担项目的开发任务，全面引入成熟的管理经验与开发理念，开发建造高品质房产。尹国森认为房地产代建是由拥有土地、资金的委托方发起诉求，由拥有项目开发建设经验的专业代建方承接，双方通过平等协商建立合作关系，最终实现共同盈利的一种商业模式。同时，将房地产代建分为政府代建和商业代建，其中商业代建包括项目代建和资本代建。黄晓云认为“代建制”是指投资项目经过规定的程序，由投资方选择有资质的项目管理公司作为项目建设期法人，全权负责项目建设全过程的组织管理，通过专业化项目管理最终达到控制投资、保证工期质量、提高投资效益和管理水平的目的。同时，其按照代建在产业链中的不同阶段将代建制分为全程代建和分阶段代建两类形式。叶陶指出，现推行的“代建制”是将项目建设人与项目使用分离，由项目出资人委托有相应资质的项目代建人对项目招投标和勘察、设计、施工、监理等建设全过程进行组织管理，项目竣工后交付使用人的项目建设管理行为。而政府投资项目代建制，则是指政府委托第三方以建设期法人地位，对所投资工程进行专业化管理的模式。它形成投资、建设、管理、使用相分离的权责明确、制约有效、科学规范的管理体制及运行机制。

综上所述，房地产代建行业伴随政府代建制度变革以及房地产市场化推进，逐步从代建行业中分离出来，相关研究涉及制度安排、服务模式、道德风险、产业链整合等多个层面，且政府代建研究仍然占据较高比例，在房地产及政府公共领域逐步市场化改革的推进下，房地产代建的特征及内涵也在不断演进中，由狭义的建筑环节代建向广义的全产业链服务代建转变。

结合国内房地产代建的现状与国外房地产代建的发展趋势，我们认为：房地产代建是由有开发需求的委托方发起，由拥有开发能力和建设经验的受托方进行部分或全程参与融资、设计、开发、管理及服务，最终实现共同盈利的一种商业模式。

在这一定义中，我们界定的房地产代建核心要点有四个。一是明确存在委托方和受托方，双方有确切的职责划分，双方通过股权、服务费、信托基金等多种形式建立起合作模式；二是受托方可输出企业品牌或与委托方有共同品牌合作，对项目无绝对控股权，但根据委托协议享有实际操盘权，并在委托方项目中可以体现代建方企业品牌；三是受托方在合作过程中收取代建管理费或代建服务费；四是受托方的股权收益不通过房地产开发环节的收入结转，而是以服务业确认收入的方式加以确认。

房地产代建的服务对象、服务环节、服务模式等也伴随市场化改革而呈现不断变迁，其内涵也呈现出宽泛化、灵活化、多样化、平台化等特征。具体而言，主要包括以下几点。

（1）代建服务对象范围拓宽。所有房屋建设领域均有所进入，包括政府公共服务领域内的保障房建设、城市更新建设，商业领域内为开发企业进行商品房代建、私人服务领域内为公司或机构进行商品房或房屋代建等。

（2）服务模式类型灵活多样。房地产代建企业由于多从开发企业转变而来，一般包含单纯收取服务费、股权收益与服务费兼收两种形式，在表现形式上包含品牌输出、管理输出、服务输出、综合输出等多种形式，由此代建企业也呈现不同的轻资产化程度。

（3）代建服务的资源整合特性逐步增强，平台化与专业化并存。大型房地产代建企业由于具备较强的资源整合能力，在房地产开发与服务链条中具有综合优势，其代建环节越来越向综合化发展，如产业新城开发、特色小镇开发等等，另一方面代建企业基于多年的资源合作能力，建立起中介服务平台，聚集资金、设计、营销、物业等优质服务资源，对产业链条进行专业化服务，实现各个环节的高度专业化与统筹，最终实现多方效益的最大化。

房地产代建是代建制向房地产领域渗透的衍生产物，是随着房地产市场的专业化、市场化、精细化发展而持续发展的。尤其在当前房地产市场背景下，企业竞争的加剧以及专业化的发展，都客观上加速了房地产产业链条上的专业化细分，投资与开发分离，开发与运营分离，一级土地运营与二级开发的分离都体现了这一趋势。这其中，投资与开发环节的专业化分工对房企转型和房地产市场发展的影响意义深远。一方面，绿城、建业、雅居乐、中海等传统的房地产开发商开始陆续成立代建团队或转型成为代建企业，凭借自己的品牌、专业开发能力创造价值。另一方面，传统的金融机构和新兴的私募基金不满足于财务投资的角色，更深入地参与到地产开发业务中，形成了一批专业的地产投资人。

同时，代建作为房地产行业中的一个领域，与传统的房地产开发属于不同范畴，二者在商业模式、业务属性、盈利模型、行业特质等方面均有不同，衡量二者的财务指标也不同。代建作为房地产行业新的商业逻辑，衡量代建模式的关键指标有以下两个：①在增长指标方面，为新增建筑面积、新增合同代建费和新增合同销售额；②在规模指标方面，总建筑面积、合约在建面积、合约总可售货值和合约总代建费四项指标更为关键。

表 4.3.1　代建与房地产开发的部分差异

	房地产代建	房地产开发
商业模式	轻资产 （服务属性）	资本密集 （资本属性）
业务属性	管理及品牌输出	投资及开发兼备
盈利模型	服务费收取	投资回报
行业特质	抗周期性	易受房地产市场周期影响
财务表现	利润率较高 无负债 现金流充裕	利润率较低 负债较高

表 4.3.2　代建的部分重要指标

增长指标	规模指标
新增建筑面积 新增合同代建费新增合同销售额	合约建筑面积 合约在建面积 合约总可售货值合约总代建费

三、房地产代建的研究意义

房地产代建是房地产行业发展的产物，随着越来越多的企业介入到房地产代建业务中，房地产代建将成为一个全新的细分领域并发展壮大，将对房地产行业产生深远地影响，而对这一领域进行系统性的梳理和研究有以下几个方面的意义。

1. 规范行业认知，系统梳理行业特征

现阶段，房地产代建的研究相对匮乏。房地产行业内外的专家学者，甚至是从事房地产代建的企业都或多或少对行业界定、参与企业的界定、代建模式、盈利模式等较为模糊。更有业内人士参与其中的企业将房地产代建与最初期的工程代建相混淆，导致单从字面狭义理解为代为建设的业内观点也比比皆是。因此，本书的第一个研究意义便是统一、规范行业认知，通过房地产代建概念的界定及领域研究，系统梳理行业特征，为房地产代建行业的健康发展夯实根基。

2. 探讨行业发展趋势，树立行业信心

近几年以来，房地产代建领域的发展，给传统房地产行业带来业务转型的启示和思路，越来越多的企业介入房地产代建业务，尤其是以建业地产为代表的“黑马”企业，在宣布从事房地产代建一年内便承接 24 个商业代建项目，发展态势迅猛，基本接近于企业 2015 年的新开工项目个数。房地产代建以不投资拿地，仅输出企业的管理资源或品牌资源为优势，具有能实现业务快速扩张的典型特征。因此，基于房地产仍作为我国经济的支柱性产业，随着专业化分工以及企业分化的加剧，以及传统重资产下的利润摊薄等，房地产代建领域将成为一个快速发展壮大的全新领域，对

改变房地产市场的格局产生深远的影响。本书将在研究房地产代建特征的基础上，探索其未来发展趋势，树立房地产代建市场稳固、持久发展的信心。

3. 剖析企业标杆，共享多元代建思路

目前，房地产代建的参与企业相对分散，对企业的研究多为基于宣传层面的浅显、零散性分析。因此，本书将行业内典型企业及项目案例进行深入剖析，分析各个企业参与代建的历程、模式、发展经验、经典代建手法等，为拟进入行业的企业提供多元化、前瞻性的发展思路。

我们认为，房地产代建领域是助力供给侧改革与推动产业转型升级的重要力量，将快速发展为“朝阳行业”，成为品牌房企竞相进入的新蓝海。房地产代建仍处于起步阶段，我们希望通过理清行业基本概念与发展脉络、国内外经验解析、行业标杆经验等研究，促进行业的讨论与交流，为领域的理论与实践提供参考，同时也为房地产行业转型升级提供一定的借鉴。

第二篇
中国房地产代建行业发展特征及优秀案例

本篇详细阐述房地产代建行业研究的方法体系，界定本书的研究对象与范围。同时，从定量的角度描述房地产代建行业的整体规模、城市量级分布，以及房地产代建行业盈利能力相关的营业收入、净利润、净利润率等。并从定性和定量结合的角度剖析房地产代建行业的经营管理能力、品牌影响力、团队建设能力以及资源整合能力等，梳理房地产代建行业现状及发展特征，为行业发展思路提供参考。

第五章

中国房地产代建行业发展特征

我国房地产代建行业发展时间相对较短，目前行业的系统性研究匮乏，各个企业代建相关性数据较为零散，读者很难通过公开渠道获取全民的相关资料，从而很难清晰、系统、客观地认知房地产代建行业的现状。中指研究院在多年房地产百强企业、上市企业、品牌企业等相关研究的基础上，基于房地产代建行业的特殊性，为行业设计了全新的研究方法体系，并根据我们的客户资源和数据，对行业内参与房地产代建典型企业的财务数据、经营模式、运营管理经验等资料加以整合归纳和剖析，客观呈现房地产代建行业的现状，以期读者能更好地了解房地产代建行业，也为行业未来发展提供参考性依据。

第一节　房地产代建行业研究背景及方法体系

1. 研究背景

十余年以来，中指研究院与中国房地产 TOP10 研究组持续开展中国房地产百强企业、上市企业、品牌企业等相关研究，紧随行业发展脉络，深入研究房地产企业经营规律，对促进行业良性发展、企业快速成长发挥了重要作用，相关研究成果已成为评判房地产企业经营实力及行业地位的重要标准。

近年来，行业逐渐进入深度调整期，尤其是2020年，房地产融资面临重大变革，“三道红线”新规正在不断试点，导致房企资金压力进一步上升。诸多变化都在推动行业洗牌，粗放式增长逐渐转向以产品和服务为主导的精细化管理，品质、绿色、科技等指标元素的重要性凸显。在这些背景下，代建模式日益受到房企们的重视，推进代建业务发展成为部分有较强品牌和运营能力的房企应对激烈竞争、分散风险、维持健康稳定发展的重要选择。为进一步推动房地产代建企业提高经营水平、促进行业健康发展，中指研究院与中国房地产 TOP10 研究组再次开展中国房地产代建行业研究，在第一版研究成果的基础上，进一步更新总结代建代表企业发展特征，梳理典型代建项目，并对未来房地产代建的发展空间进行预测，以期为行业提供参考。

2. 研究目的

①通过房地产代建企业品牌影响力、经营管理能力、团队建设能力和资源整合能力四个层面的研究，以定量研究结合定性研究的方式，挖掘代建运营实力强、投资回报率高和发展潜力大的优秀企业群体；

②通过系统研究，提升房地产企业知名度和影响力，发挥优秀企业的行业示范效应，推动企业优化经营结构，实现健康发展；

③梳理房地产代建行业的发展特征及现状，探索行业发展前景和趋势，为房地产代建行业的持续发展提供支持。

3. 基本原则

坚持以数据为依据，坚持客观、公正、准确、全面的研究原则。

4. 研究对象

①依法设立并登记注册的房地产企业作为本次的研究对象；②代建项目完成/在建个数不少于5个，或代建管理费收入不低于1亿元；③商业代建项目要求股权比例在10%及以下[①]。

5. 指标体系设计原则

本次研究以客观数据和社会评价为依据，坚持客观、公正、准确、全面、自愿的研究原则，遵循以下两个准则进行指标体系的设计。

①经营绩效与发展潜力相结合。经营绩效不仅是体现企业的运营规模和盈利性的重要指标，也是企业市场拓展和发展速度的重要保障。而是否具有丰富的储备项目、较为完善的人才结构和规范化的管理体系显示了企业未来的发展潜力。

②品牌影响力、经营管理能力和团队建设能力相结合。代建业务作为品牌价值驱动的一种资本战略，其品牌、专业技术和管理能力是代建业务的核心和精髓：突出的品牌影响力是引领代建业务运营、吸引合作伙伴的基础；专业的经营管理能力是开展代建业务的核心要义；强大的团队建设能力是促进代建业务扩张的利器。企业通过对品牌、技术和管理等核心价值的输出，才能高效促进代建业务的稳步发展。

① 结合代建企业的相关数据，考虑到30%股权占比对项目相关决策有一定影响，为了更好地区隔代建和合作模式，本版股权占比调整至10%以下。

6. 研究指标体系

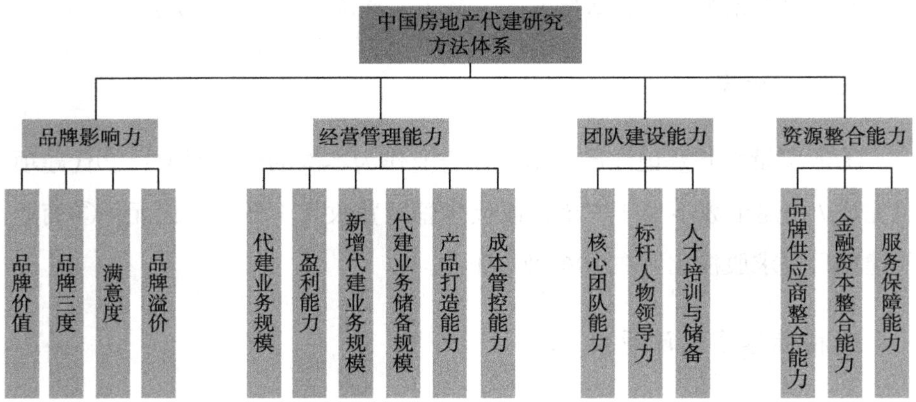

图 5.1.1　中国房地产代建研究方法体系

中国房地产代建研究方法体系核心指标的解释如下。

① 品牌影响力中的满意度主要包括委托方满意度和业主满意度；

② 经营管理能力中的代建业务规模主要包括代建项目个数、面积、进入城市、收入等；

③ 经营管理能力中的代建业务储备规模指代建业务总货值；

④ 经营管理能力中的产品打造能力主要包括产品标准化能力、产品定制化能力等。

随着房地产行业白银时代的深入、城镇化进程的持续推进，房地产行业正在进入高质量发展阶段，产品打造能力的作用日益凸显，包括产品理念的升级、绿色科技等产品元素的优化、产品标准化的打造等，而对于输出品牌和管理的代建企业来说，产品力是重要的影响因素。此外，由于部分全过程代建业务涉及前期土地整理等事宜，周期跨度大，短时间内无法转化为代建收入，而是作为企业的代建业务储备存在。

因此，二版代建研究方法体系在一版的基础上进行了优化和简化，主要变更如下：一是新增产品打造能力指标，二是新增代建业务储备规模指标。

在本次研究过程中，我们根据如前所述的研究对象要求筛选出符合的企业，通过发送方法体系邀请其参与调研，根据企业行业影响力及数据收集情况，总结出本次研究中的部分代表企业如下。

表 5.1.1　　部分房地产代建行业代表企业

企业名称	企业定位	代建模式	典型项目
绿城管理	前身为绿城建设。是绿城品牌和代建管理模式的输出主体。作为中国房地产轻资产开发模式的先行者、引领者，代建 4.0 体系开创者及绿星标准制定者，致力于为委托方、业主、供应商、投资人和员工打造“共创价值、共享利益”的生态平台，共建激动人心的品质生活。	政府代建、商业代建都有参与	珠海翠湖香山、海口桃李春风、杭州海潮雅园（政府代建）
中原建业	2015 年底开始介入代建行业，发展迅速，作为公司利润补充的核心拓展业务。	政府代建、商业代建均有参与	驻马店建业城、南阳建业贰号城邦
金地管理	为委托方在成本节约、品质保证、招标采购效率方面提供助力。	商业代建	金地·峰境瑞府、金地·乐华翰林艺境
雅居乐房管	2018 年进军代建行业，输出品牌、团队和符合资源，合作共赢。	商业代建、政府代建均有涉及	南京·雅居乐汇港城、丽水·雅居乐凯旋城
华润置地	业务涵盖市政、医院、学校、公园、文体、城中村综合整治、棚改等业态。	政府代建	深圳人才公园、深圳湾体育中心
保利	以房地产代建的形式参与政府保障房建设。	政府代建	保利西子湾（保障房）、保利嘉园（保障房）
绿地	以代建业务作为收益补充。	商业代建	世界华商中心、绿地·悦城
新城控股	以商业系列产品“吾悦广场”参与代建。	商业代建	诸暨吾悦广场、青岛吾悦广场
蓝光发展	委托方提供资金和土地，蓝光输出管理和品牌，以代工代建作为一条轻资产运营、快速占领市场提升公司利润的主营路线。	商业代建为主、政府代建有所参与	蓝光公园悦庭、蓝光黑钻公馆、蓝光公园华府
阳光城	代建作为企业轻资产转型的方式。	商业代建	美乐康桥公寓、三木·水岸君山

续表

企业名称	企业定位	代建模式	典型项目
万达	代建作为企业轻资产转型的方式。	商业代建	万达广场
朗诗	以“小股操盘”的股权式代建为切入点，开展绿色地产代建，从技术和品牌入手，来找到新市场环境中的增长点。	以股权式代建为主，纯收取服务费的商业代建为辅	中建御景星城、皖新朗诗绿郡、南京朗诗熙华府等
联发集团	代建业务与房地产开发同步成长。	政府代建为主，商业代建为辅	厦门海悦山庄、厦门联发黄金工业园
招商蛇口	代建作为企业轻资产转型的方式。	商业代建	深圳国际会展中心
首开	保障和改善民生领域的政府代建项目建设。	政府代建	国家体育馆、奥运村、亚运村
中天美好集团	立足于委托方的需求，以解决项目难点、痛点为初衷，在项目管理实践过程中整合运用“中天系”内全周期产业链资源。	政府代建、商业代建均有参与	温州龙湾永中地块项目
鸿坤	通过输出品牌和运营管理模式，构建专业化服务体系，加速推动轻资产业务比重优化战略布局。	商业代建、政府代建均有参与	上海莘庄威迈斯项目、瑞海家园、理想家园
昆仑	2010年首次进入政府代建领域，定位为整合全产业链资源的综合房地产运营商。	政府代建为主，商业代建为辅	镇江昆仑华府、烟台昆仑华府

资料来源：中指研究院综合整理。

对参与房地产代建的重点企业进行分析，不难发现以下几点。

（1）以全国性、区域性知名品牌或特色品牌企业为主

参与房地产代建的企业，品牌是其最核心的优势，房地产代建在某种意义上是将企业的品牌价值转化为企业收益，而我国当前从事房地产代建的典型企业也正是印证了这一点。如绿城、保利等都是全国性的品牌房企，中原建业、蓝光发展等企业都在区域市场享有较高的品牌盛名，而朗诗、当代都是国内领先的绿色科技地产开发和运营企业。

（2）五大城市群房企是代建领域的主力军

房地产行业的发展具有较强的地域性，房地产代建行业也不例外。23

家[①]参与房地产代建的典型房企主要分布在京津冀、长三角、粤港澳、中西部、成渝五大城市群。如绿城管理、朗诗、阳光城等都是长三角城市群的标杆性企业；金地、雅居乐、华润置地等成为引领粤港澳区域房地产代建的核心主力；京津冀房地产代建企业不乏当代置业、鸿坤集团等；中原建业深耕河南省，围绕山西、陕西、安徽等中西部省份开展业务，成为中西部区域代建行业的佼佼者；蓝光发展立足成渝，拓展全国，为成渝城市群的优秀代建企业。

（3）多数企业将房地产代建作为业务补充

房地产代建行业发展时间较短，尤其是商业代建更是在最近三年内才被广泛接受和认可。综合考虑各种因素，多数房地产企业只是将代建作为企业轻资产转型的一种方式，尤其是上市房地产企业将代建作为提升企业净利润和净利润率的有效补充，如阳光城、绿地等。

虽然将代建作为房地产业务补充的企业数量相对较多，但近两年来将代建作为企业战略的一部分并加以推进的企业数量也在增长。从最早将代建作为主业的绿城管理（前身绿城建设），开创了代建4.0体系，致力成为房地产开发全产业链服务商；到以“小股操盘”的股权式代建实现轻资产转型的朗诗；再到提出代建仅一年多便斩获38个代建项目的中原建业，通过开展代建业务对原有房地产业务形成了较强的支撑。

（4）多种代建模式并行发展，并倾向于综合性的运营方式

参与房地产代建的企业，多采用政府代建和商业代建模式并行的发展状态，如绿城管理、蓝光发展、鸿坤、雅居乐等企业；以单一代建模式发展的企业相对较少，如联发等目前多以政府保障房、展览馆形式参与代建，但企业在商业代建方面亦有涉足。

在商业代建的运营方式上，企业也更倾向于迎合委托方的需求，采

① 23家企业为：绿城管理、万科、保利、恒大、中原建业、蓝城集团、新城控股、阳光城、金地、朗诗、雅居乐、联发集团、招商蛇口、当代置业、旭辉、绿地、万达、蓝光发展、华润置地、鸿坤集团、中天美好、昆仑、大家房产。

用纯收取服务费、股权式、配资式的多种商业代建模式融合的方式承接业务，为委托方提供更多的选择，同时也为代建方带来更多机会。比如朗诗，截至2019年底，朗诗独立第三方委托开发管理项目共计41个，预计可售货值689.3亿元。

（5）代建项目以住宅为主，项目类型逐渐丰富

目前，以代建方式建设的项目多为开发企业输出系列住宅产品，住宅项目占据多数。如绿城管理、中原建业、蓝光发展、当代置业等企业代建的项目类型基本为住宅类项目。

值得期待的是，随着越来越多的企业介入房地产代建领域，代建的项目类型也在不断丰富。比如新城控股代建的永利吾悦广场作为典型的商业性代建项目，分享项目后期运营带来的租金收益等；雅居乐也将代建项目延伸至文旅地产，代建湛江吴川南海明珠项目；联发也有个别产业园项目的代建，如厦门联发黄金工业园。

第二节　经营业绩分析

一、房地产代建规模性分析

1. 代建新签约规模爆发式增长，近四年代建累计新签约总建面高达2.6亿平方米

据估算，2017~2020年，代表企业代建项目的累计合约总建面高达2.6亿平方米，特别是2018年，随着典型企业在代建行业发力，推动

代建新签约项目个数和面积爆发式增长，新签约项目面积同比增长率高达 31.3%。2019 年以来，代表企业代建新增建筑面积增速虽有所放缓，但总规模依旧达到 7089 万平方米。2020 年，代建企业代建项目个数和新签约建筑面积分别为 381 个和 8390 万平方米，较 2019 年同比分别增长 3.3% 和 18.4%，近三年新签合约项目总建面的复合增长率达到 21.3%。

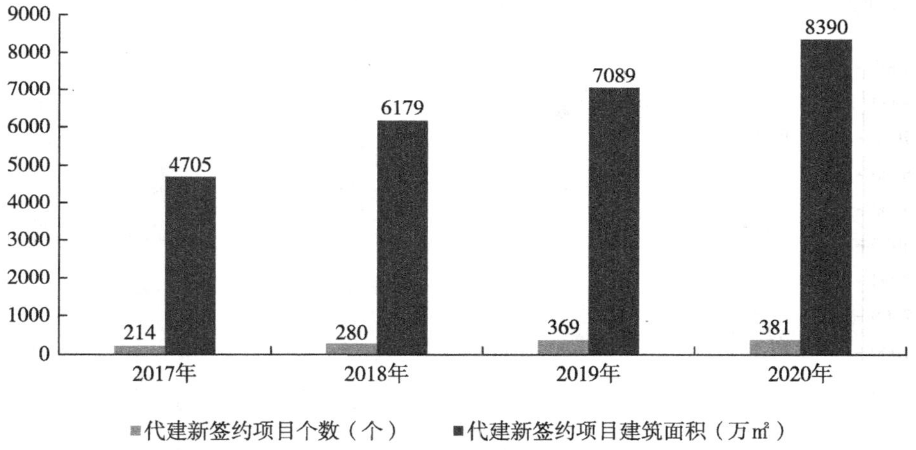

图 5.2.1　2017~2020 年房地产代建新签约项目个数与面积

数据来源：CREIS 中指数据，企业披露，中指院综合整理。

由此可见，近年来房企对代建业务的重视程度和拓展力度不断加大，随着房地产市场竞争的加剧，通过代建方式输出品牌和管理资源，以提高企业的盈利能力和盈利水平，成为越来越多企业的共识。

2. 市场集中度依然较高，前五企业市场份额达 56.8%

2020 年，从代建新签约项目建筑面积来看，前五企业所占市场份额高达 56.8%，市场集中度较高，其中，绿城管理市场份额 22.3%，远远领先其他代建企业。

可以看到，近年来，随着代建领域参与者增多，市场集中度较前几年有所下降，2020 年代建前五企业市场份额较 2019 年下降 1.2 个百分点。除绿城管理外，其他企业在代建领域也发力迅猛，中原建业规模扩张迅速，2019 年新增签约建筑面积达 830 万平方米。此外，受全国商品房销售规模逐步见顶，房地产开发行业利润率持续下行等因素影响，预计未来会有越来越多的开发企业试水房地产代建业务，行业竞争会更加激烈，未来几年房地产代建行业头部企业的市场集中度会持续回落。

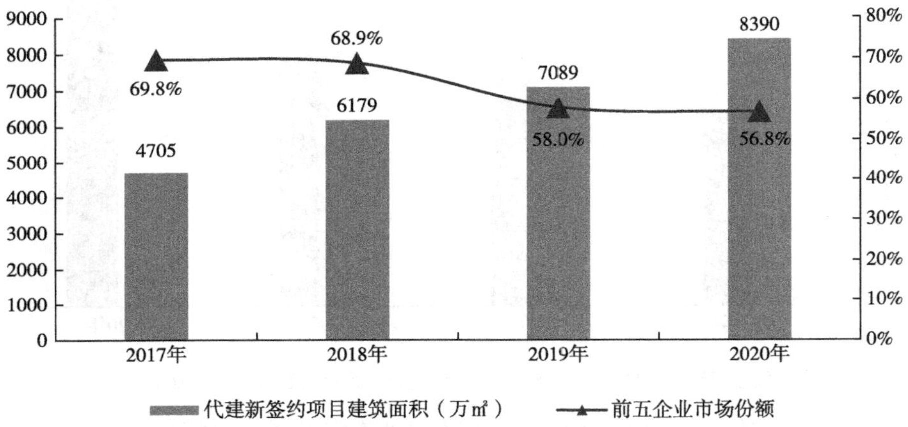

图 5.2.2　2017~2020 年房地产代建新签约项目建面及市场集中度

数据来源：CREIS 中指数据，企业披露，中指院综合整理。

此外，房地产代建和传统的房地产开发有所不同，因房地产代建包括政府代建和商业代建两种模式，而政府代建一般没有销售额，本书所指代建销售额仅指商业代建的销售额，所以我们认为房地产代建销售额这一指标不能全面的彰显代建企业以及代建行业的规模水平和发展速度，故此处不再对此做进一步的定量分析。

二、房地产代建盈利性分析

1. 营业收入持续增长

2017~2020 年，房地产代建的营业收入持续提升，复合增长率为 19.5%。虽然整体增长较快，但代建行业尚属于发展初期，目前的整体规模尚低，2020 年代建业务的营业收入为 95.8 亿元。其中，绿城管理代建营业收入达 18.1 亿元，占比达 18.9%，规模较高。

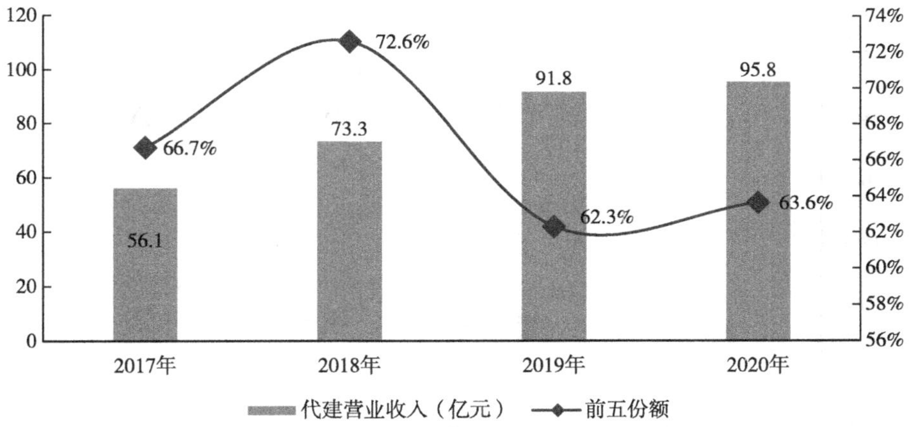

图 5.2.3　2015~2019 年房地产代建盈利情况

数据来源：CREIS 中指数据，企业披露，中指院综合整理。

2. 利润率远高于传统房地产和物业服务，未来发展可期

房地产代建的净利润率远高于传统房地产业务。2019 年前，行业净利润率均处于平稳上行的状态，2019 年代建业务领域参与企业增多，竞争加剧，导致净利率有小幅下滑。整体来看，2017 年以来，房地产代建业务的净利润率水平始终高于 25%，2018 年达到 26.2%。

与传统房地产相比，代建高于传统房地产净利润率水平。2017 年以来，房地产代建业务的净利润率水平始终高于 25%，房地产代建的净利润率远高于传统房地产业务。以中原建业为例，2019 年中原建业代建业务的净利润率为 62.2%，远高于建业地产房产业务的净利润率。与物业服务企业相比，代建行业净利率远超物业服务行业净利率。2015 年以来，虽然物业服务行业净利率也在不断上升 2020 年达 8.9%，但相比之下，代建行业盈利优势显著，2020 年代建净利率高达 25.4%，高于物业 16.5 个百分点。

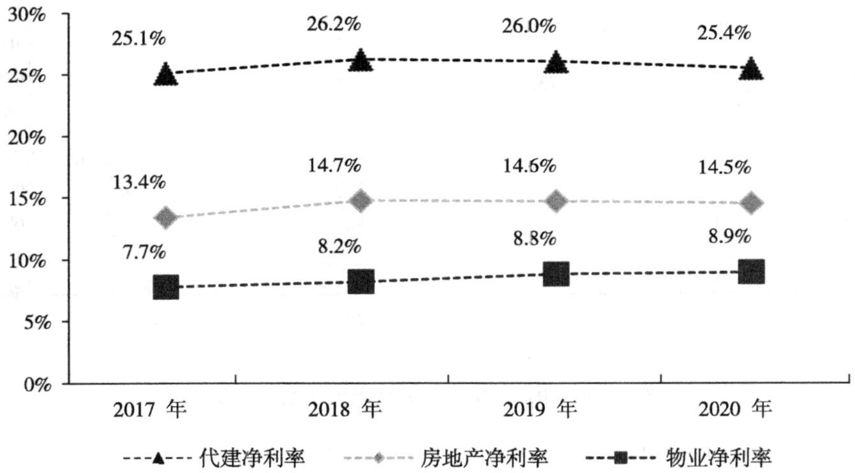

图 5.2.4　2017~2020 年房地产净利率①代建净利率及物业净利率②对比

数据来源：CREIS 中指数据，企业披露，中指院综合整理。

3. 代建管理费率各异，纯代建高于股权式代建

在房地产代建领域，不同模式代建管理费率的计费方式有所不同。其

① 23家代建房地产企业净利率。

② 物业百强企业平均净利率。

中，政府代建的代建管理费率一般按照工程总投资的一定比率计算，根据政府印发的《基本建设项目建设成本管理规定》，政府代建项目的代建管理费率按照总投资额的大小分档计算，在0.4%~2%之间浮动；而商业代建项目按照项目预估货值（销售额）的一定比率计算，比率在3%~6%之间。由于两者计量基础有所差异，且政府代建收取的代建管理费率相对固定，下文代建管理费率主要针对商业代建模式进行研究。

商业代建模式又分为纯收取服务费的商业代建和股权式代建，两者代建管理费率收取存在一定差异。大多数股权式代建项目代建管理费率在2%~4%之间，低于纯代建管理费4%~6%的水平，可见纯代建模式收取的代建管理费高于股权式代建，究其原因，主要为股权式代建除收取代建管理费外，还能获取一定比例的投资收益。

第三节　抗周期能力分析

传统的重资产开发模式在房地产行业快速上升期将获利颇丰，但这种模式在应对行业周期风险存在较大的弊端，而房地产代建模式通过品牌和管理的输出，更加有效地减少房地产市场周期波动带来的系统风险。

在市场上升期，在终端需求支撑下代建业务凭借良好的品质和轻资产特性快速发展。一方面，代建的本质是品牌和管理的有效输出，代建企业凭借其品牌影响力和高效管理，在管的项目有更好的市场表现，出货加快，并可获得更高溢价。另一方面，代建模式下企业自身投入小，开发经营风险得到有效稀释，可以在保障现金流稳定性的同时，在市场景气度较高时趁机扩大市场规模。

市场下行时，房地产市场整体市场承压，但代建业务所受影响更小。进入市场下行周期时，部分中小房企面临现金流量紧缩及市场不景气所导致的去化率不理想等问题，迫使中小型开发商采取多种促销手段（例如减价、对品质妥协或其他方式）以维持销售去化率并避免流动性问题，但受限于中小型开发商的资本及运营能力，效果难以持续。因此，越来越多的开发商更倾向运用更多专业代建服务以抵御市场不景气的周期性风险，代建业务的规模得以持续扩张。

具体而言，代建方将在以下四个方面帮助中小型房企顺利渡过市场低迷期。

首先，通过代建方式可以帮助中小型开发商快速摆脱财务困境。与代建公司合作令这类开发商得以通过增加去化率及净利润来解决其流动性问题，并缩短投资回报期，且在若干情况下令其可以在需求最迫切时取得财务支援，并进一步确保其业务的稳定发展。

其次，通过代建方品牌、产品力等资源的支持增加产品吸引力及溢价能力。房地产行业中的大型、知名代建公司通常具有卓越的品牌价值、标准化的产品或解决方案、高客户满意度及高质量，通过代建方式实现代建方优质资源的输出和嫁接，将大幅提升中小型房企的产品和服务品质，增强市场竞争力。

然后，利用代建方积累的金融资源为代建项目扩大资金来源。经过代建方优质资质背书后，相关项目将更容易获得金融市场认可，有更多的投资方以及更低廉的资金成本。或者借助大型代建公司与基金、信托及其他外部专业金融机构的合作关系，帮助代建项目拓展融资渠道，以满足中小型开发商的资金需求。

最后，大型代建公司通过专业高效的管理及规模化采购等措施降低项目成本。一方面，代建公司通过标准化的操盘流程、丰富的建设经验以及对突发事件的及时响应解决能力推动项目建设高效完成，实现快周转开发，节省人员、资金利息等成本；另一方面，借助代建公司的供应商体系，实现规模化采购，从原材料环节降低项目成本，增加代建项目盈利空间。

另外，从发展空间来看，代建业务方兴未艾，通过渗透率的提高可以抵御行业周期性。目前，中国房地产市场与发达国家相比较为分散。根据《2021 中国房地产百强企业研究报告》，中国房地产百强企业于 2020 年销售额占市场份额的 63.2%，较 2019 年的 61.5% 持续扩大。随着行业竞争加剧，中小型开发商生存日益困难。由于开发成本高昂、产品能力薄弱及品牌知名度偏低造成市场竞争激烈，使得中小型企业难以脱颖而出，代建已成为中小开发商应对行业挑战的重要方式。就中小房地产企业而言，通过与具备卓越执行能力、品牌知名度及专业能力的代建公司合作，可以显著增强市场知名度及市场竞争力，有助于项目融资及销售。在此需求支撑下，代建业务渗透率将进一步提升，成为传统地产业务之外的重要补充，代建行业发展轨迹也将体现出更好的抗周期性。

第四节 经营管理能力剖析

房地产代建的业务发展离不开代建方强大的经营管理能力，本文所分析的经营管理能力涵盖代建的各个环节，主要包括前期的产品标准化能力、工程营造过程中的项目成本管控能力、策划推广阶段的项目去化能力以及销售后端的物业服务能力四个方面，综合展现现阶段房地产代建行业的整体经营管理实力。

一、产品标准化能力

目前，产品标准化已成为房地产企业实现“规模速度 + 质量效益”双增长的必由之路，也有利于房地产企业树立品牌形象，是近年来和今后一段时期的主流开发模式。如仅万达广场这一产品系列就成就了万达的千亿规模，截至 2019 年底万达广场共拥有及运营管理已开业商业广场 323 个，凭借产品的高度标准化，对其业绩增长和品牌影响力具有重要推动作用。

作为房地产行业的专业细分领域，房地产代建对产品标准化的要求更高，标准化带来的是产业化与规模化。在面对同样的房地产市场资源情况下，谁拥有足够的技术资本——标准化体系，谁就拥有代建行业的未来。目前，行业内参与房地产代建的企业均已建立起一套完整的标准化产品体系。“第一梯队”房企如万科、绿城等都基本确立了自己的代建产品模式，并通过推行标准化产品线复制、连锁开发，在全国“攻城略地”。不仅如此，这些企业普遍根据房地产市场行情的变化，在原有产品体系的基础上，持续进行创新升级，以更好地适应市场需求。

表 5.4.1　典型房地产代建企业产品标准化一览表

企业名称	标准化产品
绿城	居住物业、商用物业、TOD 系列、运动系列、理想小镇、保障物业、公用物业、城市综合体 8 种业态类型，其中居住物业下设低层住宅、多层公寓高层公寓 3 个产品品类，低层住宅、多层公寓、高层公寓下设欧式别墅、法式多层公寓、YOUNG 系列高层公寓等共计 14 个产品系列
建业地产	产品线主要有三类：面向高端客户的联盟新城、面向中高端客户的森林半岛以及面向中端客户的一号城邦，并研发出建业中原文化特色小镇、U–Block 及建业教育综合体系列产品，不断丰富产品线
金地集团	褐石系、名仕系、格林系、风华系、未来系、世家系、峯汇系、峯范系

续表

企业名称	标准化产品
雅居乐	雅宸系、雅府系、雅郡系、雅苑系、山海系
华润置地	开发物业包括万象系列、城市系列、郊区系列、城市品质系列、城郊品质系列、城市改善系列、郊区改善系列、旅游度假系列八大产品线，投资物业包括万象城、万象汇 / 五彩城两大产品线
当代置业	现有顶级绿色科技的当代 MOMΛ、高端绿色科技的当代著 MOMΛ、品质绿色科技的当代阅 MOMΛ、全生命周期复合功能绿色科技大盘开发的当代城 MOMΛ 四大产品线
保利发展	保利住宅产品分类型品牌和项目品牌两大类，形成“康居、善居、逸居、尊居”四大类型的品牌产品。同时，涵盖了花园系、心语系、香槟系、公馆系、林语系、康桥系、十二橡树系、罗兰香谷系、海上五月花系多元化优质住宅产品系列
新城控股	住宅领域分别为“幸福启航”“幸福乐居”“幸福圆梦”和“幸福尊享”四大产品线；商业地产领域，已形成“吾悦”品牌系列城市综合体，涵盖吾悦国际广场、新城吾悦广场、吾悦生活广场三大产品线
蓝光发展	芙蓉系、雍锦系、黑钻系、未来系、长岛系、商办系六大产品系
阳光城	翡丽系、悦澜系、檀系、TOP 系四大产品系
朗诗	朗诗集团有首次置业、改善置业、高端置业、养老公寓四大产品类型
鸿坤	TOP 系、语墅系、理想系、原乡系、都市系五大产品系

资料来源：中指研究院综合整理。

1. 万科的产品标准化之路

2001 年，万科就开始了产品标准化的探索，经过十余年的发展完善，产品标准化体系已日渐纯熟。万科住宅产品在金色系列、城花系列、四季系列和 TOP 系列的基础上，创新推出翡翠系以及四叶草、视力表、乐高电路板等微型别墅产品，商业与办公楼也各形成 3~4 条产品线，并不断完善升级。其代建项目基本覆盖了其产品系列，不同的代建项目对应着不同的产品定位、建筑形态、目标客户。例如，万科的金色家园系列产品，在万科产品线中占据举足轻重的核心地位，代建典型项目包括金域国际、金域缇香、金域澜湾等，遍布全国大部分城市，都是位于城市中心的住宅。

表 5.4.2　　　　　　　　　　　　万科产品标准化

业态	系列名	区位	物业类型	目标客户群	典型代建项目
住宅	四季系列	城市远郊	多层；小高层	中端	深圳万科红树湾
住宅	城花系列	城市近郊	多层；小高层；局部联排、别墅	中端；中高端	武汉万科锦程
住宅	金色系列	城市中心区	小高层；高层	中高端；高端	东莞万科金域国际
住宅	TOP系列	拥有稀缺地段或景观资源	别墅；排屋	高端	上海万科有山
住宅	翡翠系	区域中心	高层	中高端；高端	—
商业	万科广场	城市中心区	购物中心	全客层	—
商业	万科里	邻里社区	邻里商业	社区居民	—
商业	万科红	社区	社区商业	社区居民	—
商业	万科2049	城市中心区	商业街区	高端社区业主	—

资料来源：中指研究院整理。

标准化发展的高级阶段是工厂化，要做到工厂化，需先进行产品的标准化设计、标准化生产，从而逐步实现产品的通用化和工业化。对于“工厂化”建房子的通俗解释是：在房屋建造过程中采用工业化模式，大量使用预制件，主要构件均在工厂生产，然后运载到建筑工地搭建组装，“像搭积木一样建房子”。

2006 年 1 月，万科工厂化住宅一号试验楼在深圳试验基地竣工。这是国内首栋全预制解决方案的框架结构建筑，全部结构及非结构构件都采用预制形式，同时辅以实验来验证节点连接的耐久性和可靠性，初步获得了此类建筑的设计、制作、运输、安装及项目的运作经验。一号楼的成果极大鼓舞了万科推动住宅产业化的信心。随后的几年，万科进行了大量的实验，2019 年年报显示，万科 86% 新开工主流产品应用工业化体系进行建造。2019 年，万科完成了装修 C 标升级及集采封装的落地应用，通过标准化定型，发挥规模化效益。万科有超过十年的住宅工厂化实践基础，部品工厂化生产和产品标准化快速复制，为其股权式代建奠定了基础。

2. 绿城的产品标准化之路

绿城中国专注于高品质物业开发，致力于营造理想人居生活，住宅产品标准化系列经过 25 年不断丰富和完善，已形成居住物业、商用物业、TOD 系列、运动系列、理想小镇、保障物业、公用物业、城市综合体 8 种业态类型，其中居住物业下设低层住宅、多层公寓高层公寓 3 个产品品类，低层住宅、多层公寓、高层公寓下设欧式别墅、法式多层公寓、YOUNG 系列高层公寓等共计 14 个产品系列。绿城产品线与其他大型房企最大的不同在于从“造房子”转向了“造生活”，不仅仅从产品业态、建造形态等区分产品类别，更倾向于为不同类别客户营造尊贵、享乐或田园式的理想生活方式。

表 5.4.3　　绿城住宅产品标准化

建筑类型	产品品类	系列特点	代表项目
多层公寓	现代叠墅	室内空间通透，极简主义色彩	杭州西溪云庐，宁波柳岸晓风，杭州湖畔云庐
	现代多层公寓	太空灰，双开间大阳台	杭州沁园
	民国风多层公寓	中西结合，民国风	乌镇雅园，舟山定海玫瑰园，南京云栖玫瑰园
	法式多层公寓	法式新古典主义三段式风格	北京御园，杭州留庄
	地中海多层公寓	3~5 层，地中海风格建筑景观	杭州蓝庭，青岛理想之城
	桂花多层公寓	低楼层、低容积率、高绿化率、围合布局	杭州桂花城、合肥桂花园

续表

建筑类型	产品品类	系列特点	代表项目
高层公寓	YOUNG 系列高层公寓	留白空间，共享空间	杭州留香园，杭州柳岸晓风，无锡凤起和鸣，杭州晓风印月
	二代高层公寓	整体设计加精装修，舒适级园区服务体系	杭州西溪诚园，杭州蓝色钱江，上海黄浦湾，杭州蘭园
	一代高层公寓	强调组团及围合感，建筑形体单纯与完整，色调暖灰	杭州春江花月，上海绿城
低层住宅	欧式别墅	借鉴欧洲优秀建筑文明与建筑经典元素，定制理念	绿城玫瑰系，绿城杭州桃花源，绿城长沙青竹园
	中式别墅	地域精神、传统文化、功能规划，户型艺术	桃花源十锦园、西锦园
	中式合院	一宅一园一院	杭州凤起鸣潮，杭州江南里，紫薇公馆
	法式合院	中国传统合院融入法式建筑，私密性强	杭州云栖玫瑰园，合肥翡翠湖玫瑰园
	法式排屋	三段式立面	湖州御园，千岛湖玫瑰园，慈溪玫瑰园，杭州柳岸晓风

资料来源：中指研究院整理。

近年来，绿城管理运用其成熟的产品标准化系列在中国房地产代建行业占据着重要地位。

二、成本管控能力

在房地产代建过程中，委托方对成本管控的诉求相对较高，因此，对于代建方而言，如何在维持产品品质的前提下，做好成本管控尤为重要。

从事房地产代建业务的开发企业普遍具备相对完善的成本管控能力，但传统项目的管控与代建项目的成本管控的思路和途径又有很多差异。目前，房地产代建的主流成本管控模式为“控总”“管分”“严收尾”，代表企业包括绿城管理、万科等。

1. 控总：控制项目总目标

“控总”主要是通过确定协议形式和确定成本及进度两种方式来控制总成本。

确定协议形式：初期委托方和代建方初步进行合作，签署委托协议一般采用“总价加经济价格调整”类型的合同来控制总体成本和项目进度。这种类型的合同适用于范围明确、时间明确、合同金额较大、执行期长且很容易被经济大环境影响的项目。

确定成本及进度形式：委托协议确定后，双方共同制定产品设计方案，共同进行项目目标成本制定，确定项目的总目标；在总目标成本的基础上形成“最高目标成本限额”和“省奖超罚”的补充经济条款。

2. 管分：分权管控，职责清晰

“管分”的内容包括三个层次的内容，分别为责权区分、付款模式和付款条件控制、成本和招标管理。

（1）责权区分

委托方组建项目公司董事会，代表委托方行使监督权、决策权、建议权和知情权；另外，财务负责人通常由委托方派遣。委托方负责涉及到与土地取得以及主要规划指标调整相关的前期审批事项。代建方负责项目管理团队组建，项目总经理及主要专业负责人由代建方派遣。项目管理团队根据合同约定、项目公司董事会的授权，以及项目公司管理制度，行使项目运营管理权，履行项目委托管理职责和义务。

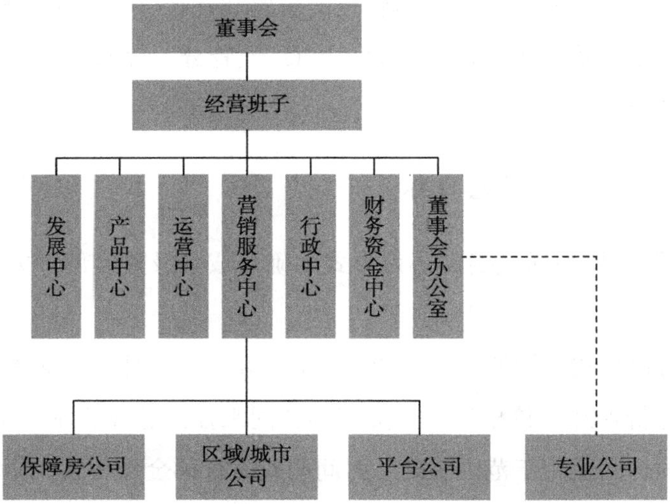

图 5.4.1　房地产代建企业架构图

资料来源：中指研究院整理。

（2）付款模式和付款条件控制

主要包括项目成本款项和委托开发管理费款项。

项目成本款项：项目公司实行资金预算管理制度，项目经营团队负责定期编制资金使用计划，上报项目公司董事会同意后，合理安排资金使用；委托方结合资金计划和上报进度确认后直接支付给供应商，避免代建方的代付或周转。这不仅能有效提高付款效率，同时还增加了供应商的满意度和配合度，保证现场施工进度。

委托开发管理费款项：签订委托合同后付相应的首付款。根据项目工程形象进度及计划达成率进行进度款付款，同时保留质保金，形成对代建方的制约。按照不同的“销售去化比”进行管理费用的销售相关付款，最后按照项目的后期维护约定付尾款。

（3）成本和招标管理

房地产代建项目普遍根据概算、预算设定成本管理目标，实行全过程动态成本管理。主要由代建方拟订招标方案并组织具体实施，委托方可全程参与，招投标方案和结果须经委托方审批。

在招标企业条件同等的情况下，行业原则是优先考虑代建方的合格供应商。这一方面是基于代建方具有相对较强的资源整合能力，以节约采购成本，保证采购品质；另一方面为保证代建项目产品与代建方传统产品项目材料、设备等相统一，更好地维持代建方的品牌效应。

3. 严收尾：代售、服务及考核

代售和服务：目前，房地产代建项目的销售和后期物业服务一般是由代建方提供，因为代建方具备优良的代售公司，能有效确保项目收益。完善的服务体系不仅能促进销售环节的项目去化，更能在后期确保客户的满意程度，因此多数代建项目中，代建方都会导入自身的物业服务体系，作为维护企业品牌形象的后续保障。

整体经营目标考核：以双方约定的项目经营指标（如成本差异率、施工进度偏差、销售总额、利润指标等）作为整体经营考核目标，当项目经营结果超过考核目标时，按一定标准提取项目业绩奖励，具体奖励方案根据项目实际情况协商确定。

总体来看，基于代建方自身原有的强劲成本管控能力，结合委托方的相关诉求，房地产代建行业已经形成了较成熟的成本管控体系，普遍拥有委托方相对欠缺的成本管控能力，为行业的健康发展提供坚实的保障。

三、溢价能力

在房地产行业利润率整体下滑、竞争日趋激烈的情况下，房地产企业的品牌意识逐渐增强，绿城管理、当代置业、中原建业、朗诗等企业的品牌形象深入人心，这些品牌企业凭借溢价优势在市场形势波动的时候，依然保持较高的盈利空间，这样的溢价能力也越来越受到中小企业、投资者等代建委托方的关注。

表 5.4.4　代建企业典型项目 2019 年溢价率[①]情况

项目名称	销售均价（元 / 平方米）	周边竞品项目销售均价（元 / 平方米）	溢价率
绿城富春玫瑰园	35048	22900	53%
绿城翠湖香山	31857	27552	16%
驻马店建业城	8500	7220	18%
当代惠尔满堂悦 MOMΛ	9200	7750	16%
金地峰境瑞府	51400	45700	13%

研究组选取了四家典型代建企业进行溢价能力分析，其中绿城为全国性企业，中原建业、朗诗、当代置业、金地为区域性企业。通过代建企业的典型项目与周边项目进行比较分析，发现 4 家代建企业项目整体溢价优势明显，能力均高于周边其他项目。如绿城管理在杭州的项目绿城富春玫瑰园，历经十余年开发，是绿城玫瑰系作品十七年集大成者，也是绿城在杭州城南最大的纯低密大盘，先后获得华东地区年度最佳别墅奖、浙江省“优秀园林工程”金奖、2020IRA 国际住宅建筑大奖。倚靠绿城管理强大的品牌优势和产品创新及营造能力，绿城 · 富春玫瑰园 2019 年的销售均价相对周边别墅的销售均价高出约 12000 元 / 平方米。如当代置业在西安的当代惠尔满堂悦 MOMΛ 项目，新房价格 9200 元 / 平方米，溢价率达 16%，而此项目的二手房甚至高达 17000 元 / 平方米，较周边二手房均价高出近一倍的价格，溢价显著。

① 溢价率=代建项目价格/竞品项目均价-1。

四、项目去化能力

随着城市发展的日趋成熟，城镇化进程逐渐进入新阶段，房地产行业供需两端发生了深刻的变化，无论是从客户需求端还是土地供应端来看，增量都在收敛，中长期来看，行业已步入存量竞争时代，市场从卖方市场转变为买方市场，全国商品房市场库存量依旧高企，市场进一步分化，加大中小房企项目去化压力。

在此背景下，一些操盘能力较差或缺乏开发能力的中小房企或资金方，通过寻求去化能力较强的代建企业进行合作，委托其开发旗下项目，以期获取最大的投资收益。可见，代建方的项目去化能力无疑是委托方选择代建企业考虑的重要因素之一,一个好的代建方能在很大程度上消除消费者对购买预售楼盘风险、品质、物业管理等多方面的疑虑，同时利用多渠道营销手段精准覆盖客群，并凭借其品牌溢价和客户基础，获得更高的投资回报。

房地产代建企业优秀的去化能力一方面是通过敏锐的市场嗅觉判断消费者需求，调整产品类型，精准把握市场需求；另一方面，优化价格策略，有效锁定业绩来源；同时，全方位利用线上、线下资源，拓宽营销渠道，创新性有效解决营销痛点。

1.“因城施策”调整产品类型

在以“稳”为主的大背景下，参与代建业务的品牌企业通过精细化的市场研判“对症下药”，精准把握城市结构性释放需求，“因城施策”调整产品类型以及高端、改善型产品比例，有效促进产品去化。

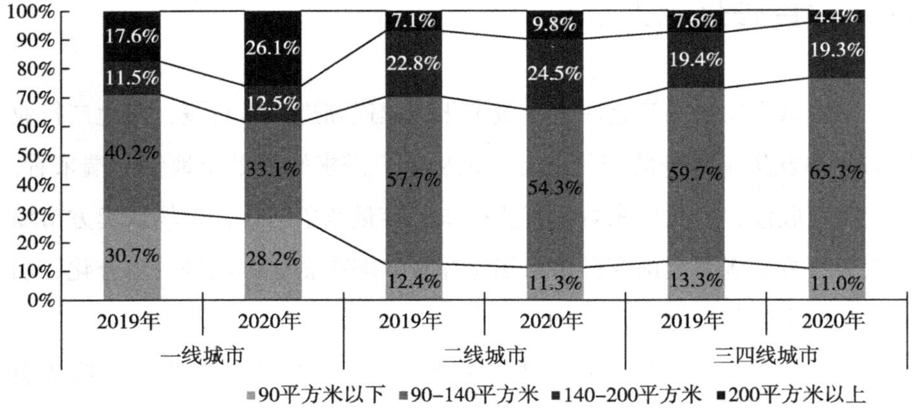

图 5.4.2　十家代建企业[①]2019-2020 年重点项目分城市等级各面积段销售额占比

数据来源：CREIS 中指数据。

2020 年，中国房地产市场调控政策持续，十家代建企业根据市场需求，因城施策，调整产品结构。在二线城市，代表企业聚焦改善类产品，140~200 平方米以下面积段销售额占比有所提高；在三四线城市，则继续加大首改产品推出比例，90~140 平方米面积段占比显著提高，通过精准把握市场结构性机遇，加快项目销售去化，实现业绩快速增长。

另外，部分特色企业抓住政府大力推动环保、绿色产业发展的时机，瞄准细分市场，专研绿色科技在房地产开发领域的应用，通过差异化产品形成专业领域上的优势，凭借精准的定位和精良的品质，得到市场广泛认可。

代建企业较委托方有更强的市场洞察能力，更利于敏锐捕捉市场导向以及不同城市的需求结构变化，根据项目地块所处城市环境、区位等实际情况，规划设计更符合市场需求的产品，以适应消费者、市场需求的产品促进良好的去化表现。

---

① 十家代建企业有：万科、保利、绿城、绿地、雅居乐、当代置业、阳光城、华润置地、金地、蓝光发展。

2. 因地制宜调整价格策略

在推盘价格方面，面对不同城市价格涨跌互现的两极分化，参与代建的典型企业实行了因地制宜的价格策略，于涨价城市适度提价，在下跌城市降价销售，市场反应积极，实现库存消化和业绩提升。

在市场需求旺盛、房价上涨的北京、上海、深圳、成都等城市，代表企业随行就市“适度提价”，凭借高品质的产品实现销售业绩与利润的同步提升。在市场供求相对稳定的城市，代表企业主要依据项目自身特点实行提价或降价策略。在市场需求乏力、库存较高的价格下跌的城市，代表企业主要采取“以价促量”的降价销售策略，推出购房折扣、降低订金数额、购房奖励等力度空前的优惠活动，以价换量开启抢收攻略。

3. 营销渠道创新

在信息化环境中，消费者每天接受到的是各种信息轰炸，如何成功对接有效客户、实现营销转化成为房企获得销售突破的关键环节。同时，随着互联网、电子商务的逐步成熟，“互联网 +”以一种新的经济形态与房地产行业深度融合。

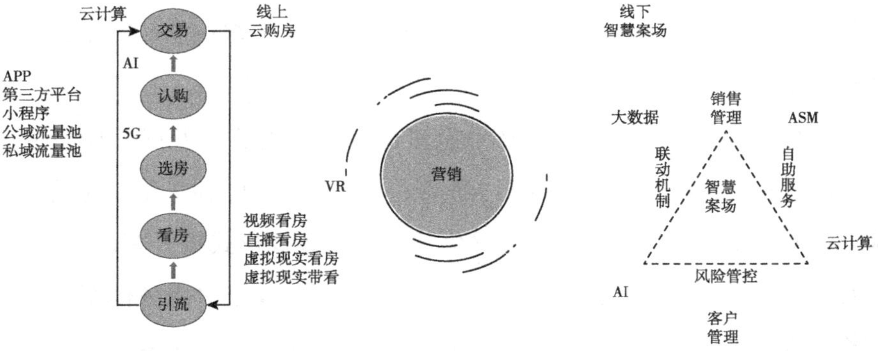

图 5.4.3　典型代建企业营销数字化转型方式

大多参与代建的典型企业，越来越注重互联网、新媒体、电子商务等方式应用，通过互联网、大数据等技术为消费者提供个性化产品和服务，与客户实现随时互动沟通、精准把握客户特征的相关信息。典型企业结合线上、线下营销渠道，逐步实现以客户为主导创新营销机制，通过内部搭建和外部合作相结合最大限度扩充营销渠道，挖掘潜在客户资源。

疫情期间，房地产企业纷纷将销售阵地转移到线上，变“被迫转移”为“主动出击”，一方面，企业积极搭建自有平台，通过自有APP和小程序实现线上销售，如万科的“万科在线家”APP；另一方面，企业通过进驻电商平台等形式进行云直播，提高品牌曝光度和流量转化，如雅居乐携手郎朗、京东试水直播卖房，以其自身对项目区位、产品特征、生活体验的展示，让购房者真切地体会到相应的场景，同时配以雅居乐高层总裁以专业性的角度为客户讲述温馨生活的旋律，以人居健康、品质生活等各类话题，实现品牌的引流。

在客户层面，部分企业通过建立客户信息的“数据库”或终端，迅速有效地找到、理解并服务客户，精准定位目标消费群体。如万达、万科等企业已将大数据技术广泛应用在收集客户信息的过程中，通过对到访客户提供免费Wi-fi，从客户的使用记录中获得大量关于客户的行迹路线、关注的热点等多方面信息，形成客户使用痕迹的“信息库”。

另外，部分代建企业调动产业链资源、从细处着手开展各项服务创新，切实解决客户购房“痛点”，确保了有效客源的顺利转化。在销售前端，从客户接触项目时即注重通过创新服务内容及形式提升客户满意度，强化客户购买欲望。如咨询服务上，万科开通了24小时服务体系，矫正与客户消费习惯错位的问题；带客服务上，保利、绿地等多家企业实行“码上专车”，成功将潜在客户从线上引流到案场；体验服务上，万科从单纯的样板间观摩升级到全新生活方式体验。在交易环节，品牌房企针对客户首付不足的最大痛点，通过众筹或理财产品强化金融服务，提升了潜在客户的有效转化率，如万科、绿地等成立“众筹联盟”，保利推出“利民保”等。创新全渠道的精准营销助力典型代建企业的销售去化率提升。

4. 营销模式：多重优惠组合

从营销模式上看，参与代建的品牌房企给出的不再是单一的价格优惠，大多数给出了一整套营销方案，将多重优惠组合：网上售房 + 全民营销 + 购房优惠 + 无理由退房 + 差价补偿。从售前以折扣等方式吸引顾客，到售房过程中多环节让利抓牢顾客，到售后环节的无理由退房、一定期限内的差价退还，顾客资源链的延伸，最大程度带来销售的可能性。此外，除了传统的直接给出现金折扣外，部分企业还开启了线上房源秒杀，一定程度上很好的激发了消费者的潜在购买欲。

综合来看，参与代建的品牌房企拥有超越大多数企业的市场精准研判能力、营销策略调整的敏捷性和营销模式的创新性，更有效把握市场结构性机遇，聚焦主流市场，因城施策优化产品结构、精准推盘，同时创新扩充营销渠道、挖掘潜在客户，抢占市场先机，从而实现库存快速去化。

五、物业服务能力

随着城市的高质量发展和消费升级，一些房企的物业服务逐渐由最开始的社区管理逐步升级为“城市服务商”。因此，在房地产代建过程中，多数房地产企业将交付之后的物业服务管理也作为企业品牌输出的核心内容。

表 5.4.5 典型房地产代建企业的物业服务能力

企业名称	物业企业	服务特色	企业荣誉
绿城管理	绿城服务	高端物业服务的领先品牌，提供智慧园区服务体系，致力成为中国领先的幸福生活服务商	一级资质、物业百强、港股主板上市企业
万科	万科物业	坚持“安心、参与、信任、共生”的物业服务理念，依托“住这儿”APP 等平台，以更高品质精确物业服务满足不同客户的美好居住需求	一级资质、物业百强企业
中原建业	建业新生活	秉承“让河南人民都过上好生活”的企业使命，致力于打造新型生活方式服务平台	一级资质、物业百强、港股主板上市企业
朗诗	朗诗绿色生活	秉承“绿色生活，阳光服务”的服务理念，通过对客户价值的执著追求，创造人与居住环境的和谐，实现人的居住价值	一级资质、物业百强
雅居乐	雅生活	着力从主流住宅、高端豪宅、旅游地产的物业品质服务，社区商业经营以及专业、高端的商业管理和公建类物业服务四方面，为大小业主打造美好幸福生活	一级资质、物业百强、港股主板上市企业
当代置业	第一服务	将自身定位为透过科技创新促进舒适生活的服务提供商，致力于物业生命周期各阶段为住宅及非住宅物业客户提供数字互联、绿色、健康的人居体验	一级资质、物业百强、港股主板上市企业
阳光城	阳光城物业	秉持“用心服务，共享阳光”服务理念，着力打造“优悦 +”服务品牌，致力于为业主提供有温度的物业服务	一级资质、物业百强企业
保利	保利物业	围绕“物业管理、资产管理、公共服务、增值专项服务”等领域，全方位践行“人文社区 · 价值生活”的品牌理念	一级资质、物业百强企业、新三板上市企业
蓝光发展	嘉宝服务	秉持“用心服务生活”理念，以物业服务为入口，以数字科技化为手段，挖掘海量客户资源价值，整合多方资源满足客户多元化需求	一级资质、物业百强、港股主板上市企业
华润置地	万象生活	业务范围包括提供物业管理、增值服务、管理以及运营购物中心和写字楼等各种不断扩大的商业资产	一级资质、物业百强、计划赴港上市

续表

企业名称	物业企业	服务特色	企业荣誉
招商蛇口	招商积余	致力成为中国领先的房地产价值链全程综合服务商，践行“一片沃土五朵金花”商业模式，为客户居家、商业、办公以及城市公共服务等提供综合解决方案	一级资质、物业百强企业、A股借壳上市企业
联发集团	联发物业	延续联发集团“创造品质生活”的理念，为业主营造更美好的居住体验和更大的增值空间	一级资质、物业百强企业
新城控股	新城悦服务	践行“感动心·感受悦”的企业使命，跨足住宅服务、商业服务、办公服务的综合性物业管理服务企业	一级资质、物业百强企业、港股主板上市企业
金地管理	金地物业	打造“三横九纵”服务矩阵，重新定义物业服务的广度和深度	一级资质、物业百强企业

资料来源：中指研究院综合整理。

目前，房地产代建行业中，典型企业均有自己下属的物业公司，且绝大多数的物业企业拥有国家一级物业企业资质，同时又是中国物业服务百强企业①。另外，代建企业下属物业公司纷纷走上资本市场舞台，尤其是2018年以来，物业服务企业加速蓄力上市，行业迎来上市窗口期，其中招商积余、绿城服务、新城悦服务市值均超100亿港元，跻身行业前列，强大的物业实力为代建企业提供有力的物业服务保障。

物业服务企业加速转型，多元化拓展服务。随着“互联网+”应用的日益深化，物业服务企业由传统的“售后”物业服务向智慧社区平台及移动互联网平台转型升级，通过应用大数据平台、引入智能设备和推广移动互联APP来提升服务质量，尤其是APP的应用更加为代建企业的发展奠定良好基础。一方面，物业服务企业围绕社区业主需求，通过APP为业主提供基础物业服务，如缴纳物业费、物业报修及投诉等，快速、便捷地与业主建立紧密联系，进而形成天然的流量入口，引流效果较好，如绿城

① 物业服务百强企业来源于中国房地产TOP10研究组自2008年以来持续发布的中国物业服务百强企业榜单。

服务的绿城生活 APP，雅生活的雅管家 APP，嘉宝服务的嘉宝生活家 APP 等。另一方面，物业服务企业通过自营、供应商合作、战略投资等多种方式拓展增值服务种类，不断拓宽服务范围，优化资源利用，针对刚需和高频需求提供服务，进而延伸多个领域。

第五节　品牌影响力分析

品牌是给拥有者带来溢价、产生增值的一种无形资产，铸就和彰显出企业性格和产品特性，承载着消费者对其产品以及服务的认可，是战略合作、服务客户与保障客户权益的长期承诺。房地产代建服务领域发展的一个重要标志便是市场的逐渐成熟，品牌逐步成为企业的核心竞争力，品牌房地产企业通过产品、服务以及品牌的输出，实现了合作共赢的效果。

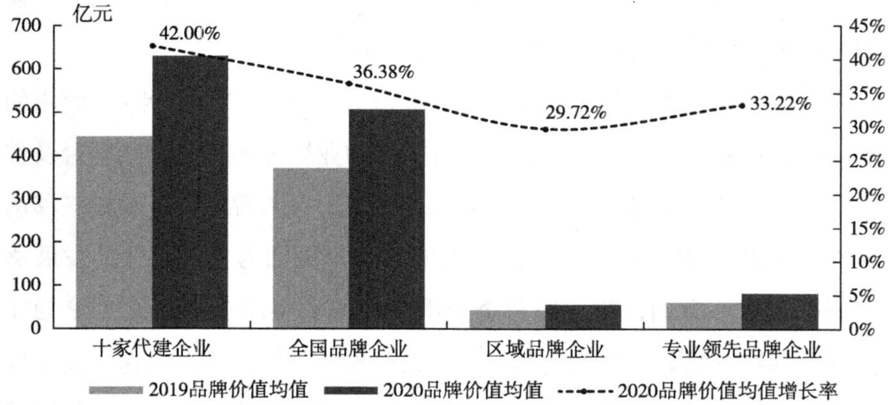

图 5.5.1　十家开展代建业务的代表企业与全国、区域以及专业领先企业的品牌价值均值情况

数据来源：中指研究院综合整理。

以十家具代表性的开展代建业务的房地产企业为例，其2020品牌价值均值为630.21亿元，处于房地产行业的领导地位，同比2019品牌价值增长42.00%，增速显著。品牌价值的增长除了得益于企业业绩的提升，更重要的是企业持续强化创新产品与服务模式，加速优势资源整合。在代建领域，通过细化行业分工，从开发到服务的各产业链环节实现专业化和标准化，为企业品牌输出奠定基础。

对比来看，十家企业的品牌价值均高于全国、区域和专业领先企业均值。主要原因是：第一，开展代建业务的企业多属于综合类大型开发企业，规模优势突出，资源整合能力较强，品牌输出优势明显；第二，代建企业专业能力突出，部分企业属于细分专业领域的龙头，具有较高的行业技术壁垒，品牌输出具有高溢价竞争力。如当代置业、绿地集团等依靠专业领域内的领先技术、产品、运营管理能力，实现品牌与管理的输出，在代建行业内具有高度的品牌影响力。

图 5.5.2　十家开展代建业务的代表企业的品牌三度均值

数据来源：中指研究院综合整理。

品牌三度是消费者对企业产品以及服务的最直接表现：较高的认知度有助于产品的推广和销售，良好的品牌美誉度有利于提升市场中消费者对品牌的好感和信任程度，高品牌忠诚度提升消费者对企业产品以及服务认可程度。2020中国房地产品牌价值研究的“品牌三度”调查问卷显示，十家代建企业的品牌三度分别为：认知度65.38%、美誉度70.53%、忠诚度

57.26%，处于房地产行业的较高水平，有效增强企业的品牌输出能力，保障了合作项目的后期运作。

对比开展代建业务的房地产企业与全国品牌企业来看，开展代建业务的企业认知度水平较高。主要是因为开展代建业务的房企以综合服务商以及专业龙头企业为主：①综合类企业完成了全国布局，综合服务能力强，品牌认知度高，如绿城管理、金地管理等品牌房企；②专业领域龙头企业则通过专业特色在全国打响知名度，在专业技术、特色产品、运营能力等方面在行业中位于翘楚，整体品牌影响力突出，如当代置业等。

顾客满意度是消费者对品牌的认可度，良好的用户体验有利于企业品牌的塑造和传播。较高的顾客满意度有助于促进项目销售，对于代建服务的品牌输出具有推动作用，有利于促成双方合作。由中指研究院开展的“2020 中国房地产顾客满意度研究”，于 4 月 1 日 ~5 月 8 日，在全国 31 个省份，206 个城市展开进行，其中 1 至 2.5 线城市全部覆盖。研究组在对中国城市居民居住满意度的调查基础上，基于各城市调查社区所属企业的各关键指标满意度结果，评价产生了“2020 年中国城市居民居住满意度优秀企业”。

表 5.5.1　　2020 中国城市居民居住满意度优秀企业

北京	上海	深圳	广州	重庆	杭州	南京
中海地产	万科集团	万科集团	中海地产	龙湖集团	绿城中国	万科集团
龙湖集团	中国金茂	金地集团	万科集团	金科集团	滨江集团	中海地产
中国金茂	绿城中国	招商蛇口	中国恒大	融创中国	万科集团	仁恒置地
万科集团	世茂集团	中海地产	保利发展	中海地产	大家房产	朗诗地产
绿城中国	龙湖集团	华润置地	碧桂园	华润置地	德信地产	银城国际
苏州	**天津**	**武汉**	**成都**	**合肥**	**福州**	**沈阳**
中海地产	融创中国	保利发展	万科集团	绿城中国	正荣集团	龙湖集团
龙湖集团	万科集团	万科集团	保利发展	安徽置地	万科集团	万科集团
万科集团	金地集团	金地集团	龙湖集团	正荣集团	融侨集团	奥园集团

续表

招商蛇口	保利发展	中国恒大	蓝光发展	华润置地	三盛集团	中海地产
旭辉集团	中海地产	中海地产	中海地产	恒泰集团	中国铁建	金科地产
济南	**青岛**	**石家庄**	**郑州**	**西安**	**大连**	**宁波**
绿城中国	绿城中国	中国恒大	绿城中国	龙湖集团	绿城中国	绿城中国
中国恒大	碧桂园	保利发展	万科集团	中海地产	中海地产	万科集团
万科集团	万科集团	万科集团	建业集团	万科集团	万科集团	融创中国
鲁能集团	保利发展	荣盛发展	中海地产	天地源	保利发展	中海地产
中海地产	中海地产	润江集团	康桥集团	保利发展	金地集团	荣安地产
贵阳	**温州**	**昆明**	**长沙**	**佛山**	**嘉兴**	**绍兴**
碧桂园	绿城中国	俊发集团	万科集团	保利发展	绿城中国	绿城中国
保利置业	德信地产	万科集团	中国金茂	万科集团	万科集团	金昌集团
中国铁建	万科集团	融创中国	绿城中国	绿城中国	佳源集团	金地集团
中天城投	滨江集团	保利置业	保利发展	中海地产	金都集团	融创中国
万科集团	时代集团	中海地产	中建信和	碧桂园	信达地产	万科集团
南昌	**珠海**	**南宁**	**南通**	**海口**	**舟山**	
新力地产	绿城中国	万科集团	绿城中国	碧桂园	绿城中国	
万科集团	华发集团	华润置地	万科集团	绿城中国	融创中国	
恒茂地产	中海地产	龙光地产	仁恒置地	绿地控股	融信集团	
绿地控股	万科集团	彰泰集团	金科集团	鲁能集团	光明地产	
保利发展	格力地产	中国铁建	碧桂园	中国恒大	中国恒大	

数据来源：中指研究院《2020 中国房地产顾客满意度研究》。

从居住满意度优秀企业来看，开展了代建业务的房地产企业在 170 个名次中占据了 58.82% 的份额，较 2016 年提升 34.15 个百分点；同时在榜单所有的 34 个城市中均有参与代建业务的企业上榜，代建企业获得了顾客的高度认可，满意度处于行业领先水平，如绿城在其布局的杭州、合肥、济南等 13 个大中城市均位列居民满意度第一，连续十年在“中国城市居民居住满意度”调查中获得佳绩，强力助推企业品牌输出和代建业务开展。

第六节　团队建设能力分析

人才资源系统是代建业务发展的实质性保障，成熟的员工队伍更是代建业务拓展最为坚实的后盾。代建业务一般涉及房地产企业从项目前期设计规划到项目开发、销售管理直至项目交付以后的物业管理等，不仅需要成熟、经验丰富的员工队伍，对于以智力服务为基础的代建管理，专业技术人才更是发挥着举足轻重的作用。

从目前部分代建企业的人才结构来看，工程人员基数依旧最大，占比达 55.8%，但与 2016 年相比，下降 6.3 个百分比，主要是由于近几年工程技术水平不断提升，进而推动效率提高。营销策划人员和产品研发人员占比分别为 15.5% 和 10.2%，较 2016 年分别提升 12.1 和 6.8 个百分比，增速较高。随着代建行业产品力水平提升，代建企业对产品研发的需求日益加强，具有差异化、高内涵、高性价比的产品日益受到市场青睐，因此，产品研发人员占比提升较快。同时，品牌传播方式的推陈出新、营销手段的提升与迭代，都对营销人员的要求也有所提升，营销策划人员的占比亦随之提高。而随着企业治理结构不断优化、管理效能大幅提升，管理人员数量下降较快，由 2016 年的 20.7% 下降到 8.9%，降低 11.8 个百分点。行政人员和设计人员占比变化较小，2020 年为 5.5% 和 4.2%。

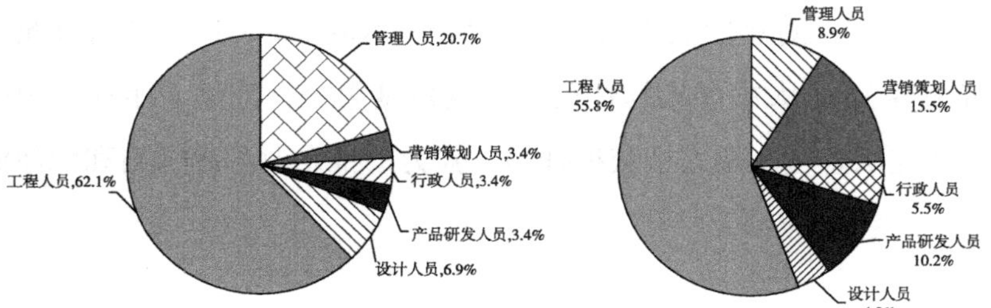

图 5.6.1　2016 年（左）、2020 年（右）典型房地产代建企业的代建业务人才结构情况

数据来源：中指研究院综合整理。

从优秀代建企业的员工从业经验来看，参与代建业务的企业均配备了经验丰富和素质过硬的团队，员工的从业年限均在4年左右，其中主管级别员工从业年限均在5年左右，项目经理接近6年，对于代建员工，尤其是专业技术人员和管理人员的要求较高，均具有丰富的项目经验和管理经验，且专业能力和管理能力较强。

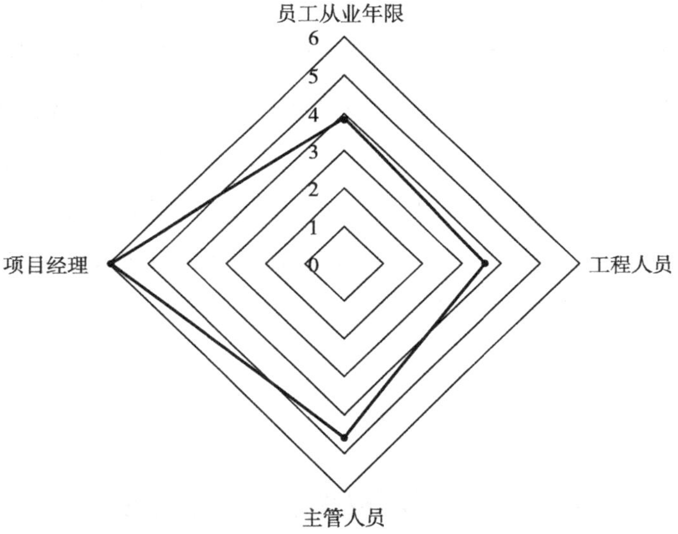

图 5.6.2　房地产代建业务员工从业年限分布情况

数据来源：中指研究院综合整理。

培训是提升人才素质的重要手段。代建企业在积极引进人才的同时，也注重通过培训提升员工能力。2011年，绿城管理的前身绿城建设便已发起代建业务模式下房地产人才发展论坛，通过内部强化培训，外部面向实习营计划与合作方团队合作融合等，不断促进员工能力的提升。近年来，绿城管理在员工培训与发展方面，不断加强从管理层到新员工的人才培养，为代建业务的发展储备人才，积聚力量。建业集团坚持以人为本，优化人才培养机制，激发人才组织活力，为员工构建包容、开放的价值实现的平台。公司依托建业学堂，完善人才培养体系，为员工提供个性化的学习方案、全方位的培训和发展机会，帮助员工在职业生涯中不断实现自我价值的更新。同时，建业集团还联合各业务部门主导开发课程，课程内化率达 90%，并深化创新微课研发，形成基于学习地图的系列微课开发方法论。2019 年，建业集团新经理培训班 100 人次，在职项目总培训 106 次，移动课堂已进行 37 场，员工队伍建设不断深入推进。万科作为一家与时俱进、善于学习的企业，全司上下创新深思氛围浓厚，通过“珠峰行动”“万科大讲堂”“发现万科”等项目，持续提升员工的职业技能，拓展员工的视野和思维。近年来，万科学习平台不断优化与迭代，公司“乐学”为线上移动平台，通过灵活的学习方式，持续为员工提供优质学习资源。此外，万科在开拓代建新业务之初，便输送员工前往日本学习日本工程管理方面的先进经验，在提升员工能力的同时，也积极促进了企业代建人才的培养和业务的顺利开展。

第七节　资源整合能力分析

现代房地产代建已经不再局限于建筑施工环节，而是逐步延伸至全产业链条服务中，其独特的资源整合特点也越来越明显，成为核心竞争能力的重要标志。房地产代建企业大多为房地产开发企业演化而来，其产品竞争力、标准化能力、品牌影响力，以及决策机制等管控能力都已经相当成熟，通过打造综合服务能力强化核心竞争力，最终实现品牌与管理的输出。

一、以产品力的提升，增强品牌核心竞争力，保障品牌输出的稳定性

随着中国城镇化进程的快速推进，房地产行业正在进入高质量发展阶段。目前，中国城镇化率超过60%，人均住房面积约40平方米，部分一二线城市开始转入增量房与存量房的转换期，新房市场成交规模逐步见顶，消费者对房屋的品质要求也更加苛刻。房地产行业从起步到快速发展以及进入白银时代，房地产企业也在不断的创新求变。2009年，万科率先进行“产品标准化”的尝试，基本建立健全包含“产品库、风格、精装修、景观、性能”等全方位标准化产品体系，提供适应品牌企业规模发展、具有更高性价比的产品，并打造了金色家园、城市花园、四季花城、金域蓝湾等多个产品系列，产品从单一化到产品线和标准化的理念，今天已被行业所广泛接受和实践。2015年以来，房地产调控政策从去库存和信贷宽松走向“四限”扩围和信贷紧缩，市场进入结构性需求饱和与分化加剧的白银时代，产品竞争真正成为刀刀见血的拼杀利器。产品定位也从满足基本居住向满足人们精神、情感和体验深层次美好生活需求转变，代建企业深刻洞察消费者和委托方对产品需求的改变，不仅在产品标准化方面持续迭代和完善，而且顺应时代发展，整合资源，为产品注入科技智慧、绿色健康、全周期场景等要素，在产品打造上始终坚持精益求精，持续提供高品质和高性价比的产品。

1. 标准化流程被广泛使用

经过三十多年的发展，房地产代建企业不仅已经构建起自己独特的产品线，而且通过制度标准化、管理标准化和营造标准化，建立起一套成熟的产品管理体系。如在制度标准化方面，绿城集团通过制定标准和软件平台，将各种门类和目录落实和贯穿到各个项目的开发里。在精装修层

面，当把所有项目信息都输入平台，就会自动生成一套精装修的可复制的标准化成果出来。这套成果不但应用于绿城项目层面，也应用于业主的选装层。在管理标准化方面，绿城以日本工地管理为学习对象，大部分的项目里已经实现了日式管理的全覆盖，其后台资料、管控要求等强调精益求精，强调安全文明的报备，安全有序的工序和整洁安全的工地环境。在营造标准化方面，绿城联合中国建筑标准院出版绿城的工艺工法的图集，完成了工艺工法图集里的防水图集、保温图集和精装修图集编写，一定程度上高于国家的行业规范，为行业的标准规范提供参考。绿城管理依托一整套成熟的标准化体系，为代建服务提供了坚实的产品保障。

2. 注入绿色健康科技因素

近两年，绿色健康的住宅产品日益受到青睐，究其原因，一方面，由于消费者健康意识的提升及突发公共安全事件影响，人们的理念和生活形态发生着深刻改变，对健康住宅的追求也日益强烈；另一方面，国家政策大力支持绿色建筑，更多地倡导节能和环保，绿色住宅日益成为未来发展趋势。代建企业围绕“绿色健康”等元素优化产品功能和结构，迭代升级产品设计理念，为客户带来极富体验的健康生活模式。如阳光城和清华大学 2019 年联合开展“绿色智慧家”课题研究，通过绿色健康、智慧生活、家文化三个维度，推进新住宅产品理念的深化落地；当代置业通过大数据对温度、湿度、氧含量的分析，匹配最优方案，构建绿色健康防线。

3. 创新前沿建造技术

随着科技的发展，代建企业在工艺工法方面的创新，日益成为产品稳定性的护城河。目前，绿城每年会拿出几个用作综合作业提效突破、可大规模推广的试点项目，通过钢结构体系创造出适用于高层住宅独特的设计，不仅可以提高施工速度，而且提高产业化率。同时，绿城亦通过 PC

构件、铝模、爬架、穿插作业等技术做法，推广综合作业提效，使施工安全又高效，产品稳定又耐用。建业集团通过工厂式的混凝土构件生产方式，从根本上解决房屋质量问题，将建筑的误差从厘米级缩小到毫米级，提升建筑构件质量，杜绝“跑冒滴漏”等建筑通病；装配式建筑通过工厂预制构件、现场组装的方式进行施工，工期相较传统工艺可节约40%左右，极大提高作业效率。

二、外部供应商资源、服务资源已经建立起稳定的合作与选择机制，保障了项目管控的稳定性与路径优化

凭借良好的品牌形象与企业信誉，房地产代建企业均构建起独立的外部服务商合作平台，凭借强势谈判能力与稳定的购买渠道，实现了上下游服务链条的有效整合与规范化、标准化管控。万科围绕人民的美好生活需求，在巩固住宅开发和物业服务核心业务优势基础上，将业务延伸至商业开发与运营、物流仓储等领域，基于“城乡建设与生活服务商”战略定位，致力于成为美好生活场景师、实体经济生力军、创新探索试验田、和谐生态建设者，综合实力不断提升。建业集团经过多年发展，已成长为多元化发展的集团型公司，涵盖房地产开发、物业管理、教育、酒店、商业、农业、文化旅游、科技、装配式建筑等业务。2015年起，建业集团整合各项资源，以助推“城市美好生活”为方向，开启了由专业化领袖型区域品牌地产开发商向“新型生活方式服务商”的新蓝海战略转型之路。朗诗集团坚持贯彻“以人为本”的企业理念和经营哲学，坚持绿色科技差异化发展战略，业务不仅延伸到设计、物业服务、绿色装饰等领域，旗下金融服务“青山资本”更是专业的投融资管理平台，目前已与中信资本、信达投资、平安不动产、中融信托等分别成立了不同主题的基金及联合投资平台，持续整合项目和金融资源，夯实基金管理、资产管理和资本经营能

力，助力企业城市更新及代建业务。

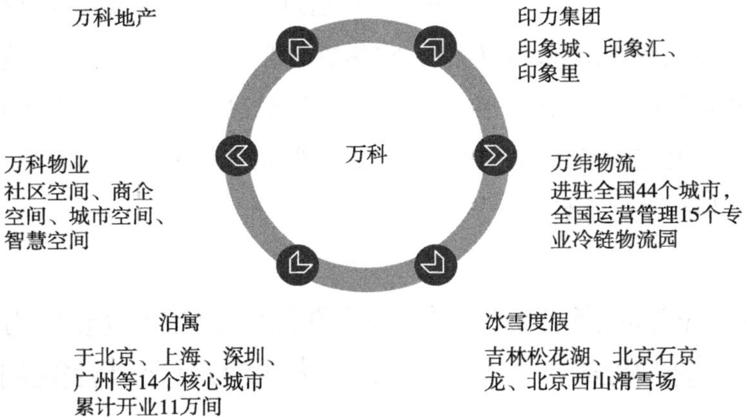

图 5.7.1　万科网群结构

数据来源：中指研究院综合整理。

三、房地产代建企业融资能力强大，为项目的稳定投资和收益提供保障

房地产代建企业已经成为轻资产运营企业，通过资本杠杆实现巨量资金的撬动，从而为项目持续开发以及后期收益提供了重要保障。从目前融资渠道来看，主要为银行、信托、债券、基金等渠道，在融资比例上由银行为主转向多元渠道并行、间接融资为主转向直接融资为主、创新拓展类 REITS 基金等新型金融模式，逐步构建起融资综合平台。

绿城通过积极研判市场，紧抓低息窗口，开拓融资渠道。2019 年，凭借公司优秀的信用资质，先后发行多笔海外优先票据，不仅获得了市场高度肯定，也进一步增强了企业在海外资本市场的融资能力；境内融资方面，绿城全年平均利息成本为 4.48%，创历史新低，同时，企业创新融资渠道，盘活沉淀资产，成功发行各类 CMBS、供应链 ABS 等，为企业的发展提供了强有力的资金保障。2019 年，万科通过发行公司债券、超短期融资券等融资工具持续优化债务结构，提升公司的抗风险能力。同时，企业凭借良好的市场信用，境内外资本市场发行得到各类金融机构认可，其完成的 5 亿元超短期融资券发行利率仅为 3.18%，多次美元中期票据发行最低票面利率为 3.15%。

综合来看，对于房地产代建企业来说，内部整合资源、外部资源选择以及稳定的融资资源，甚至售后维保资源等围绕房地产代建各个环节的资源整合都成为企业的核心优势。如绿城管理旗下拥有建安施工、精装修设计、景观设计、规划设计、材料设备、营销策划、工程监理、金融资本、售后维保等约 500 家供应商资源，并根据各种资源的差异性设置相应的准入标准、分类标准及考核标准，对最优质资源进行有效整合，为企业代建业务的快速扩张提供资源保障。

第六章

中国房地产代建典型企业及项目案例

我国房地产代建的典型企业及其发展模式，对引领该领域的发展起到举足轻重的作用。本章将筛选出在代建领域中，具有较强贡献力、影响力和领导力的典型企业，既包括连续5年在“中国房地产百强企业研究”中荣获“代建运营优秀企业”第一的绿城管理、深耕河南辐射周边的中原建业，亦有专注于为全国范围客户提供全过程房地产开发管理服务的金地管理等。本章通过对企业的代建业务发展历程、发展模式、代建优势等多维度加以剖析，并辅以企业典型项目案例的深入研究，以期为企业提供前瞻性、多元化的发展思路。

第一节　典型企业及项目案例筛选原则及名录

一、我国房地产代建行业典型企业及项目案例筛选原则

1. 我国房地产代建行业的典型企业筛选原则

①从事房地产代建时间较长，具有一定代表性的企业；

②房地产代建规模相对较大，或代建业务发展迅速的企业；

③房地产代建模式先进，在行业具有一定领导力的企业。

2. 典型项目筛选原则

①房地产代建项目具有一定的市场及行业影响力；

②能显著凸显企业代建价值和代建意义的房地产代建项目；

③具有特色、个性化意义的房地产代建项目，如运用新的代建模式、理念等。

二、典型企业及项目名录

根据以上筛选原则，我们筛选出 13 家在房地产代建领域具有典型意义的企业，并辅以多个典型项目案例，总结梳理典型企业 / 项目的运营思路和经验，为行业发展提供参考和借鉴意义。

表 6.1.1　典型房地产代建企业 / 项目名录及推荐理由[①]

企业名称	典型代表项目	推荐原因
绿城管理	珠海翠湖香山、海口桃李春风、杭州海潮雅园（政府代建）	绿城管理代建起步早，规模在行业占据绝对优势，2020 年于香港联交所主板上市（股票代码 9979.HK），成为中国代建第一股，并连续 5 年在“中国房地产百强企业研究”中荣获“代建运营优秀企业”第一，持续打造代建行业标准
中原建业	驻马店建业城、南阳建业·贰号城邦	房地产代建领先品牌，业务遍布全国 20 余城，项目以高溢价、高满意度、优秀设计等赢得市场青睐
金地管理	金地·峰境瑞府	金地管理专注于全过程房地产管理服务，2006 年承接代建业务，金地·峰境瑞府是对标国际规划的高端住宅之作，开盘当日一期 629 套房源 13 小时全线清盘，销售率达 100%

① 本章中企业案例涉及的资本代建一般指资本介入模式的商业代建。

续表

企业名称	典型代表项目	推荐原因
雅居乐房管	南京·雅居乐汇港城、丽水·雅居乐凯旋城	雅居乐房管集团自成立之初即定位为中国不动产开发赋能专家，其资本整合能力、项目开发推进能力、平台资源整合能力均得到业内认可
华润置地	深圳湾体育中心	致力为城市服务设施建设运营提供全流程专业服务，代建项目涉及公园、学校、市政道路、医院各类型建筑类型，积累了丰富的建筑运营经验和营运模式
当代管理	南湖未来社区	绿色科技地产领域领先品牌，当代置业 2016 年正式开启代建业务拓展，将绿色科技基因注入代建项目，打造全新业务条线
蓝光发展	蓝光·黑钻公馆	通过全业务职能全阶段输出，打造代建行业标杆，蓝光·黑钻公馆作为高风险代建项目，实现了首推 198 套房源全部告罄的佳绩
阳光城	三木集团 7 个项目	高成长性绿色地产运营商，2016 年开展代建项目，三木集团 7 个项目委托管理的项目涉及的总货值预计约 40.2 亿元
朗诗集团	朗诗熙华府、皖新朗诗绿郡	朗诗纯代建项目，是朗诗 2.0 产品代表作，项目主打绿色科技精装豪宅，以全线精装打造“恒温、恒湿、恒氧、低噪、适光”的科技住宅
招商蛇口	深圳国际会展中心	依托母公司招商局的优势和独特的 PPC 综合发展模式，铸造企业轻资产输出优势，具有丰富的政府代建业绩
联发集团	金砖国家领导人厦门会晤场馆	建立起独立的代建业务线，专注于政府代建项目，多个项目得到社会好评
中天美好集团	温州龙湾永中地块项目	在政府安置房代建领域，具备建筑全生命周期产业链资源，在代建领域具有独特竞争优势；温州龙湾永中地块项目是全过程代建委托模式的代表项目。
鸿坤集团	威迈斯（上海）研发中心及华东总部项目	提供全流程的委托开发建设及运营管理解决方案，代建模式主要包括产业园代建、住宅代建、资本代建、政府代建及物业代管

资料来源：中指研究院综合整理。

第二节　绿城管理：中国代建第一股

一、绿城管理代建发展概况

1. 企业名片：代建“独角兽”企业

绿城管理控股有限公司及其附属公司（合称“绿城管理”或“公司”），是中国房地产轻资产开发模式的先行者、引领者。

绿城管理成立于2010年，是绿城中国（3900.HK）的附属公司，也是绿城品牌和代建管理模式输出的主体。2020年7月，绿城管理在香港联交所主板上市（股票代码9979.HK），成为中国代建第一股。

绿城管理秉持“品质、信任、效益、分享”的核心价值观，通过项目管理整合资源、输出品牌及标准，以定制化的解决方案和高品质的服务，为客户创造价值。核心业务包括商业代建、政府代建和其他服务等。作为代建4.0体系开创者及绿星标准制定者，绿城管理致力于为委托方、业主、供应商、员工、投资方打造“共创价值、共享利益”的生态平台，共建品质生活。

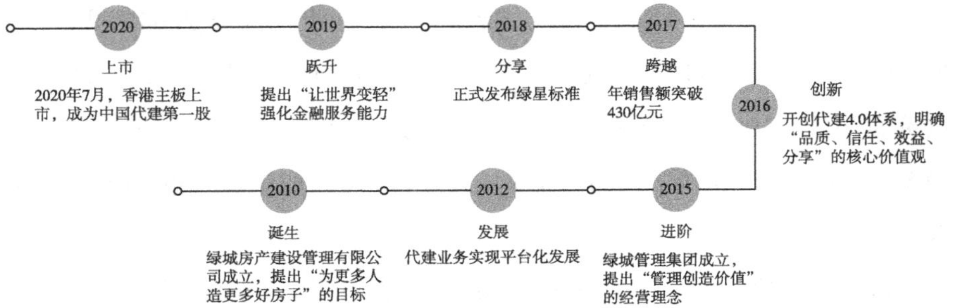

图6.2.1　绿城管理发展历程

2. 规模引领，市场份额持续领先

凭借绿城二十七年房地产开发历程的结晶，以及绿城管理十余年管理经验的成果，截至2020年，绿城管理（自行及通过与业务伙伴合作）拥有代建项目296个，分布于全国28个省份的89座城市，代建项目的规模达到7610万平方米，处于该领域的前列。

其中，2020年绿城管理新签约总建筑面积1869万平方米，较上年同期增长约16.8%；新拓代建项目代建费预估58.1亿元，同比增长约22.3%。绿城管理2020年新签约规模，占代建行业总体规模的22.3%，市场份额遥遥领先，位居行业首位。

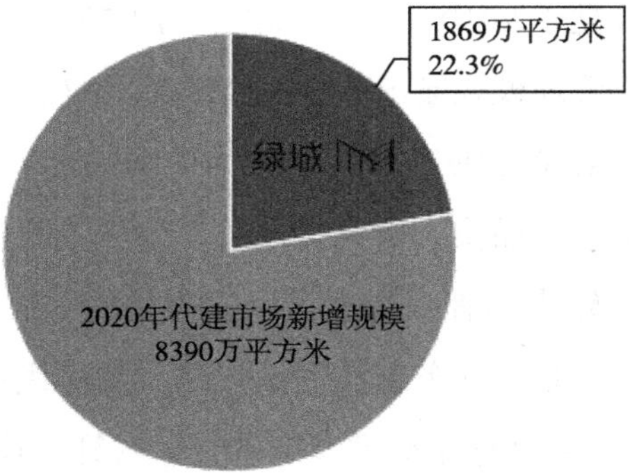

图6.2.2　2020年绿城管理代建市场份额

资料来源：中指研究院综合整理。

从分布区域看，绿城管理主要经济区域总建筑面积达6487万平方米，占整体面积的85.3%。其中，长三角经济圈4182万平方米，占合约总建筑面积的55.0%；环渤海经济圈、京津冀城市群1558万平方米，占比20.5%；珠三角经济圈630万平方米，占比8.3%；成渝城市群117万平方米，占比1.5%。

在可售货值方面，绿城管理2020年可售货值约为4382亿元，全国主要经济区域市场的可售货值约为3482亿元，占比约79.5%。

2020年，绿城管理的营业收入达到18.13亿元，净利润约4.12亿元，同比增长11.2%。净利率达到22.7%，同比提高3.2个百分点。截至2020年末，公司经营活动现金流量达人民币9.03亿元。

绿城管理除完善区域布局之外，也在持续优化委托方结构。按照在建面积来看，国有企业及政府委托方的规模达到2906万平方米，合计占比达到71.7%。绿城管理有能力为不同区域、不同类型的委托方提供差异化的管理服务，其轻资产属性可以有效缓解和规避不同城市、不同行业以及各类金融政策的影响，可以抵抗房地产行业周期风险。

可见，中国房地产市场从土地红利、金融红利转向管理红利的趋势中，代建行业无负债、强现金流的特点，安全性较高，无需依赖资金即可实现快速的规模扩张的轻资产模式优势明显，且具有抗周期的特点。而绿城管理“现金奶牛+无负债+高收益+高增长+高分红”等特征，可以说是房地产轻资产领域的稀缺标的。

3. 三大业务类型，打造可持续发展的轻资产生态圈

早在2005年，绿城创始人宋卫平先生便提出“为更多人造更多的好房子”，并以杭州江干区“城中村”改造和安置房项目首次进入政府保障房代建领域；2009年，以“品牌输出、管理输出”为特征的轻资产业务模型逐渐清晰。2010年，绿城管理正式成立，标志着国内首家轻资产模式的房地产开发管理型公司就此诞生，并逐步确定了商业代建、政府代建及其他服务的三大业务类型。2020年，绿城管理商业代建、政府代建与其他服务的营业收入贡献率分别为72.4%、17.1%和10.5%。

（1）商业代建为业务主导

商业代建是绿城管理的主导业务，其中绝大部分项目为住宅物业。2020年，绿城管理商业代建的营业收入为13.12亿元。

（2）政府代建模式升级出新

近年来，随着我国房地产市场化推进，政策针对城镇旧城改造、城市更新等开始发力，政府代建所涉及的领域不断延展。绿城管理主动减少传统政府代建的业务服务，加强对服务费率更高的新型政府代建业务的拓展。2020 年，绿城管理政府代建的营业收入为 3.1 亿元，毛利率继续提高至 45.4%，未来政府代建有望成为绿城管理重要的业务支撑。

（3）服务延伸，打造第二增长极

绿城管理的其他业务包括代建咨询服务、设计及开发咨询服务及其他服务。代建咨询服务包括项目可行性分析、市场研究及分析、市场定位规划、住宅物业管理及商业物业管理以及其他服务。设计咨询服务方面，绿城管理侧重于规划设计、建筑设计及景观设计的全方位设计咨询服务。

2020 年，绿城管理研究并拓展为核心业务而开展的金融撮合服务及产业联盟打造等，均取得一定的成效。绿城管理通过整合金融资源，为委托方解决土地启动资金或项目流动资金支持，助力项目稳健运营，实现合作共赢与发展。而通过产业联盟打造，形成第二增长曲线，与主营代建业务之间互相赋能与导流，协同发展。

很显然，绿城管理以管理为舵，推动战略规划不断发展落地，一个可持续发展的轻资产生态圈正在逐渐形成。

4. 圣诞树商业模型，绿城管理的方法论和标准化

作为一家行业领先的代建公司，绿城管理的经营理念和愿景可以用一颗圣诞树模型来展示。这一模型体现了绿城管理对绿城文化价值的继承、对代建业务底层逻辑的深刻理解，更蕴含着其对整个行业发展趋势的超前布局。

绿城管理的圣诞树模型以绿城基因为土壤，以信任为树干，形象地

串起了绿城的各项超强能力：围绕“轻资产、重资本、强平台”的战略航道，联结委托方、业主、供应商、员工、投资方五维人群，提供“开发代建、知识分享、金融服务”三大服务，达成“品质、分享、效益”多方共赢，进而打造引领行业模式变革的“代建4.0体系”和“绿星标准”，推动“共创价值、共享利益”的全产业生态圈构筑和信任体系的建立。

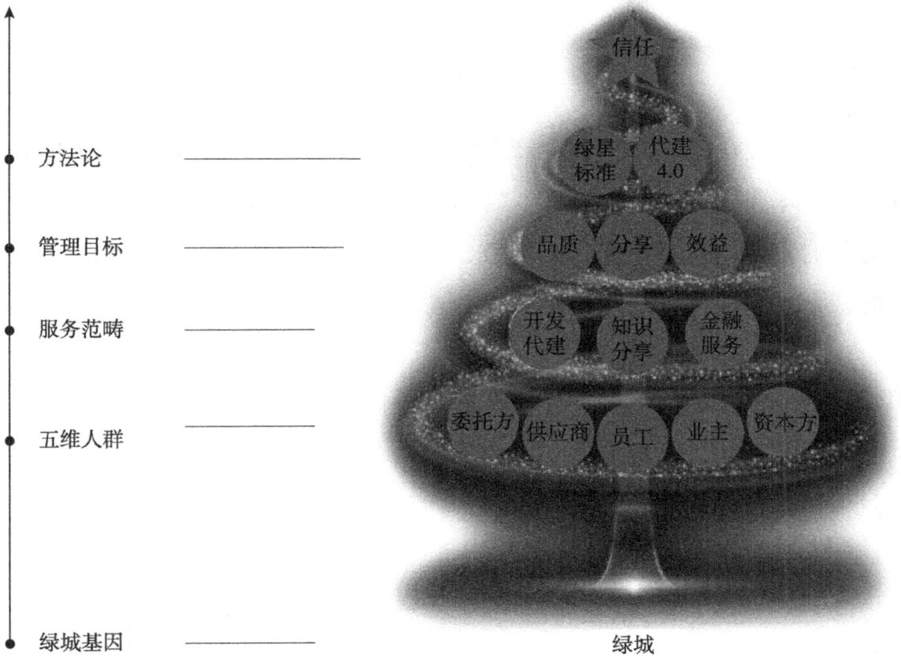

图 6.2.3　绿城管理的圣诞树商业模型

绿城基因：绿城管理传承了绿城的基因，特别是公司文化。

五维参与者：委托方、供应商、员工、业主以及股东是绿城管理业务的五维重要参与者。绿城管理将与各方参与者共同创造一个能够一同共享、合作及繁荣的生态圈。

服务：致力将代建、代建相关的财务解决方案及专有技术共享发展为未来的核心业务。

价值：质量、共享及效益是绿城管理的核心价值。

方法：绿城管理于2016年首创代建4.0管理体系的概念，于2018年推出绿城管理专有的绿星标准，并将继续推动代建轻资产业务模式的升级。

愿景：作为中国领先的轻资产企业，绿城管理的愿景是运用其专业服务及行业领先标准在代建行业中建立互信。

5. 代建4.0展翅，打造资源平台

绿城管理在最大化整合全产业链优秀资源的基础上，以平台实现海量需求与海量资源的对接，通过“按需定制、分级认证、优质优价、品保基金”的方式，打造一个“委托方、供应商、购房者”多方共赢的平台体系。

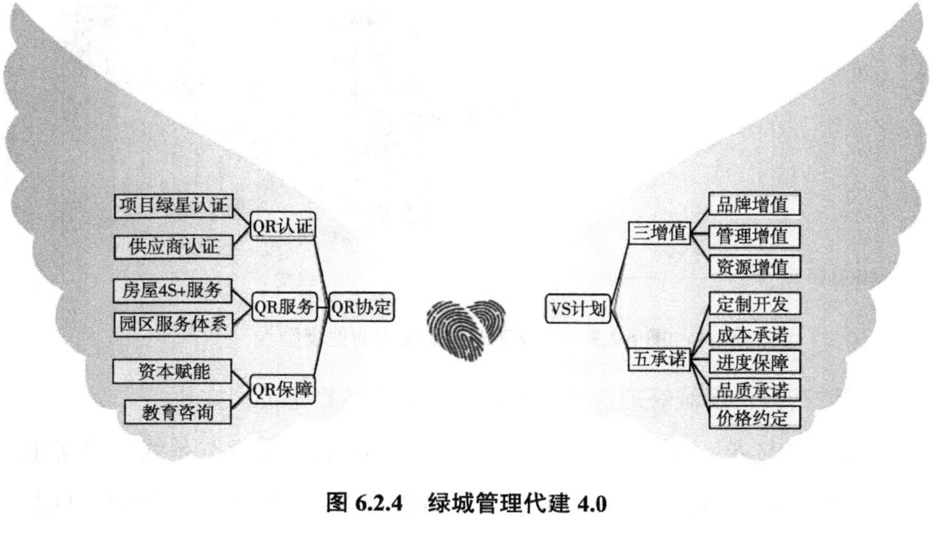

图 6.2.4　绿城管理代建 4.0

绿城管理的代建 4.0 模式由一对翅膀、三大体系构成。

一对翅膀核心要义为按需定制和共创共赢。左边翅膀的“QR 协定”（品质信用协定）以客观专业的标准认定体系及品质授权管理、独立运作的品质保障基金、涵盖房地产全生命周期的保障体系，为代建模式下的房地产项目建立客观、清晰、系统的品质标准与服务保障。

右边翅膀是“VS 计划”（价值分享计划），是保证委托方利润的多个元素组合，通过和代建委托方分享品牌价值、管理价值及资源整合价值，以及专业的运营管理和严谨的合同承诺，建立利益共享、风险共担的机制，取得委托方信任，与委托方共创共赢。

6. 绿星标准，打造代建行业生态圈

2018 年 3 月，绿城管理发布“绿星标准”，首次提出将房产品和服务进行标准化，通过对项目的评分、分级、认证体系，以“菜单化、可视化、平台化”的理念为委托方、供应方和购房者提供一套星级识别体系。绿星标准体系将委托方、供应商、消费者整合到统一的产业生态环之中，打造可视化、菜单化的产业平台，实现资源高度整合和信息充分共享。

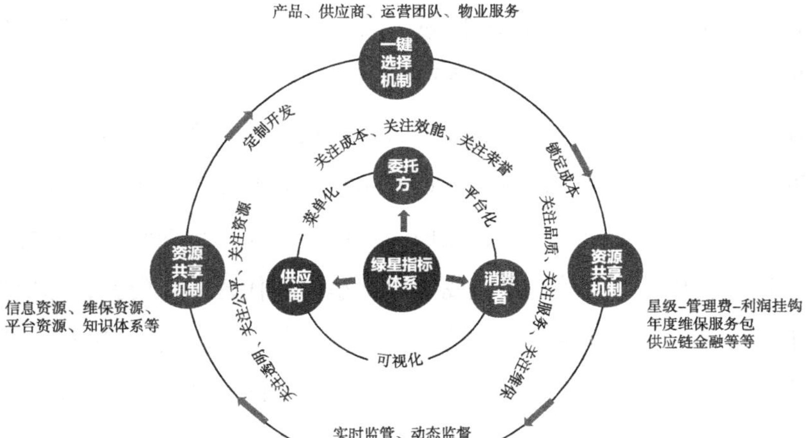

图 6.2.5　绿星标准 1-3-3 体系

绿星标准作为代建4.0体系的重要构成部分，以规范代建行业标准为目的，协同打造产业生态圈和共享资源为宗旨，通过对项目的评分、分级、认证体系，形成具有普遍共识的行业标准，成为房地产界的“米其林指南”。

这套标准中，除了产品指标，还有运营指标、服务指标、供应商指标，如图6.2.6所示。

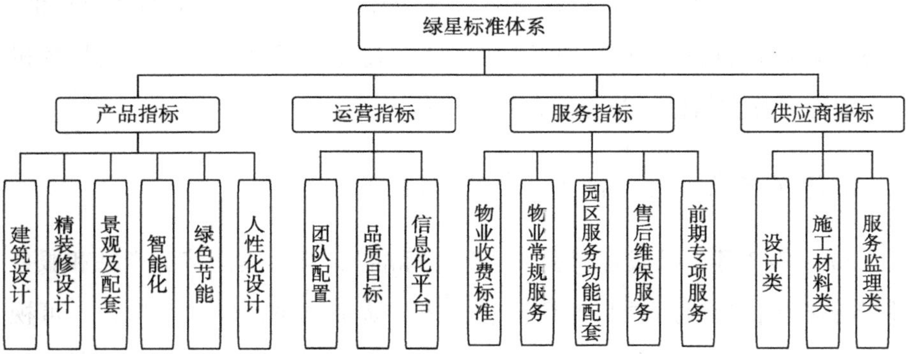

图 6.2.6　绿星标准的指标体系

这套标准还有自己的细分标准，比如政府代建相关标准就是“绿星标准（1.0G）”，为政府代建项目提供一套体系化的营造标准，从而规范政府代建行业。2019年10月，绿城管理在第八季“全国工地开放日”上进行了绿星标准1.0G版首批星级项目授牌仪式。

在“绿星标准”体系中，委托方可以根据土地、资金等情况，确定星级标准，一键选择产品、供应商、运营团队和物业服务等主要内容，通过绿星平台案例库选择案例对标，提前明确成本区间和预期收益，并可实时监督工程进度和成本管控；供应商可以共享绿城代建平台资源，如信息资源、维保资源、知识体系等，公平、透明，获得更优质项目和发展机遇；而对购房者而言，则可以更全面地了解全周期的产品营造标准与过程，并享受更多增值服务。

7. 未来：价值观驱动下的无人区探索

2020 年 7 月 10 日，绿城管理控股（9979.HK）成功在港股上市，这对绿城管理来说意味着更高阶商业模式的升级。绿城管理成立十年来，从第一阶段依托品牌："绿城"品牌基因和影响力，让绿城管理在初期品牌输出中获得了较大的流量优势；到第二阶段依托系统的能力：代建 4.0 体系和绿星标准是绿城管理区别于其他代建企业的核心优势；再到第三阶段依托价值观：价值观相同的人和合作伙伴来运作这套体系，是绿城管理迈向更高阶商业模式的关键，也绿城管理不断探索更大的无人区的内在驱动。

二、珠海翠湖香山项目：国企委托方

1. 案例背景

地块区域：翠湖香山项目坐落于珠海情侣北凤凰山麓，建筑在翠湖高尔夫果岭之间，总占地约 78 万平方米，建筑面积约 77 万平方米，项目分 5 期开发，产品线丰富，涵盖独栋（法式、中式）、联排合院、低层别苑，高层住宅四种住宅建筑形态，总户数 4755 户。另有小镇中心商业、酒店、小学、幼儿园、写字楼、怡乐学院、图书馆等配套设施。

项目距离主城区 15 分钟车程，珠海机场 1 小时车程，距离拟建的深中通道 30 分钟车程，项目毗邻广珠城轨唐家湾站，至广州 50 分钟。

2. 委托方背景

珠海国资委旗下九洲集团地产板块：珠海九控房地产有限公司。

2013 年与绿城签订代建协议，2014 年 10 月首次开盘共实现销售逾 10

亿元，创造了珠海别墅单盘销售冠军和珠海豪宅史上的销售神话。

3. 绿城管理增值服务

品牌价值：翠湖香山项目为华南地区绿城代建板块首个大盘，在区域市场以及业界引起高度关注，定义为南中国首席国际高尔夫社区。

销售情况：截至 2020 年底，项目完成销售额 155 余亿元，累计回款 145 亿元，剩余货值 92 亿元。

销售价格：高层产品均价 23000~38000 元 / 平方米；多层产品均价 30000~36000 元 / 平方米；别墅类产品 1320 万 ~26000 万 / 栋。溢价率可达 15%~50%，其中别墅相比于同行的溢价水平更高。

三、海口桃李春风项目：中小型房地产企业委托方

1. 案例背景

地块区域：海南省会城市海口的琼山区云龙镇丽江路 111 号，占地 1108 亩，容积率 1.07。

内有 3 万平方米天然湖景，距海口主城区车程 40 分钟，且距离海口美兰机场直线距离仅 6.8 公里。

2. 委托方背景

中小型开发商：海南裕泰投资有限公司。

项目早前已建部分“裕泰 · 龙湖湾”别墅滞销多年。

3. 绿城管理增值服务

产品定位：绿城管理将项目定位成海岛中式低密度假社区。

设计：规划建设有85~340平方米2~6房的高品质精装别墅，采用中式园林风格设计，绿化率达40%。

工程管理：绿城完善的质量监控体系与标准，并邀请业主共同参与监督产品开发质量，仅3个月完成样板区设计至施工全过程，为营销提供极大支撑。

营销：利用绿城品牌强大的影响力及市场稀缺的产品力集中推广，50天内，来访客户超10000人，超过200组客户认筹，首推全部售罄。

价格实现：基于项目高端定位、卓越产品力及绿城品牌溢价，开盘定价为2.9万元/平方米，是项目已建部分龙湖湾7500元/平方米的3.8倍。

多次合作：海口桃李春风现已成为海南乃至全国的网红项目。项目的成功营造为委托方带来了良好的经济与社会效益。海南裕泰投资有限公司再次与绿城管理集团合作，在云南西双版纳委托代建管理绿城春江明月项目，该项目已于2019年8月正式开盘。

四、李军——代建行业的深度思考者

在房地产领域，绿城管理的CEO李军是将“代建”逐渐推广至公众和媒体面前的第一人。从2010年到2020年的十年时间，李军以他对代建行业的践行，开创了“代建4.0体系”，制定了引领行业的“绿星标准”，成就了“中国代建第一股”的行业独角兽地位，他是代建行业发展的先行者、推动者。

李军，1976年出生于浙江瑞安市，浙江大学工程硕士，美国沃顿商学院AMP校友。2002年进入绿城，负责标准化及运营管理；2010年，任职绿城首个商业代建项目的总经理；2015年，组建绿城管理集团并出任集团总经理；2020年，领导绿城管理登陆香港资本市场。

一位儒雅、自信的深度思考者——这是绿城管理CEO李军给人的第一印象。多年来，李军一直没有停止对企业发展和行业发展的思考和探索，并以其深刻的行业认知、富有前瞻性的经营理念，为房地产代建行业的健康发展做出了卓越的贡献。

绿城第一个商业代建项目负责人

2010年，李军任职绿城首个商业代建项目的总经理。当时，代建被认为是房地产行业的“边角料”，在与委托方合作中的权责体系、风险意识、管理架构等尚无可参考的案例，一切全凭自己摸索。

与自投项目的操盘不同，代建服务需要面对的不仅是如何把产品做好，如何让C端客户满意，作为服务商，更要为委托方的诉求考虑。“这样的模式非常考验代建方的服务精神和经营管理能力。”作为最早一批代建项目的操盘手，李军深知其中的难度，“在发展代建业务的过程中，我们遇到不少难题，委托方的诉求也各有不同，有的需要依托绿城品牌做出溢价，有的需要依托绿城做背书缓解资金链问题，有的是为了品牌共建以及自身团队培养。也正是因为碰到过各种各样的难题，吸取了很多成功和失败的经验，才促使我们不断完善自身体系以应对变化。”

从代建“打工者”到“能力建设者”

到2015年，绿城管理成为绿城对外实施品牌输出和管理输出的唯一主体，意味着绿城轻资产模式从平台化走向集团化发展，这对绿城管理提出了更高的要求。

站在新的起点，李军更多地开始思考代建整个行业的发展，从代建“打工者”的角色，转变成了代建“能力建设者”。公司发展之初，李军提出了“管理创造价值”的服务理念，这是绿城代建业务能够茁壮成长的底层逻辑。2016年，基于绿城管理的核心能力与发展愿景，“品质、信任、效益、分享”的核心价值观形成。同年，基于公司发展战略，针对代建领域“门槛低、做好难、代建权责不清晰”等普遍存在的痛点，李军带领核心团队总结出了一套代建方法论，也就是代建4.0体系，这也是绿城打造代建信用体系的雏形。作为代建4.0体系的重要组成部分，绿星标准则是绿城近年来在一直推动的行业标准。李军认为，绿城管理相较于其他代建公司最大的优势在于，在绿城品牌与品质的基础上，绿城管理有一套完善的能力知识体系，足以支撑绿城管理在业务快速扩张的同时，保持行业的领先身位。

当然，能力与知识都依托于人，依托于人背后的价值观。李军在绿城内部有一段精彩的论述：业务会迭代，人事会更新，资源会枯竭，唯有文化生生不息。“因为运作这套体系的是人，能够改进这套体系的也是人，现在我们这群人行走在‘更大的无人区’，所以特别需要用价值观明确愿景，统一认知。”2019年，在李军的推动下，绿城管理价值宣言发布，价值观驱动成为绿城管理发展的关键。

信用体系建设推动者

在李军看来，目前行业发展最大的难点在于“信用体系”的建设。与欧美成熟的投资开发相分离模式不同，中国的代建行业仍处于初级阶段。“我们还是希望能改变游戏规则”。无论是代建4.0体系还是绿星标准，都有李军关于信用体系建设的思考。

2020年对于绿城管理来说是历史性的一年，7月10日，绿城管理控股（9979.HK）成功在港股上市。在登陆资本市场之时，是商业模式的升级，更是信用背书的提升。

身为行业领军者，在巩固主营代建业务优势的基础上，李军正在一步步地实现他当初的战略规划。当下他在着手推动两个联盟，一个是代建行业联盟，他希望通过聚集代建行业的头部企业，共同形成轻资产联盟，加强行业自律及政策研究，构建行业标准，共同推进代建行业的健康发展；另一个是与产业链上下游伙伴共同打造的代建产业联盟，他将成为绿城管理的第二增长曲线，与主营代建业务之间互相赋能与导流，协同发展。这二者都是绿城管理对于行业信用体系建设的重要实践。

“一旦信用体系构建完成，一方面可以降低交易成本，另一方面可以突出专业价值创造能力，最终让所有参与者都能得到好处”，李军认为，“虽然我不认为这个体系的形成能够一蹴而就，但我们会坚持，并以推动社会信用体系构建为终极目标。”

第三节　中原建业：在转型中发展，做具有建业特色的房地产开发运营综合服务商

一、中原建业发展概况

中原建业主要承接建业集团轻资产业务的拓展、运营与管理，肩负建业集团新蓝海战略转型实践之重任，以合作共赢为指导思想，以“共建业、同发展”的企业愿景，通过轻资产模式，对外输出品牌、管理、服务、运营、文化、后期物业等专业的房地产开发运营综合服务，由此建立优势互补、风险共担、成果共享的利益共同体，进而为合作伙伴和社会创造丰盛价值，推动中国城镇化的建设与升级。截至 2021 年 1 月 20 日，中原建业在河南省内的业务遍布于郑州市、商丘市、洛阳市、开封市、新乡市、濮阳市、三门峡市、灵宝市、安阳市、林州市、鹤壁市、焦作市、孟州市、许昌市、长葛市、平顶山市、汝州市、驻马店市、邓州市、周口市、济源市、漯河市、南阳市、信阳市；在河南省外的业务遍布于新疆乌

鲁木齐市、新疆库尔勒市、陕西西安市、陕西渭南市、陕西汉中市、山西运城市、河北邯郸市、安徽阜阳市、海南澄迈县、海南定安县等30余个城市。

历经29年的发展，中原建业已成为房地产代建领先品牌。中原建业坚持规模化、专业化、品牌化的可持续发展战略，持续与广大客户、社区、城市共谋发展，共赢未来、共创美好生活。中原建业荣获“2020中国房地产代建领先品牌”，品牌形象获得了社会的广泛认同和客户的高度认可。

第一阶段（2015年）：建业集团首个轻资产项目。6月6日，建业集团举行新蓝海战略发布会，建业开始轻资产业务模式的探索。11月25日，漯河建业贰号城邦项目签约。

第二阶段（2016年）：首个省外轻资产项目。6月29日，海南澄迈县法国维希小镇项目签约。12月17日，首个轻资产项目——漯河建业贰号城邦项目盛大开盘。

第三阶段（2017年）：第一个轻资产交房项目。9月，第一个轻资产交房项目——驻马店区域新蔡建业桂府顺利交付。

第四阶段（2018年）：中原建业累计销售额突破100亿，第100个项目签约。3月，中原建业累计销售额突破100亿。9月，中原建业第100个项目——平顶山建业城项目签约。

第五阶段（2019年）：新疆库尔勒项目签约，并实现当年开盘即清盘。2月，中原建业开始独立化运营和集团运作。9月，中原建业与西安荣华集团签约。12月，中原建业与巴州宏信房地产开发有限公司签约新疆库尔勒建业天麓上院项目，实现当年开盘即清盘。

以土地属性为基础，以客户需求为核心，建立客户细分模型，中原建业根据客户多层次需求建立“三大产品系（精品系列、尊享系列、奢华系列），六条产品线（庭系 / 郡系、城系、里系、半岛系 / 城邦系、园系、府系 / 筑系）”的产品架构，持续提升消费者居住体验；通过提供专业的房地产开发运营综合服务，为合作伙伴和社会创造价值，进而推动建业集团实现从房地产开发商到新生活方式服务商整体转型的战略目标，为中原文化和企业品牌走出河南做出贡献。

二、典型代建项目

1. 高品牌溢价率代表作

（1）驻马店建业城

驻马店建业城是建业深耕天中18年的升级力作。建业城项目位于文明大道与板桥路（原纬三路）交会处西北侧，项目总占地235亩，共分为三期开发，采用新亚洲建筑风格，是融合亚洲多种美学元素，以亚洲多元化的文化演绎为根基，取长补短精粹升华，相互交融后的一种建筑风格。

教育配套方面，项目自身配备幼儿园，西侧一路之隔就是经开区第一幼儿园，市实验中学，市二十七小学，市三十五小学；交通方面，拥有三纵三横的交通网络，往西15分钟可到达高铁站，往东15分钟可到达京港澳高速；商业配套方面，南300米处就是喜盈门、福苑广场、爱家超市和餐饮街，满足衣食住行的需要，向北1500米处就是发时达家居城，极致水世界乐园也在附近。医疗、娱乐相关配套资源丰富，引领生活新高度。

驻马店建业城项目实现售价8500元/m^2，较周边地区住宅物业的平均售价享有17.7%的溢价。

（2）南阳建业·贰号城邦

建业·贰号城邦项目于2016年6月签约，是建业集团深耕南阳18年的又一升级力作，项目位于南阳市新城区主干道光武路与独山大道交会处，交通便利，尽享南阳新老城区教育、娱乐、购物优势资源。项目总占地 73 亩，总建筑面积 28 万 m^2，项目分两期开发，38% 绿化率，Art-Deco 建筑风格。

南阳建业贰号城邦项目实现售价 10564 元 / ㎡，较周边地区住宅物业的平均售价享有 12.9% 的溢价。

2. 优秀设计类代表作

（1）宜阳建业江山汇

项目位于洛阳市宜东新区，滨河北路以北、经一路（规划中）以东区域，占地约 137 亩，总建筑面积约 16 万平方米，含 9 栋（9–10F）多层住宅、10 栋（18F）高层住宅。

区别于众多新中式建筑，建业江山汇采用现代风格，外立面遵循“大气简洁”的理念，整体将高级灰作为主色调，富有质感的外立面、大面积玻璃幕墙的应用，为城市绘制出一道符合国际审美潮流的时尚画卷，引领城市的审美潮向。

大区景观方面，提出了“生态自然的都市花园、轻松度假的生活方式、人性关怀的理想生活”三大主张，引入本地著名诗人李贺的四首诗塑造了“湾、谷、瀑、林”四大核心景观空间，荣获 2020 年全国人居景观前瞻奖。

（2）南阳建业云境

项目位于南阳市中心城区，范蠡路以南、邓禹路以东、孔明路以北区域，占地约 95 亩，总建筑面积约 28 万平方米，含 17 栋住宅、1 栋写字楼、1 栋公共配套。

区别于建业在南阳的以往作品，建业云境采用现代风格，外立面遵循“去繁就简”的理念，采用铝板、金属漆、大面积的玻璃墙和石材，打造现代、奢华的外立面。项目首创南立面全拉平式拼接，是南阳市场独一无二的“一字型户型”，实现日照时间从半天延长到一天，景观视野从 90°

提升到 180°。整个小区采用公共景观、中央景观、组团景观的三级景观设计，打造五重园林景观。

3. 交付评估高得分代表作

（1）商丘建业壹号城邦

工程交付优秀项目从规划设计到建筑工艺，从园林景观到社区配套，高标准严把关，以建业匠心定义高品质人居。项目于 2020 年通过第三方交付评估，得分位居中原建业第一名，居于市场领先水平。

（2）焦作建业迎宾府

中原建业首个 TOP 府系项目，建业进驻焦作 15 年首个纯洋房社区，从规划设计到建筑工艺，从园林景观到社区配套，彰显建业府系产品品质。

第四节　金地管理：不动产开发管理与资源整合服务商

一、金地管理发展概况

1. 企业名片："不动产开发管理与资源整合服务商"

金地管理全称"金地集团开发管理公司"，是金地集团（600383.SH）旗下独立经营代建业务的一级子公司，总部设在深圳，专注于为全国范围客户提供全过程房地产开发管理服务。

2006 年，金地集团承接深圳市首个由政府委托代建的写字楼项目“福田科技广场”，标志着金地首次进入代建领域。通过 12 年的经验积累，2018 年金地集团正式做出深耕代建领域的战略举措，成立金地集团开发管理公司（下文简称为“金地管理”）。金地管理在项目开发管理、资源整合、产品创新和优质服务等方面与金地集团一脉相承，背靠集团对代建业务的战略支持，具有极强的专业性。相较于未独立经营代建业务的企业，金地管理更懂客户，更专注于服务项目委托方。

2. 多重业务模式，为客户贴身定制

金地管理的业务模式分为咨询顾问、开发管理、配资代建和政府代建四大基础合作模式，可根据客户的需求灵活选择。其中开发管理、配资代建可选择使用金地品牌。

咨询顾问：根据客户需求，提供咨询顾问服务，包括项目定位、产品策划等；

开发管理：提供从项目定位、设计管理、施工管理、销售管理、交付管理、维保管理等全过程开发管理服务；

配资代建：在开发管理的基础上为项目提供安全便捷的资金支持；

政府代建：为政府项目提供公益性质的代建服务，项目类型涵盖安置房、办公楼等居住办公类项目及学校、医院、广场、市政等公共配套设施。

同时，金地管理针对不同类型的客户需求，以专业的视角和丰富的经验，从投融资、产品、运营等方面为客户量身定制开发策略。

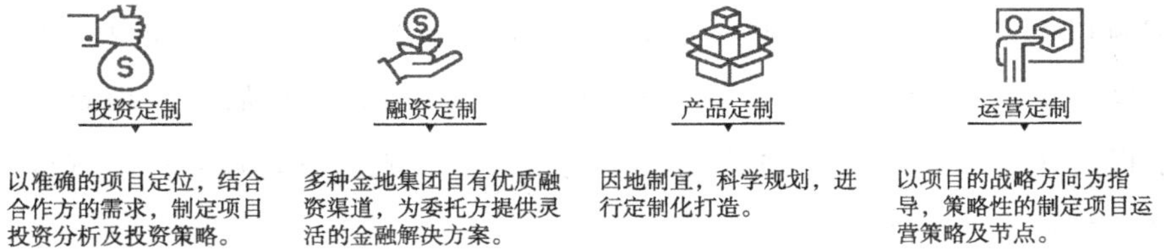

图 6.4.1　金地管理定制代建策略

3. 产品多元化，代建规模已超千万平方米

金地管理始终践行“用心·诚信·追求共赢”的核心价值观，坚持“规范管理、真诚服务、呵护品牌、精益经营”的经营理念，以客户需求为本，积极为项目委托方创造价值，匠造城市精品工程。截至 2020 年 10 月底，金地集团代建业务已布局全国近 30 座城市、管理服务项目近 60 个，涵盖政府公建、住宅、办公、产业园、商用等多种物业类型。累计合约管理面积超 1000 万平方米，其中住宅项目累计货值超过 700 亿，商办项目累计投资额超过 150 亿。

表 6.4.1　　2020 金地管理代建项目分布情况

区域	城市
华南区域	深圳、广州、东莞、惠州、河源、北海
华北区域	石家庄、廊坊、太原、烟台、晋中、沧州
西部区域	西安、成都
东南区域	杭州、温州、福州、绍兴
华东区域	上海、扬州、常熟、南通、芜湖
东北区域	沈阳、大连、长春
华中区域	武汉、娄底

4. 行业领先的代建管理模式——代建共赢 G 体系

金地管理结合过往多年的业务经验，不断总结客户需求，积极探索符合代建属性、具有金地特色的代建发展之路。基于对传统地产行业和代建行业的总结、针对委托方缺少资金、缺少团队、缺少资源、缺少溢价四大困扰，以及安全、收益、尊重三大关注点，在经过对公司制度、流程、专业、服务等一系列体系化探索和梳理后，金地管理总结提炼出了一套具有自身特色、在代建行业领先的管理模式——代建共赢 G 体系。

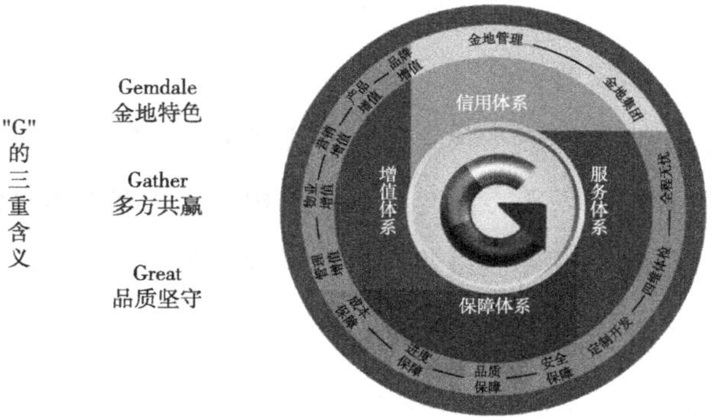

图 6.4.2　金地管理“代建共赢 G 体系”

“G”既是金地（Gemdale）的首字母，寓意“金地特色”，也同时代表着金地管理所追求的“多方共赢”（Gather）、“品质坚守”（Great）。

“代建共赢 G 体系”依托金地集团旗下强有力的平台资源和自身体系化的专业优势，从不同的专业维度回应客户的诉求，为客户提供多元化、定制化的贴身服务，凸显出金地管理先进的服务理念和极强的资源整合优势。

信用体系：金地集团、金地管理两大信用体系，是金地代建业务发展的重要支撑。

服务体系：涵盖定制开发、四维体验、全程无忧 3 大服务体系，以客户为本，敬呈定制级、多维度、全过程的金牌服务。

保障体系：以成熟的标准化体系，构筑成本保障、进度保障、品质保障、安全保障 4 大保障，有效控制开发过程的投资风险，为项目保驾护航。

增值体系：涵盖品牌增值、产品增值、营销增值、物业增值、管理增值 5 大增值，秉承“用心 · 诚信 · 追求共赢”的理念，用成熟的标准体系提升工作效率，以卓著的专业能力创造额外价值，实现多方共赢。

5. 五大优势打造企业核心竞争力

独立的代建运营平台、成熟且极具竞争力的产品体系、优质的融资资源、海量的客户资源及丰富的供应商资源是金地管理的独特竞争力，也是金地管理总结出来的企业核心品牌价值。

（1）独立的代建运营平台

金地管理是金地集团旗下独立经营的代建平台一级子公司，在运营管理、资源整合和产品研发等方面与集团一脉相承，背靠集团对代建业务的战略高度支持，与代建业务偶得兼管型的同行企业相比，金地管理具有极强的代建专业性，综合竞争更具优势，更懂代建。

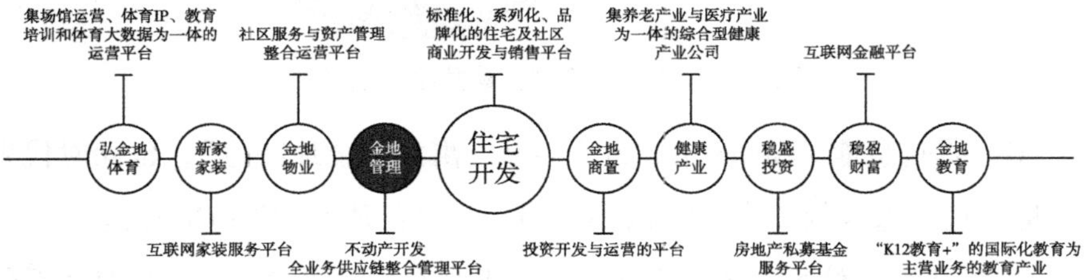

图 6.4.3　金地集团业务布局

（2）成熟且极具竞争力的产品体系

针对不同地块价值及客户需求，运用系统化、标准化、品牌化的产品战略，金地管理形成了三大产品类型，全面覆盖市场定位，充分发掘客户价值，无论项目处在哪里，金地均能为委托方提供合适的产品。

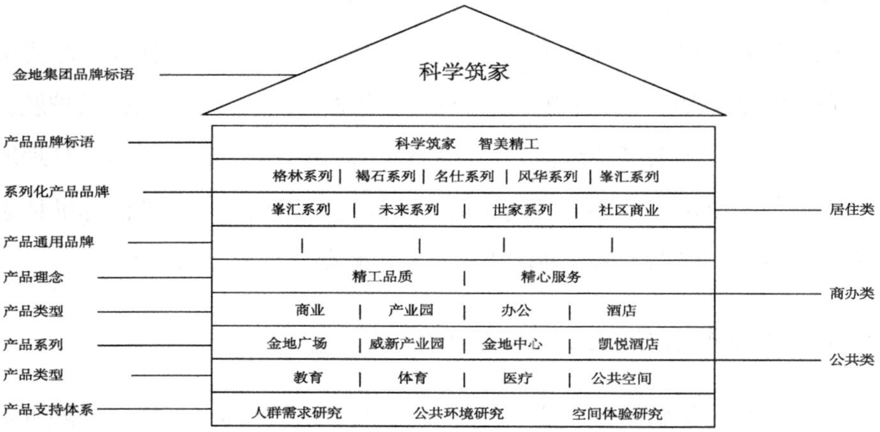

图 6.4.4　金地管理产品体系

（3）优质的融资资源

金地集团旗下拥有金地稳盛投资等多个融资平台，可以根据委托方的需求，提供多种渠道、方便快捷的融资服务，同时，金地集团以其卓著的信誉，拥有丰富的外部融资资源，可以为委托方提供灵活、优质的融资方案，助力项目提效。

（4）海量的客户资源

金地集团业务覆盖全国 7 大区域 60 余座城市，服务 71 万户家庭，累计为超 500 万客户提供物业服务。丰富的客户资源为项目开发提供了大数据基础，基于客户信息的各项调研分析，将有效指导产品和服务的改善和创新。同时也为项目的客户资源整合提供了支持，可以有效降低营销费用，提升项目经营效率。

（5）丰富的供应商资源

金地管理拥有丰富的合作方资源，经过长期的合作优中选优，并以集团强大的规模优势，在保证品质的前提下实现极高的性价比，为委托方在成本节约、品质保证、招标采购效率方面提供助力。

二、金地·峰境瑞府项目：全链条优势资源，倾力打造品质生活范本

2019 年 3 月 5 日，金地集团与光明集团签订房地产项目开发委托管理合同，委托金地管理公司对“金地·峰境瑞府”项目进行全过程开发管理服务。金地管理从定位、设计、工程、营销等环节进行全流程专业管理和品牌输出，打造深圳人居典范和品质生活范本，一期开盘当日 600 余套房源全部售罄，销售率达 100%。

项目定位：深圳标杆人居，光明区品质生活范本

“金地·峰境瑞府”项目位于深圳市光明中心区，总建面约33万平方米，分多期开发，是一个高绿化率、配套完善的品质住宅项目，总货值预计超过120亿元。该项目地块原为政府对光明农场老职工的利益返还用地，代表了对于城市贡献者的认可与回馈。考虑到该地块承载的寄托，以及深圳市土地资源的稀缺性，金地管理秉承金地集团“科学筑家”的开发理念，将其定位为金地高端产品系“峯汇”系列的代表作品，作为金地最大的诚意，致敬这片土地5297名光明农场老职工受益人，不负委托方的信任。

代建背景：专业技术业内领先，全链条优势资源整合

在前期竞标阶段，金地管理在第一时间组织投入优势资源，在有限的回标时间内，超深度、超标准、超范围地响应文件要求，针对地块禀赋因地制宜，完成了包括产品定位及市场论证、规划设计方案、全周期经营计划、工程管理策划等一系列招标文件。标书图文并茂、逻辑严谨、重点亮点突出，若干专业的内容甚至达到了金地集团项目经营方案评审阶段的深度。凭借充分的准备，金地管理最终一路披荆斩棘，开发技术方案被市级专家评委一致评定为所有投标单位中唯一一家没有缺漏的零瑕疵方案，成功中标。

在项目规划建造过程中，金地管理整合国际级设计机构“水石设计”、新加坡国宝级园林设计机构“贝森豪斯设计”、国际设计大师级品牌机构“无间建筑设计”等顶级国内外设计资源，委托知名监理单位“邦迪工程顾问”及工程施工单位“建安实业”等工程建造资源，并引进金地物业高端物业管理品牌“荣尚会”，以金地集团最高端产品系“峯汇系”为标准倾力打造。

代建环节：践行金地管理“用心·诚信·追求共赢”的核心价值观，打造人居典范

报建报规方面，项目地块勘探过程中发现地下错综复杂的市政历史管道问题，迁改成本巨大。为保障项目首期开盘节点，金地管理有效推动地块地下“雨污管网”的迁改方案，协助政府进行迁改，为委托方节约成本上千万元。

规划设计方面，金地管理将项目3.5的容积率价值发挥到最大化，规划了光明区近年来为数不多的纯2梯4户、全南朝向户型布局，双向楼间距达83米的高品质人居范本项目。同时，社区规划全龄化、主题化、多功能会所，引入金地“360°　PLUS景观健康家”，兼顾0~12岁儿童、中青年、老年等各年龄段的品质生活所需。此外，项目采用双层中空LOW–E玻璃、立面金属窗框等高端用材，配备片区极具竞争力的全套高端精装配置，为光明区健康品质人居赋能，打造现代、时尚、生态宜居、极致舒居的生活体验。

施工管理方面，金地管理对整个项目进行全周期服务、全链条整合、全资源输出，在项目建造过程中实现了“零投诉、零事故、零差错”的优异表现，获得委托方高度认可。

营销管理方面，在营销推广阶段，金地管理结合深圳刚需主力客户——青年置业群体的情感共鸣和生活焦虑，发起“为深圳青年托底”系列线上营销活动，结合项目临公园、近地铁、享名校、全南向、送精装等价值点，进行为品质托底、为健康托底、为教育托底、为梦想托底、为效率托底的系列价值营销动作输出，勾勒“金地幸福生活”蓝图，获得市场好评。同时，在展示区打造的时候，就考虑到土地背后光明集团和光明农场的历史背景，以及光明农场5297名老职工的情感寄托，金地管理提出将光明博物馆和售楼处完美地进行艺术结合，打造深圳首个“现代博物馆

式艺术售楼处”，成为“2020年深圳打卡必去的网红售楼处之一”。

整个售楼处立面材料以极具现代感的大型落地玻璃及人造石材为主，以沉稳的冷色调与偏暖的灰色相结合，兼容高雅气质和现代时尚感。进入售楼处入口的时光连廊，宛如进入时空隧道，星光点点，美轮美奂。从时光连廊到中央水景，再到售楼处内部的时光博物馆、旋转楼梯、工法展示区，都凝聚着金地集团32载精工匠心，以及无处不在的艺术气息。与此同时，在售楼处中也采用了行内较为先进的设备及系统，如135度LED折屏、双环型曲面显示屏、智能捕捉拍照设备、自动滑轨显示屏、室内360度环绕立体音控系统、24小时智能新风系统等，吸引了众多业内同行及媒体人士参观和赞誉。

三、新华保险大厦项目：多元创新+再筑金融办公新地标

近年来代建行业展现出强劲势头，代建行业获得资本市场与投资者认可，逐渐出现细分赛道。金地管理充分洞察市场，于2020年5月成立商办工作组，布局商业办公代建领域。2020年6月，金地管理成功中标广州国际金融城起步区新华保险超甲级写字楼代建项目。金地管理此次中标，反映出市场对金地商办开发管理能力的高度认可，也标志着金地管理在政府公共事业、商品住宅和金融行业等三大领域都实现了业务布局，进一步促进公司多元化、全类型的均衡发展。

项目概况：国际大都会羊城广州，坐拥千亿消费市场

项目位于广州金融城起步区，北临黄埔大道，东临水融路，项目用地面积约8423平方米，总建筑面积133825.8平方米，总投资约30亿元，将

建设成为一座180米高的超高层甲级写字楼。金融城起步区是广州高水平打造总部金融创新产业集聚发展的重要区域，承载了广州发展高端金融产业、成为跨国企业区域总部的使命，将建成国内领先的金融集聚区，岭南特色的中央活力区。目前已集聚包括“一行三局”（人民银行、银监局、证监局、保监局）在内的60多家500强金融巨头入驻，具有千亿级消费市场的潜力。

代建背景：强强联合 + 创新发展

新华人寿保险股份有限公司成立于1996年，是一家全国性专业化大型寿险企业，由国务院直管的中央汇金投资有限责任公司100%控股，连续多年入围《财富》中国和《福布斯》世界500强。

广州新华保险大厦项目是金地集团与新华保险首次在代建领域的合作，基于本次合作，双方有望在未来展开全方位、多领域、深层次的合作，也将为金地在代建领域深耕发展和多元业务布局提供更多的契机。金地集团将依托自身多年的写字楼开发经验，助力新华保险在广州乃至华南的金融市场进一步发力，共同推动区域内金融市场繁荣，增强金融服务湾区实体经济和民生保障。

产品特色：区域古典主义新风范 + 金融办公超5A新标

建筑设计。建筑整体采用新古典主义风格，以浅色调为主导，清淡素雅为主要原则，在金融城区域内独树一帜，在与城市设计相耦合的同时，适当进行屋顶塔冠设计，体现出庄重、典雅的底蕴。首层的商业骑楼街在立面比例上强调竖向构图，界面均匀整齐，与塔楼部分自然衔接，体现骑楼柱距的韵律感，营造浓郁的岭南文化风情，别具特色。

内外配套。由于项目得天独厚的地理位置，可优先享有金融城区域内超过 10000 平方米的优质配套服务基础设施，其中文化中心面积达 7500 平方米，社区服务中心 3000 平方米，在寸土寸金的金融城，非常难能可贵。其次，项目自身配套 5 层商业裙楼，办公楼的顶层设有两层通高 10 米的空中大堂，内部配套也为大楼办公人员提供独特的工作交流体验。

绿色科技人文建筑：该项目，目采用 VAV 变风量空调系统，超 5A 办公标配，过渡季节纯新风运行，节能、舒适；办公区设置 CO2 传感器，保证人体所需新风的充足供应，达到接近于室外工作的效果，自然、健康；空调回风设置静电除尘和光氢离子空气净化装置，杀菌除尘，阻断病毒通过空调传播的途径，有效控制 PM 2.5 浓度，防疫升级、以人为本；幕墙采用市场上罕有的三银钢化中空 LOW-E 夹胶玻璃与隔热铝型材，在保证高透光率的情况下，玻璃遮阳系数由 0.45 提高到 0.36，在提升室内环境效果的同时，有效降低建筑能耗；楼宇 BA 系统加入空调控制，电梯采用目的选层方式，入口闸机设置人脸识别系统，提高建筑运行效率，丰富楼宇智能化功能；园林景观层次丰富，自下而上分为四级：地面绿植、临街骑楼、空中骑楼、屋顶花园，形成了真正意义上的立体景观系统，大大拉近人与自然的亲密关系。

代建环节：模式创新、精耕细作、全周期提高项目价值

组织模式创新提效。金融企业一直是代建市场的重要客户之一，所以金融与代建和合作模式的探索就显得尤为重要。广州新华项目采用了商办代建市场上少有的“交钥匙代建”模式，在法律和实际操作层面方面都有较深程度的探索和创新，清楚界定了委托方与代建方的权责，充分发挥了双方的优势所在：委托方作为保险机构主控项目风险，代建方作为专业单位主抓建设效率。委托方只需对项目最终目标进行管控，过

程中关注跟踪，不介入具体管理；代建方代为履行绝大部分建设单位的义务和责任，如合作方招标、付款审批等，避免了部分建设单位决策难、流程长的问题；代建方还能从前期方案到后期运营维护提供全周期的专业支持，保证合法、合规性，保障项目经营目标实现。同时，本项目在组织架构上又向前进一步探索，采用设计大总包和工程大总包的“双包模式”，为代建行业将来所需的专业化独立实体的逐步成熟做出了有益的尝试。

专业创造价值。由于接手项目时施工图设计已接近尾声，全面调整设计会对整体工期、成本造成巨大的影响，从保护委托方项目整体收益的角度出发，价值挖掘只能在有限的框架下进行。金地管理按照独创的“双模块、两分册”设计指标体系，执行标准设计管理动作，对建筑产品进行多角度细节推敲。优化办公区硬件配置及材料选择，在保证5A品质的前提下，节约成本2000万元，并将此成本直接用于自用办公区的装修，采用经济实惠的准5A标准，实现“不加钱、多办事”的增值操作；乙级变甲级：原方案净高为2.5米（乙级办公标准），后经多轮优化，在标准层结构层高不变的情况下，净高提升至2.75米，达到甲级办公标准，地下电梯厅净高由2.2米提升至2.7米，体现出金地管理专家全专业的统筹能力和系统解决问题的能力，使办公楼的整体租金水平提高至少10%；凭借多年开发经验，对社区配套的交付标准进行全面优化，保证政府满意的前提下，节约直接成本近600万元；面对复杂的地质情况，结构专家有效处理局部超挖处理和桩基选型难题，节约工期20天（仅节约利息价值至少500万元）、筏板和锚杆的直接施工成本节约近150万元。

项目品质提升。建筑立面多方案选择。利用自身优质的国际、国内设计资源，从塔冠、塔身、基座等主要形象部位分别给出改变模数、增加金属线条、斜切、材料替代等多种建筑手法，以保证设计方案精益求精、可靠落地，给委托方更多选择。公共空间优化：大堂公共区域增加小品与装置，丰富大堂空间效果，并结合休息区的设置，有效提高了大堂的空间氛围与实用性；在不改变原总成本情况下，对内装成本进行重新适配调整，提高公共区域装修标准，设置“光厅”，提升地下室电梯前厅品质，增加体验感。幕墙开启扇优化：通过专家论证，采用上部开启，临空面不设置护窗栏杆，室内视野效果好。灯光增加模式：设置了 RGB+W 灯源，满足节日模式下灯光色彩的丰富变化。随着项目进程的深入，金地管理将持续不断投入专业力量，把好每一道品质关，抓紧每一个品质提升的机会。

秉承金地 10 余年、20 城、近 50 个办公项目的经验，金地管理总结形成了体系化的写字楼标准化成果、成本控制数据、工程建设标准，为优质的写字楼代建服务输出提供了坚实的专业基础。为了有效服务细分市场、积极推进商办业务拓展，金地管理成立的商办代建子板块，专业服务于写字楼、商业、产业园类项目，作为商办代建的领跑者，金地管理通过对市场客户的精准分析，立足于为客户提供更具价值的专业服务，推进产业功能区发展建设，塑造城市未来新形态。

四、金地集团开发管理公司总经理蔡戈鸣专访

2020 年 11 月 17 号，金地集团开发管理公司总经理蔡戈鸣与中指研究院深圳分院总经理樊鹏飞就金地管理代建业务进行访谈，以下是部分观点实录。

金地做代建起步较早，愿意将企业开发能力显性化和价值化

金地做房地产代建业务起步较早，在 2006 年，金地集团就承接了深

圳市首个由政府委托代建的写字楼项目“福田科技广场”（现改名国际创新中心），于2014年，开始尝试在成都、惠州、武汉等地做市场化的住宅类代建项目，2018年集团决定成立独立公司（金地集团开发管理公司）整合代建业务。

目前国内大型房地产企业都具备了投资、开发和运营的全价值链综合能力，但在欧美这些房地产行业更为成熟的国家，趋势是投资、开发、运营各环节更深度的专业化分工，企业聚焦于自身擅长的某些价值创造环节。金地集团在美国布局开发了十余个项目，也用国际化的视角去反观国内房地产未来的发展，愿意把金地的开发能力显性化和价值化，对外输出我们的非常有竞争力的开发管理能力。

代建业务全国布局，规模优势彰显

金地管理项目处于不同的阶段，有些处在前期设计、施工阶段，有些处在后续销售阶段，数据一直在变化，截止到2020年10月，金地管理在管项目规模达600多万平方米，累计规模超过1000万平方米。

公司主要从物业类型对代建类型的分类，分为政府代建、偏住宅类型的（经营性销售性）代建、商办类型代建这三类，组织架构也是根据以上类型进行匹配，成立相应的事业部进行管理。从占比来看，金地管理住宅项目代建占比为70%~80%，政府和商办占比为20%左右，代建业务的布局也可得出一些特征规律：在一线城市主要集中政府和商办类型的业务，而住宅业务更多的是在二三线甚至是四线城市。核心原因第一个是一线城市产业和人口更加集中，城市商办的需求会更大，如金地管理在上海、广州、深圳都有商办写字楼的业务，北京目前也在洽谈，未来北京肯定也会进入。第二个原因就是一线城市住宅市场竞争激烈，存量土地少，获取代建项目基数比较小，地域分布也比较均衡。金地地产业务分布在全国七个区域，目前金地管理代建业务在这七个区域都有业务，实现区域范围和地产的覆盖。

价值创造能力和建立互信关系能力是代建业务的主要能力

代建能力主要有两方面：一方面是自身的项目价值创造能力，委托方把项目交给我们，就是相信我们有更好的专业能力及资源，能把土地价值开发得更加显性，在创造的增值部分里获取回报，这也是我们代建行业的商业底层逻辑；另外一个方面是要维持一种互信的关系，关于信用、口碑、项目管理能力等方面，都是委托方所关心的。如何让委托方认可代建企业能力的同时，又放心把项目交给企业，以上两点都至关重要。

均好性和稳健性是金地管理代建业务的核心优势

金地管理在代建业务的竞争优势有以下几方面：第一，是均好性，金地是一个“三好学生”，布局多种业态及物业类型，但同时成本控制、开发效率、物业服务和客户满意度都非常均好，没有明显的短板；第二，金地是上市公司，决策和经营都是市场化的，如怎么做合理的定价，怎样去控制合理的成本，怎样的节奏开发项目，完全按市场的节奏去做，为委托方创造更大效益；另外，金地过往的诚信口碑也非常好，无论是在资本市场的信用度，还是与供应商合作的口碑，以及对购房群体服务都有良好的公信力，从而实现品牌溢价；最后，金地这些年一直很稳健，包括在“三道红线”政策下，有五家房企做到三条都是绿线，金地是其中一家，这些稳健发展的指标于代建业务都是保障。

期望代建企业呵护品牌，共同维护行业口碑

期望参与代建的同行企业可以携手，共同维护行业口碑。代建行业的

头部企业，应该有一份责任，多一些行业交流与探讨，建立标准，引导行业良性发展，承担起企业的社会责任。另外，代建行业目前并没有相关资质认定和评级体系建立，未来希望可以与住建部、包括中指研究院等专业机构探讨，出台我们行业相关的指数评估，这也有利于未来市场对代建企业的认知和选择。

第五节　雅居乐房管：中国不动产开发赋能专家

一、雅居乐房管代建发展概况

企业名片：中国不动产开发赋能专家

作为千亿雅居乐（股票代码 HK3383）的集团成员，雅居乐房管集团自成立之初即定位为中国不动产开发赋能专家，聚焦品牌、管理、资金赋能，向中小房企、金融机构、政府部门、国企平台等主体，提供房地产开发、“三旧”改造、保障房、人才房、产业园、不良资产处置增值等代建服务，业务贯穿设计报建、建造管理、成本管控、品牌运营、产品营销等不动产开发全流程。

雅居乐房管集团于 2018 年 4 月正式成立，当年即依托雅居乐地产在华南、华东两大地区的强大品牌影响力，落地项目 6 个，实现当年成立、当年获取收入、当年盈利。集团成立三年以来已在粤港澳大湾区、长三角、成渝等重点城市群打造了一批多方共赢的标杆项目。截至 2020 年底，集团储备货值超过 1000 亿元，三年利润复合增长率均超过 180%。2020 年下半年，雅居乐房管集团依托雅居乐地产优势，基于地产九大区域的业务布局基础，迅速扩展代建业务布局，业务范围得以迅速扩张，为后继年度的业务规模发展打下坚实的基础。

雅居乐房管集团的资本整合能力、项目开发推进能力、平台资源整合能力均得到业内认可，综合实力位居行业前列，被中国房地产 TOP10 研究组、中指研究院授予 2020 中国房地产代建运营引领企业（TOP2）荣誉。

深耕四大核心城市群，布局全国重点城市和地区

2018 年以来，雅居乐房管集团以华南、华东为深耕区域，同步开拓华北、西南市场，积极扩张全国拓展版图，打造了 30 多个标杆项目。其中，长三角、珠三角地区落地项目 17 个；成渝、京津冀、中部地区落地项目 11 个；其他城市落地项目 7 个。

未来三年，雅居乐房管将战略深耕长三角、珠三角、津京冀、成渝四大核心城市群，优先发展战略地图中的深耕、战略发展城市或市场份额前十的城市；城市量级选择上，严控三四线城市区位选择要求，提升三四线市区项目比例；此外，视项目具体素质可灵活选择进入地图外城市作为补充。

二、南京・雅居乐汇港城项目：滨江自贸百万平方米旗舰综合体

1. 项目基本情况

南京・雅居乐汇港城

占地面积：约 23.3 万 m^2

计容建面：约 70.3 万 m^2

合作方：亨利世家投资管理有限公司等。

项目简介：雅居乐汇港城项目位于江苏省南京市国家级江北新区的商业主中心，紧邻自贸区，占地面积约23万平方米，建筑面积约102万平方米，货值超过160亿元，是集体验型商业、生态办公、精品商务、智慧人居为一体的都市级滨江特色生态智慧综合体。商业面积42.9万平方米，包含商业综合体16.7万平方米、办公写字楼10.2万平方米、酒店3万平方米、公寓13万平方米，在商业部分，取地有较高的自持比例要求；住宅面积27万平方米。

作为“一带一路”的国家级自贸区重点开发项目，汇港城定位高端，对代建企业的能力提出极高要求。雅居乐凭借优异的代建运营实力自2019年7月份取地开始，2020年9月实现项目开售，开盘当日售出10亿元，创南京非核心区首个摇号项目记录。

综上，项目业态的多元化，不仅体现出雅居乐房管集团在住宅开发、销售去化方面的基础能力，更锻炼了雅居乐集团对商业物业的运营能力、自持物业的变现能力。

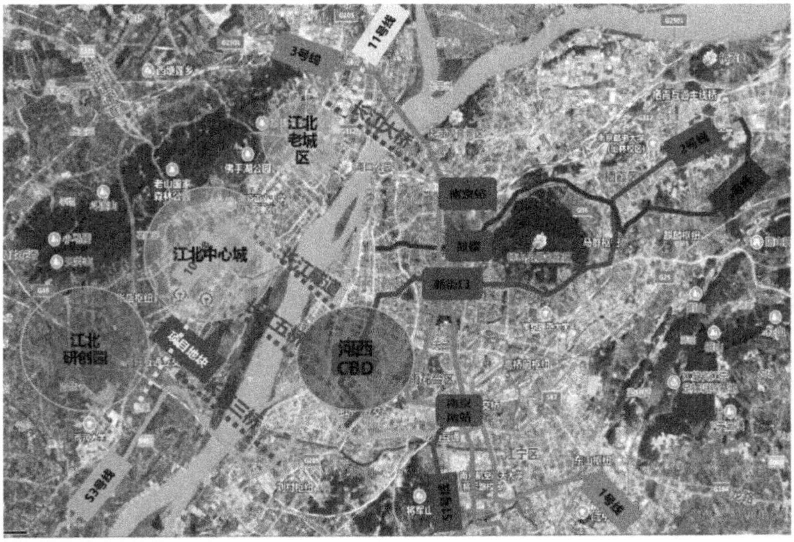

2. 项目销售情况

2020 年 9 月 28 日开盘，开盘当天售出 10 亿元，10 月、11 月加推，实现三开三捷，开盘以来短短数月斩获 28.21 亿元。

3. 代建情况

合作模式：雅居乐汇港城为雅居乐房管集团联合资本、合作方通过产业勾地模式获取的项目。其中，雅居乐房管依托集团内部资本平台，为项目引入投资资金；通过联合勾地的形式，协助委托方达成土地摘牌。此后，在自持物业及商业物业策划上，依托雅居乐商业集团提供商业策划方案及后续运营规划。项目竣备交付后物业服务，由物业行业市值排名前五的雅生活服务集团承接。从上述摘地、资本引入、项目开发、商业运营策划、物业服务各方面均充分体现了雅居乐集团资源整合的优势。

合作内容：雅居乐房管为项目提供工程管理、设计服务、运营管理及营销管理服务；雅居乐资本集团提供资本融资服务；雅居乐商业集团提供商业策划及后期运营服务；雅生活集团提供后期物业管理服务。

收入来源：房管集团收入为项目工程管理、设计服务、运营管理及营销管理服务费。其他服务收益不作详细展开。

三、青田项目：青田地标 智慧社区

1. 项目基本概况

丽水 · 雅居乐凯旋城

项目区位 ：浙江省丽水市

占地面积 ：约 9.94 万 m^2

计容建面 ：约 39.4 万 m^2

合作方：青田东建房地产开发有限公司

项目简介：位于丽水东大门青田县，占据未来城市核心——高铁新城，位于青田动车站正后方，交通便利，周边配套设施齐全，2 小时车程即可抵达杭州；项目坐拥天然山景资源，以纯板式建筑、海派风格设计、智慧设施筑造高品质住宅。项目内部更大手笔打造约 35000 平方米欧式主题花园，约 1000 平方米社区泳池、约 1000 平方米人工湖景、约 1000 平方米星级会所，楼下便是约 24000 平方米临街商业，应有尽有，为业主打造一座全龄生态乐园。项目更配备国家一级高端港式物业——雅生活，管家式服务，尊崇业主生活。

该项目是雅居乐首入青田标杆之作。在委托方受困于资金、工程技术、低迷市场的情况下，雅居乐助其突破困局，实现四开四罄的业绩，蝉联 2018~2019 年当地销冠，而项目公司也借此得以良好运转。

2. 项目销售情况

2018 年 10 月开盘，开盘当日售罄，12 月加推 1 小时内售罄，2018 年实现销售额 4.14 亿，开盘当年去化率超 96%，2019 年实现销售额 4.06 亿元，2020 年销售额为 2.76 亿元。

3. 代建情况

合作内容：雅居乐房管为项目提供代建管理服务。

收入来源：项目代建管理服务费。

第六节　华润置地：为城市服务设施建设运营提供全流程服务

一、华润置地代建发展概括

华润置地有限公司是“世界 500 强”企业华润集团旗下负责城市建设与运营的战略业务单元，是内地领先的城市综合投资开发运营商。公司业务包括住宅开发、商业地产、城市更新、物业服务、康养地产、长租公寓、产业地产、代建代运营等。华润置地于 1994 年改组成立，1996 年在香港联交所上市。

华润置地确立了“2+X”的商业模式，即继续坚持已经取得一定规模及市场地位的销售物业及投资物业两大主营业务，并积极拓宽业务发展模式，推动业务转型，实现资源整合与价值协同，培育新的价值增长点。

华润置地秉承“诚实守信、业绩导向、以人为本、创新发展”的华润价值观，坚持“品质给城市更多改变”的品牌理念，以站在行业发展前沿的姿态、视角和专业能力，赋予城市每一寸土地新的价值。公司始终以客户为中心，以好产品、好服务、好管理、好团队、好文化为标准，积极推动高品质战略实施，引领城市生活方式改变，为带动城市区域经济的发展、改善城市面貌做出力所能及的贡献。

华润置地在加快向“城市综合投资开发运营商”转型的背景下，致力为城市服务设施建设运营提供全流程专业服务。2008 年，以世界大学生运动会为契机，从深圳湾体育中心“春茧”的代建代运营开始，开启了代建模式。随后，2017 年 9 月，上海新静安体育中心试营业；同年华润置地代建代运营西安奥体中心，该项目建成后将作为第十四届全运会的主场馆；同时，华润联合中建八局、东南网架 2017 年签约“杭州奥体中心主体育馆、游泳馆和综合训练馆 PPP 项目”，该项目为 2022 年第 19 届亚运会的主场馆之一。截至 2020 年，华润置地代建项目超过 100 个，涉及公园、学校、市政道路、医院各类型建筑，积累了丰富的建筑运营经验和营运模式，未来计划在深圳以外的区域实现快速增长。

二、华润置地典型代建项目

1. 深圳湾体育中心

深圳湾体育中心又名“春茧”，位于深圳市南山区后海中心区东北角、深圳湾 15 公里滨海休闲带的中段，占地 30 万平方米，总建筑面积达 33.5 万平方米。整座体育中心被线条柔美的椭圆形屋盖所包裹，外形恰似一只蚕茧，这正是“春茧”别名的由来。“春茧”拥有“一场两馆、三位一体”的创新设计，集可容纳 20000 人的海景体育场、13000 人的体育馆、国际标准的游泳馆、星级酒店、大众健身设施及儿童“寓教于乐”主题商业于一体。

2008 年，依托世界大学生运动会的契机，华润置地作为代建方，代建和运营深圳湾体育中心项目，项目代建投资约 23 亿元，是 2011 年大运会开幕式场馆。项目包括体育场、体育馆、游泳馆、运动员接待服务中心、体育主题公园及商业运营设施。其中，规划建设 2 万个固定座位的主体育场将承担大运会足球预赛的比赛和训练功能；可容纳 1.3 万名观众的主体育馆将成为大运会乒乓球比赛的主要场馆；同时游泳馆也将承担游泳比赛的训练功能。在设计上，项目也是体育建筑的一大创新，名为“春茧”的独特设计通过用白色巨型网架结构做成的大屋面将“一场两馆”和商业设施进行建筑空间一体化的整合，另外该项目一体化、复合化、活性化的设计对赛前赛后的综合利用十分有利。

深圳湾体育中心大运会后，面对广大市民开放，成为全民健身的核心场所以及国内外大型体育赛事的重要赛场，同时，也是深圳地标性建筑。华润置地在承担代建业务的同时，还负责场馆后期的运营，深圳湾场馆商业运营不到一年，即实现了盈利。2014 年及 2015 年，“春茧”成为并保持为国内同类型场馆收入第一的体育场馆；2017 年，“春茧”引进各类赛事以及文化演艺活动、早教培训等 294 场，年度人流量超 600 万人次。

2. 大沙河生态长廊

大沙河生态长廊是深圳市重点民生工程，范围从大沙河入海口至长岭陂水库，约 13.7 公里，总面积约 95 万平方米。根据沿线河道不同特点，大沙河生态长廊建设因地制宜，设计将河道与周边绿地串联，设置了森林舞台、山地森林、水岸森林、湿地森林等特色景点，凸显城市森林特色。该项目是深圳市“十二五”规划重大项目，华润置地负责代建。

作为项目的代建方，华润置地注重将人与水之间的关系重新联系起来。通过景观的提升，营造多样化的城市河岸景观序列和城市水岸亲水环境，将河流重新带回城市及人们的生活记忆之中。通过多专业团队的整合，对大沙河进行重新规划梳理，以深圳历史、文化以及城市特质为灵感，对现有的河道两岸绿化、构筑物及设施进行品质提升，贯通两岸自行车道及漫步道，打造用于体验及享受景观的灵活公共空间，改善城市的生态环境景观，令其重焕动感与活力，让大沙河再次成为居民记忆中那个舒适、宜人的滨河浪漫空间。

3. 南华村棚户区改造项目

深圳福田区南园街道南华村棚户区改造项目位于滨河大道与华强南路交叉口东南侧，项目改造范围用地面积170259.1平方米，拆除用地面积162291.9平方米，开发建设用地面积111297.6平方米，规划容积为762065平方米，规划容积率6.8。项目建设的住宅、商业、办公及人才公寓在满足本项目回迁需求后，其余部分按规定移交区政府，产权均归区政府，其中住宅直接转为人才住房和保障性住房。项目实施主体为福田福河开发建设有限公司，由华润置地代建。

根据南华村棚改住宅房屋搬迁安置补偿方案，项目按照建面1∶1.2或者套内1∶1进行产权置换，货币补偿按评估时的市场价进行补偿，单套面积增购不超过10平方米建筑面积，带简单装修交房。南华村棚户改造项目自2018年8月启动改造，采用“政府主导，国企实施”的模式。作为河湾北片区改造项目的一期工程，自2019年7月21日启动签约后，仅用15天签约率达99.6%，创造了新时代深圳旧住宅区改造签约的“新深圳速度”。

第七节　当代管理：以绿色科技打造差异化代建产品

一、当代管理的房地产代建发展概述

企业名片：绿色科技代建领先企业

北京当代管理科技管理集团有限公司（以下简称：当代管理）是当代置业（中国）有限公司的代建业务平台企业。

当代置业设立于2000年，总部位于北京，2013年在香港联合交易所上市，股票代码1107.HK。集团具有一级房地产开发资质，自主研发运营十大绿色科技系统和五大扩展系统，打造了中国绿色科技地产领域的标志性品牌——“MOMΛ”，当代MOMΛ项目曾荣获世界十大建筑奇迹之一。作为中国领先的绿色科技产业家园运营商，公司始终倾注于绿色科技+舒适节能+数字互联的全生命周期产业家园的核心竞争力。

当代管理依托当代置业品牌背书、标准化流程与运营体系以及绿色科技产品力，在代建行业打造差异化竞争力，为客户提供价值管理及价值增值服务，以代建业务为核心，实现绿色科技产品领先，围绕地产产业链上下游提供和整合优质服务。

当代管理作为地产绿色科技全产业链服务商，始终坚持“简单专注、惟新智创”的核心价值观，秉承“共创绿色科技美好”发展理念，通过绿色科技系统、标准化流程与运营体系、全面供应商生态链、全生命周期平台、定制共赢服务模式的五大核心竞争力，绿色服务3.0平台及三大价值增值服务体系，为客户提供全过程委托开发及运营管理解决方案。

2020年12月18日，由“MOMN当代绿建”正式升级为“MOMN当代管理”。“MOMN”全称为“The Museum Of Modern Nature”，两个“M”代表我们的家园，“O”代表宇宙的始源，“N”代表Nature。全称引申义为“科技艺术新生态”。从“当代绿建”到“当代管理”，公司致力于以代建业务为核心，实现绿色科技产品领先，成为当代置业绿色科技代建管理模式输出的主体。

二、项目案例：温州南湖未来社区，创造浙江省未来社区建设示范区

2019 年 9 月 20 日当代管理成功中标南白象街道霞坊村城中村改造安置房工程代建开发项目，这是当代管理首个政府代建项目。该项目位于浙江省温州市瓯海区南湖单元，靠近城市中部复合中心，区域优势明显，周边汇集科创小镇、健康小镇、高教园区等配套，形成人才聚集、医疗配套完善、教育资源丰富的产业结构。项目立足温州瓯海地域特色，融合塘河文化精髓，拟建成以"一站式"邻里为核心，聚合发展"健康、教育、创业"三大场景为特色，TOD 复合开发的未来年轻活力社区。

项目概况

南湖单元规划的生态宜居片区，"产业结构、生态环境、政策创新、智慧平台"等为南湖未来社区的打造提供了稳定的基础条件。

南湖未来社区项目，是当代管理进入浙江省的首个代建项目，也是首个政府代建类项目。项目总用地面积 87726.2 平方米，约 131.6 亩。地块 2 公里范围内享有温州中学、温州市第二外国语学校、三垟湿地、万象城、温州市医科大学附属第一医院等成熟配套。以塘河生态环境为底蕴，拟建成以"一站式"邻里为核心，聚合发展"健康、教育、创业"三大场景为特色，TOD 复合开发的未来年轻活力社区。

项目区位：位于瓯海区东部，温州市中心城区南，温瑞大道西侧，瓯海大道南侧，市内交通便利，且位于瓯海区南湖大社区南端。城市空间结构为"双轴双心四片"，靠近中部复合中心，区域优势明显，依托现有城市服务基础，挖掘优越的自然人文资源。

项目获取及竣工交付时间：项目于 2019 年 9 月 20 日获取，计划竣工交付时间为 2022 年 11 月 30 日。

配套设施：基地周边科创小镇、健康小镇、高教园区、肯恩小镇环绕，形成人才聚集、医疗配套完善、教育资源丰富的产业结构。

教育方面有温州医科大学、温州大学、温州职业技术学院等高校，是高级人才培养、科学研究和交流的中心；毗邻甬台温高速出入口，M1线和S3线过境，交通便利。生态配套有“温州绿肺”之称的三垟湿地环抱，又适逢塘河主干道越境，生态优势明显，为打造未来健康提供了基础条件。

代建背景：政府代建，打造首批未来社区试点之一——南湖未来社区

2019年，经温州市瓯海区发展和改革局批准建设后，由温州市瓯海建设集团有限公司作为招标人，对南白象街道霞坊村城中村改造安置房工程代建开发项目进行公开招标。

建设地点为南湖单元B–08地块和D–05地块。建设规模为总用地面积约131.6亩，计容面积约28万平方米；项目工程投资约14.32亿元，项目被列入“浙江省首批24个未来社区试点”之一，也是浙江省第一批开工的未来社区项目。

当代管理与联合体成员单位进行公开投标，凭借双方的综合实力优势，于2019年9月20日，中标南白象街道霞坊村城中村改造安置房工程代建开发项目。

代建环节：全程参与，注入绿色科技地产基因

为加快温州瓯海区城市建设，推进城中村改造，营造良好的城市环境并着力改善城市住房保障水平，当代管理与联合体成员单位通过公开招标确定为项目的代建方，为项目提供代建服务，联合体成员单位为项目提供施工服务。

当代管理作为代建方，负责项目的整体开发及管理，包括项目的前期管理、成本管理、设计工作管理、工程进度和质量管理、工程投资和安全管理、文明施工管理、合同档案信息管理、财务管理、工程监理管理、工程竣工验收移交管理等全过程的项目开发管理。

代建开发模式：在完成项目立项、设计方案（或其他阶段点）确定后至项目工程交付使用（包括资料移交至档案馆等）全过程工作内容由代建开发公司承担，由代建开发公司作为建设单位主体负责完成项目工程建设，建成后移交，监理单位由招标单位按照规定发包，在实施过程中，监理单位配合代建开发单位做好工程管理工作。

产品定位：立足温州瓯海地域特色，融合塘河文化精髓，拟建成以“一站式”邻里为核心，聚合发展“健康、教育、创业”三大场景为特色，TOD 复合开发的未来年轻活力社区。实现“休闲健康在身边、和谐邻里如一家、创新创业在社区、优质教育有保障、绿色建筑新生活、无阻交通新体验、环保低碳零排放、24H 服务无忧虑、精确治理无痛点”的九大生活场景。

项目亮点：超低能耗建筑。本项目住宅做到绿色建筑二星标准，公建做到不低于绿色建筑二星级标准，二期出让住宅地块实现超低能耗建筑，节能提高 20%。

①外墙保温做法节点：外墙结构保温一体板中间连接采用无冷热桥连接件连接，确保内外无冷热桥。

②外窗设计：门窗中空玻璃采用隔热金属型材玻璃窗（6 中透光 Low-E+12A+6 透明）。传热系数为 $2.4W/m^2 \cdot K$，外门窗气密性等级不低于 6 级、水密性不低于 4 级、抗风压性能不低于 4 级。

③新风及空调：考虑温州实际情况，二期出让住宅 D-04 地块预留新风土建洞口条件，是否采用住宅新风由业主进行菜单式装修时选择。

④生活热水：本地主要采用空气源热泵热水系统为主要的热水供应

形式。

⑤光伏建筑一体化：储能式光伏系统，并采用公建屋顶设置光伏的形式达到节约能源、节约空间的目的。

代建经验总结

作为地产绿色科技全产业链服务商，当代管理持续研究和开发绿色科技建筑代建市场，在产品结构上不断升级，打造绿色科技代建的多种可能。目前当代管理形成全国化布局，赢得了良好的口碑，品牌溢价和品牌影响力不断提升，荣登中国房地产 TOP10 研究组“2021 中国房地产代建领先品牌”进一步夯实了当代管理在代建行业中的地位。

决策与管控机制：严格审核，实施决策委员会制度

当代管理严格按照集团自主研发的流程与运营信息化系统 MBS，实施一二三级共 12 次审核会，严格审慎选择项目。同时在组织管控上实施“决策委员会”领导下的总经理负责制，由合作的双方共同成立“决策委员会”，其设计、开发、施工、采购、销售等重要决策均需上会进行决策。

合作模式：委托方提供土地，当代管理代建，进行品牌输出和管理输出

在合作模式上，当代管理根据商业代建、政府代建及资本代建三大业务模式形成了无品牌代建、品牌代建、运营代建、带资代建、小股操盘等多种合作模式，为合作方提供服务。

此次政府代建项目是当代管理业务模式拓展的新突破，也是积极推进代建业务发展战略，管理输出代建业务加大拓展力度的体现。项目将纳入公司项目运营管理体系，使代建业务风险可控。

代理管理费制度：依据不同产品线制定服务收费标准

在代建管理费制度上，商业代建按照可售物业销售额的4%~6%，根据项目规模及性质不同，费用有所区别。

当代管理为产品注入绿色科技的芯片，提高产品本身的溢价能力。代建项目将为MOMΛ绿色科技产品的多样化深耕贡献力量。在专注升级绿色科技产品的同时，当代管理将通过代建，将绿色科技产品嫁接于优秀的合作伙伴，共同建设绿色事业，实现多方共赢。

第八节　蓝光发展：温度人居时代引领者的代建之路

一、蓝光发展的房地产代建发展概述

企业名片：温度人居时代的引领者

蓝光投资控股集团有限公司（以下简称蓝光控股集团）成立于1990年，下辖390余家控股、参股企业，产业布局覆盖地产、文商旅、数字建造、现代服务业、互联网科技、饮品等业务板块。2015年4月16日，蓝光控股集团旗下四川蓝光发展股份有限公司（以下简称蓝光发展，证券代码：600466.SH）在上海证券交易所完成重组上市。2019年9月20日，蓝光发展正式入驻上海运营总部，形成“上海+成都”双总部发展格局。

住宅地产开发是蓝光发展的核心优势产业，蓝光的投资布局与国家城市群建设规划高度契合，坚持实施“聚焦高价值区域投资、聚焦改善型住宅产品”的发展战略。2018年，蓝光发展提出了“更懂生活更懂你”的品牌新主张，并以“善筑中国温度”为产品主张，对产品进行持续迭代创新，提出了“温度人居时代引领者”的全新品牌定位，根据改善客户多元的文化审美偏好提出了风格不同、文化引领的六大产品系：芙蓉系、雍锦系、黑钻系、长岛系、未来系、商办系。每一个产品系在地方上的落地，均以集团标准化为引领，同时又根据属地文化和生活特征进行微创新和微迭代，满足客户需求，让产品更有温度。

蓝光发展持续战略性推进代工代建项目，为公司规模与利润作增量。通过全业务职能全阶段输出，实现多方共赢，落地推广蓝光品牌，实现品牌溢价与快速去化，重视业主方权益，打造代建行业标杆。截至目前，代工代建累计资源 627 亿，总建面 951 万平方米，主要以纯代工代建与资本类代建为主，积极开拓政府、国企类代建，其中纯代工代建规模占比 44%，资本类代建占比 43%。代建项目布局充分考虑区域经营能力的匹配，主要集中在区域经营能力强，品牌落地优，产品溢价能力强的城市与邻近板块。截至目前代建项目主要布局在四川区域、苏皖区域、华中区域，成都主城及外溢板块、西安、华东百强县市与华中区域已有项目落地城市。

蓝光发展综合发挥灵活多变的特点，运用风控端、融资端、运用端及销售端综合优势，协助面临困境的代建业主方走出困境，实现多方共赢。首先，合作模式多样化，纯代工代建、蓝光担保融资型、蓝光自有资金型、政府类代建均可合作；其次，全过程运营管理，重视商业计划书目标的达成，全面纳入蓝光运营管控体系，包含充分价值研判精准项目定位，运营精细化管控，工程质量保障，营销铁军保障，提升客户满意度等；第三，基于风控措施下可提供融资平台、代建基金等模式，解决业主方项目的运营开发资金上的困境，融资能力优势突出。

蓝光发展一直坚持代建投融管退四大阶段的一体化管控体系。①强化投前风险管理，做好投前市场研判，已报规项目严控产品及品牌输出；②强化融资 / 垫资风控：涉及垫资 / 融资类代建项目，城市准入与资金支付节点等需与投资、经营风险强挂钩，做好资金调用风控措施，进行分类分级管理，销售回款优先偿还垫资与融资；③强化视如己出的管控思维：纳入蓝光运营管控体系，强调商业计划书目标达成；④强化投后管理：约定退出条件，完成代建事项退出，设置非正常退出条件以确保自身利益。从而有效规避代建业务中存在的诸多风险。

二、蓝光黑钻公馆：代建盘活不良资产创新之路

1. 项目合作背景：地王、限价下高风险盘的逆风重生

蓝光黑钻公馆（又名：睿创新筑）位于南京城东麒麟科创园智汇路与南湾营路交汇处，区域定位发展科技城、生态城、宜居城“三城一体”的产城融合新区，距新街口 CBD 约 18 公里，属于南京城东未来发展潜力区域。

蓝光黑钻公馆对望紫金山、青龙山两大金陵名山、坐拥 300 万平方米麒麟生态园。项目紧邻有轨电车站、绕城高速等快速交通体系，商圈、三甲医院、优质教育资源配备，周边已有中海、中南、富力、世茂等品牌开发商进驻，市场和居住配套逐渐成熟。

前世：高杠杆下的地王、限价下的高风险盘。

2016 年 4 月北京京奥港通过中融国际信托计划获得 34.7 亿元，通过招拍挂获得项目土地，原始土地价格加契税 49 亿元，楼面地价约 23000 元 / 平方米，成为麒麟板块“地王”。2017 年南京市政府限价，2017 年 12 月项目 1#2# 开盘，销售备案价格被限制在 26000 元 / m^2，导致项目公司债务负担压力大，开发难以为继。2017 年 12 月，因施工付款问题，项目施工总承包方封闭施工区域并停止施工，各大媒体相继报道施工方、业主维权等负面消息，北京京奥港的融资渠道受到很大影响。与此同时，北京京奥港和中融在项目后续经营方向、策略上存在重大分歧，项目烂尾风险急剧攀升。

今生：蓝光 Top 系名片、涅槃重生。

蓝光代建团队进场后，通过竞争分析发现：项目原方案户型设计以 140 平方米以上大户型为主，与该地块的价值和客群定位出入较大，但项目 A 区主体结构封顶，无法彻底修改；BCD 区虽未动工，但规划总平已经报批完成，后期需要调整。而地块条件（容积率 2.8）降低高低配可能性，结合蓝光 Top 系黑钻产品线的高端改善品质和大都会风格形象占位，通过大面宽、短进深户型，实现市场引导，重新定位南京人居需求。

2018 年 7 月 30 日，项目以“黑钻公馆”为名的新展示区亮相，9 月 5 日项目首开，当天推出 198 套房源告罄。后续加推也基本保持首开去化率 80% 左右，项目资金链全面盘活，中融和蓝光前期信托资金全部安全收回，并实现一定超额利润。

2. 代建过程：发挥蓝光投资模式灵活优势、项目管理视同己出

破冰：主动创造机会、打消合作方顾虑。

创造机会点：项目从 2018 年 1 月底接触，到 3 月初以收并购模式达成合作意向后，由于合作方的原因，直到 5 月份收购合同尚未能签订。由于项目重大，内外部压力增加，收购模式前途不明。蓝光及时多方沟通高层，灵活调整投资模式、提出先代建后收购模式，机会点出现。

打消合作方顾虑：项目停工，资金成本每日剧增；一期业主连续上访，政府施压持续加强。蓝光承诺接手后立即开工、协调政府稳定业主情绪、通过信托模式提供项目后续资金，消除了合作方的顾虑，快速推进合同进度，5 月底实现正式签约。

善筑：全程优质服务、项目管理视同己出。黑钻公馆作为蓝光高端产品品牌落地、南京首个代建项目，项目代建团队秉持“让客户满意”的原则，高标准、严要求，以高于蓝光自操盘项目的标准、提供 11 大项优质服务。

①前期管理工作：对项目的整体定位和运营思路和方案进行统筹规划，

并负责以中融名义办理项目开发建设所需的具体审批和许可手续，中融予以积极协助。

②规划设计管理：依据项目整体定位协助中融选择适合项目的设计单位并参与对设计成果进行评价、审核。

③成本管理：制订合理的项目成本管理目标，并在项目开发建设全过程中实行有效的成本管理。

④工程管理：通过市场化方式选择各类施工单位、材料设备供应单位和监理单位并进行统筹管理。

⑤营销管理：对项目房产市场定位进行规划并制订销售目标和计划，选择各类营销专业工作单位并进行统筹管理，对项目的策划、推广、销售过程进行全面管理，实现项目销售管理目标。

⑥竣工验收和交付管理：组织各类中间验收、竣工验收，完成竣工验收备案工作，组织实施项目房产的集中交付工作。

⑦客户服务及房产保修管理：蓝光负责设置或延聘客户服务组织，有效处理客户投诉，提升客户满意度；负责项目房产在合同约定期限内质量保修的管理工作。

⑧前期物业服务督导：中融有权自行选定前期物业服务企业，蓝光推荐的物业公司在中融优先考虑的范围内，自选定前期物业服务企业之日起至项目完成承接查验止，蓝光协调中融制定前期物业服务方案，并对项目前期物业服务工作进行协助、监督。

⑨档案管理：对项目开发建设全过程的重要档案资料所需要的归档保存工作进行管理。

⑩人力资源管理：根据蓝光的管理经验，协助中融建立管理项目的人力资源相关管理制度，并进行人力资源日常管理。

⑪ 行政管理：根据蓝光的管理经验，协助中融建立行政相关管理制度，进行行政后勤、公文管理、信息管理等工作。

三、代建经验：快速补位业主短板，成功盘活不良资产

蓝光黑钻公馆作为蓝光首个不良资产类型代工代建项目，展示了蓝光投资模式的灵活性和经营能力的卓越性，体现了蓝光在代工代建方面的优势。这些优势体现为蓝光的品牌影响力、项目管理能力、产品营造能力、项目运营能力、资源整合能力以及团队管理能力等。尤其是针对非地产主业的纯机构业主，蓝光在其销售、产品、开发等方面的短板进行快速补位，通过改善展示区亮相、快速开盘快速回款等动作，成功盘活经营开发困难的风险项目。

代工代建作为蓝光发展的重要组成，未来还将不断迭代创新，探索出更贴合业主需求的模式。而南京黑钻公馆这种与金融机构合作开发不良资产项目的模式，可为管理着大量不良资产的金融机构提供借鉴。

第九节　阳光城：绿色地产运营商再启代建

一、阳光城代建发展概述

企业名片：高成长性绿色地产运营商

阳光城集团（000671.SZ）1995 年成立，2002 年于深交所上市，定位为高成长性绿色地产运营商，2019 年实现销售金额 2110 亿元，综合实力位列中国地产 TOP13。集团致力于打造商业运营、酒店开发、建筑施工、产业运营的地产业务全产业链，在全国拥有 17 座星级酒店、22 座标杆商

业综合体，开发建设了上海阳光·张江 NEO、广东清远天安智谷等大型综合性产业园项目以及延安北大培文教育小镇、贵阳龙溪教育城等大型城市区域综合开发项目。

阳光城在 2016 年开启代建业务。2016 年 10 月，阳光城接受委托管理上海美乐投资有限公司所开发的康桥镇 9 街坊 7/15 丘地块项目，阳光城提供但不限于建筑设计、工程管理、销售管理、行使项目操盘权等，而美乐投资拟按照委托项目销售签约额的 2% 向阳光城支付委托管理费用。该项目位于上海浦东新区康桥镇，系阳光城深耕区域，企业有能力进行该项目的运营管理，且接受委托管理有助于战略性地拓展长三角市场。日常管理过程中，阳光城将该代建项目纳入公司项目运营管理体系、销售管理体系和审批管理流程，有效控制此次委托项目业务风险，该代建项目建设开发过程中，公司不投入其他资金，不承接债权债务，且将按约收取相关委托管理费，风险可控。此次代建有利于阳光城的品牌建设和输出，助力公司大力拓展长三角市场，逐步延伸价值服务体系。不过，尽管代建对房企的资金压力少，且能产生一定的利润，但与行业平均水平相比，阳光城的收费偏低许多。

二、代建三木集团 7 个项目，总货值约 40.2 亿元

2018 年 5 月，阳光城集团通过旗下全资子公司阳光实业斥资约 1.43 亿元增持三木集团近 5% 的股份，随后又在 5 月 31 日至 6 月 6 日，通过集中竞价方式，累计增持公司股份约 2328 万股，增持比例达 5%。截至 2018 年底，阳光实业持有三木集团的股份比例为 12.64%，为三木集团第二大股东。

2019 年 5 月 24 日，阳光城和三木集团同时发布公告称，双方已签署

协议，三木集团拟将房地产相关日常经营业务委托给阳光城实施管理，委托管理的房地产项目涉及的总货值预计约 40.2 亿元。三木集团称公司的发展战略和业务主要方向拟发生调整，委托管理地产项目是为集中精力、集中资源实现上述目标。

表 6.9.1　　阳光城受委托管理项目情况

序号	项目名称	城市	用地面积（万 m^2）	土地用途
1	三木·水岸君山	福州	59.97	居住用地
2	三木·幸福里	福州	1.91	住宅用地、幼儿园用地
3	三木·海立方	福州	1.87	文化设施用地、商业用地、商务用地
4	武夷山自遊小镇	武夷山	13.53	商服用地—住宿餐饮用地（旅馆、酒店）
5	福清铂玥府	福清	4.17	商服用地—批发零售用地；住宅用地—城镇住宅用地
6	三木·空港小镇	青岛胶州	5.66	住宅兼商业
7	南平云澜	南平	3.27	零售商业用地、批发市场用地，其他普通商品住房用地

资料来源：企业公告

委托管理项目数量：7 个。

项目名称：三木·水岸君山、三木·幸福里、三木·海立方、武夷山自遊小镇、福清铂玥府、三木·空港小镇、南平云澜。

项目区位：项目分布在福州、武夷山、福清、青岛及南平。

项目概况：总用地面积为 90.4 万平方米，预计未来可售面积为 30.4 万平方米，涉及总货值预计约 40.25 亿元。

项目运作模式：单纯收取项目管理服务费的代建。甲方三木集团负责筹措项目开发建设所需的全部资金，并依法享有项目的投资收益，乙方阳光城负责项目开发建设及销售，并收取委托管理费用。阳光城仅对受托管理项目进行建设和销售等日常经营管理工作，不享有其他受益权，三木集团仍拥有项目公司股权、资产购买处置、投融资行为等重大事项决策权，享有项目公司的收益权。

代建费用：根据受托管理期间所托管项目含税销售收入总额的 1% 计取委托管理费用及成本节约奖励，若项目委托管理期间实际发生的管理费用和销售费用低于管控标准的约定费率（即现有费率）计算的，则结余部分由项目公司按照结余部分的 30% 分别支付给阳光城。委托管理的服务期限为三年。

三、经验总结

围绕“规模上台阶，品质树标杆”的战略发展目标，阳光城构建了清晰的发展路径，通过高效的运营体系，促使土地、资金、人等要素在快车道上循环健康发展。

首提降维战略打磨绿色智慧产品。产品方面，阳光城将“绿色智慧家”作为公司跨越千亿规模之后的品牌核心竞争力来打造，不断加大品质工程的投入力度，致力于打造“品质可靠、绿色健康、便捷安全”的产品，将绿色智慧家打造成为阳光城的 IP，具有四大成熟产品系：翡丽系、悦澜系、檀系、TOP 系。

强化人才培养机制，充实运营管理体系。阳光城秉承“精英治理，三权分立”的顶层设计机制，招揽行业顶尖职业经理人并充分授权，同时也在内部推进人才培养机制—“光合工程”计划，为阳光城培养了一批中层和基层人员。具有企业家精神的全明星高管团队，和一支有阳光特色、有业务能力、有使命感的年轻化人才队伍相结合，促进了阳光城的蓬勃发展。公司建立全方位多层次的激励体系，建立了从集团到区域、从全局到项目、从股权激励到经营评价、项目共赢等多维度、多层次的激励考评体系，进一步提升公司成员的主人翁意识，为公司提升运营效率提供保障。

第十节　朗诗集团：绿色地产服务运营商的资产轻型化路径

一、朗诗房地产代建发展概况

企业名片：专注绿色科技地产

朗诗绿色集团有限公司创立于2001年，是国内领先的绿色开发运营商和生活服务商。自2004年开始，朗诗实施聚焦绿色产品差异化发展战略，围绕绿色地产业务（中国、美国），积极培育长租公寓、养老服务、物业服务、绿色金融等新业务，在C端绿色人居、专业地产营销等方面打造专业能力。朗诗的业务范围包括南京、北京、上海、深圳、天津、重庆、杭州、武汉、成都、西安、广州等全国三十多个主要城市，以及美国主要门户地区。

2014年底，朗诗提出“资产轻型化，盈利多样化，市场国际化”的战略转型。在资产轻型化上，朗诗推崇的是美国铁狮门模式，其要点是以不到5%的资本投入，通过提取地产开发链条上各个环节的相关管理费和参与旗下地产基金超额收益分配，来分享地产项目40%以上的收益。2019年是朗诗战略转型的第5年，朗诗坚持“产品差异化，资产轻型化，收益多样化”的转型升级战略，充分利用差异化的产品优势，秉持以小股开发管理为主的资产轻型化模式，大力输出项目开发管理服务业务，实现收益多样性。

朗诗代建业务的商业模式介于传统的重资产和轻资产之间，属于资产轻型化，但不是完全的轻资产模式。朗诗代建业务为小股操盘模式，股权比例一般在25%~30%之间，企业既可以收取代建服务费，还享受股权收益以及溢价分成。

二、朗诗熙华府：朗诗小股操盘+绿色科技产品3.0升级代表作

项目基本概况

项目位于南京建邺双闸街（规划）与新梗街（规划）的交汇处，建筑面积20.7万平方米，绿化率35%；2014年10月22日通过招拍挂拿地，2015年12月26日项目开盘。项目周边配套基本齐全，交通配套有轨电车1号线和规划中的7号线和12号线，有扬子江大道、江东路、凤台南路、绕城高速四大快速干线，可以方便到达城市各区域；教育配套有南外河西分校、行知小学；儿童医院河西分院已运行；周边自然资源丰富，有秦淮新河滨河带、城市绿地公园、公共绿地等。

项目销售情况

各期开盘去化率：2015年12月26日，朗诗熙华府1、2号楼开盘，共216套房源，1小时40分全部售罄，开盘去化率100%；2016年7月1日加推3、7号楼，共212套房源，开盘当天全部售罄，开盘去化率100%；2016年10月27日加推4、5、6号楼，共351套房源，开盘当天全部售罄，开盘去化率100%。2016年销售额超23亿元；2015年销额5.77亿元。

产品特点及卖点：项目地处秦淮河流域周边，自然环境较好，同时该项目是朗诗升级的3.0产品，在绿色、健康、环保和节能领域具有较大优势。熙华府是朗诗推出的3.0产品代表作，进一步加强绿色住宅的产品标准。绿色建筑方面，提出做被动式建筑，比以往的节能建筑更为先进合理高效，尤其体现在气密性指标上；设备系统方面，产品依然采用天棚辐射和地板送新风系统，在厨房增加了排风回风装置，实施95%的除霾效率、芬兰S1级甲醛控制标准，以及TVOC的控制等，“健康”成为该项目的第一价值诉求；温度、湿度、PM2.5、甲醛、VOC等指标将实时显示在屏幕上，该显示屏还将室外气候指标、物业信息、可视对讲、智能化控制等集于一身。

股权式合作情况

合作原因：朗诗一直践行“为人造房”的绿色建筑理念，其建造的项目都是健康、环保、舒适、节能的住宅，绿色和人本是流淌在朗诗血液里的DNA，2015年朗诗实施“产品差异化，资产轻型化，市场国际化”的发展战略，加快与其他企业的合作，持续推进企业战略实施。朗诗的绿色建筑理念及开放的发展战略为委托方带来了代建合作的契机。

合作模式：熙华府由上海建工集团、平安不动产、朗诗绿色地产和招商局地产合作开发，朗诗持股比例为12.97%。

合作时间：2015年1月21日，四家企业携手打造。

品牌使用情况：项目名称前冠名“朗诗”，统一采用朗诗品牌进行项目宣传。

收入来源：项目管理费：5%；持股收益：销售额12.97%；溢价收入：溢价部分的10%~15%。

三、皖新朗诗绿郡：朗诗纯收取服务费的商业代建＋绿色科技产品2.0代表作

项目基本情况

项目概况：皖新文化科技创新中心位于合肥滨湖新区徽州大道与云谷路交口，是由安徽皖新文化产业投资集团（皖新投资）联手银泰、朗诗，打造的滨湖首个高端“文化MALL”城市综合体，项目总建面48.7万平方米，绿化率40%。2014年，皖新投资与银泰商业集团以400万元/亩联合摘得该地块，后引进朗诗进行住宅代建，项目整体有三个功能区：朗诗代建的科技豪宅区（皖新朗诗绿郡）、以高端商业银泰城为主的13万平方米商业功能区以及两栋超高层星级商务办公区，由三个区域共同打造集生态人居、商务办公、餐饮购物、娱乐休闲为一体的高端人群多元生活场。

拿地及开盘时间：2014年9月初拿地，2015年9月30日开盘。

周边配套等：地处华东最大金融后台基地——合肥金融CBD群；周围滨湖湿地公园、塘西河公园、方兴湖公园、金斗公园、牛角大圩公园五大公园环绕；项目周边有地铁1、5号线；商场有世纪金源，且项目自带银泰商业配套；医院有合肥滨湖医院；银行有中国银行、徽商银行等。

项目销售情况

皖新朗诗绿郡包含高层和低密度洋房，项目主打绿色科技精装豪宅，以全线精装打造“恒温、恒湿、恒氧、低噪、适光”的科技住宅。各期开盘去化率：2015年9月开盘，2016年3月售罄，2015年实现销额4.34亿元，2016年销售额达到7.88亿元。

代建情况

皖新朗诗绿郡整体立项为高端“文化 MALL”城市综合体，引入朗诗的绿色建筑理念，打造健康、环保、舒适、节能的住宅，提升项目品质；皖新朗诗绿郡一方面是朗诗开展资产轻型化的代建产品，另一方面也是朗诗首入合肥，帮助朗诗开拓合肥市场的封面作品。

代建服务情况：项目中加入“皖新”“朗诗”进行品牌宣传，结合“皖新”在合肥地区的市场影响力，以及“朗诗”在绿色住宅的地位，促进项目销售，朗诗只收取代建费用。

第十一节　招商蛇口：领先的 PPC 模式，美好生活的责任担当

一、招商蛇口代建发展概况

企业名片：以蛇口模式承载人民美好生活

招商局蛇口工业区控股股份有限公司（以下简称“招商蛇口”，股票代码 001979）创立于 1979 年，总部位于深圳，是招商局集团旗下城市综合开发运营板块的旗舰企业，也是招商局集团在国内重要的核心资产整合平台及重要的业务协同平台。招商蛇口以“中国领先的城市和园区综合开发运营服务商”为业务愿景，致力于成为“人民美好生活的承载者”，聚焦园区开发与运营、社区开发与运营、邮轮产业建设与运营三大业务板

块，以“前港—中区—后城”独特的发展经营模式，从城市功能升级、生产方式升级、生活方式升级三个角度入手，为城市发展与产业升级提供综合性的解决方案，配套提供多元化的、覆盖客户全生命周期的产品与服务。目前已打造出六大类（启蒙成长、事业成长、家居成长、生活成长、健康成长、夕阳安养），覆盖教育、文化、写字楼、园区、文创、特色产城、长租公寓、住宅、酒店、综合体、商业、邮轮、健康、养老等业务板块，输出25条标杆型产品线，360度启航美好生活新方式。

代建优势

成熟的产品系列奠定了代建的产品基础。招商蛇口以客户为中心，从美好生活需求出发，围绕6大生命成长阶段，丰富“美好生活圈”全生命周期多元产品与服务，全方位满足客户对更高生活品质的追求。招商蛇口始终关注客户需求，不断优化和提升产品的设计、建造能力，提供高品质的产品与服务，致力成为人民美好生活承载者，专注为家庭客户提供精品住宅。目前，招商蛇口建立了成熟的三大住宅产品系，即成长系（“依系”，刚需产品）、成就系（“雍、臻系”，首改和再改产品）、传承系（“玺系”，终极改善产品），累计在全国44个城市、约80个住宅项目落地实施。41年的产品打造，为招商蛇口在代建产品打造方面树立了良好的口碑，奠定了代建的产品基础。

独特的PPC综合发展模式铸造企业轻资产输出优势。以“前港—中区—后城”为空间形态，通过“投—融—建—管—退”全业务链条，打造片区开发运营生态圈，为政府客户提供城市规划、开发与运营的片区整体解决方案，为企业客户提供产业孵化、成长、做强做大的运营服务整体解决方案，为个人客户提供居住、购物、生活、医疗、教育、休闲、娱乐等美好生活整体解决方案，以一系列业务组合、资金平衡与管理动作实现长期可持续发展。蛇口模式的综合性，使招商蛇口无论承接政府代建还是商业代建都具有独一无二的优势。

代建业绩与竞争优势突出，使招商蛇口进入政府投资建设项目的预选单位。招商蛇口总部位于深圳，区域深耕多年，具有丰富的政府代建业绩，代表项目有深圳国际会展中心、深圳湾滨海休闲带、南山区多所学校、宝安新、老三馆（即宝安公共文化艺术中心和宝安1990升级改造项目）等，总计代建面积超过300万平方米。近年来，招商蛇口积极参与粤港澳大湾区建设，2018年12月，招商蛇口入选东莞市财政投资建设项目代建单位预选库（房地产企业库A类），成为首批入选房企，为其在东莞拓展代建业务奠定了坚实的基础。同时，招商局集团具有强大的国企背景，在全国乃至世界范围具有较强影响力和号召，其拥有的外部协同资源给招商蛇口带来巨大商业机遇，布局业务涉及城市更新、连片开发、产业园区、TOD综合开发、社区开发等多类项目。

表6.11.1　招商蛇口2018年以来的部分代建业务

时间	项目名称	项目情况	城市
2018年3月	宝安公共文化艺术中心	项目坐落于新安街道新湖路以北，占地面积14310.57 m^2，总建筑面积94055 m^2，主体建筑地上12层、地下3层，主要包括博物馆、艺术馆、美术馆	深圳
2018年3月	宝安1990升级改造项目	坐落于新安街道新安二路70–72号，用地面积25702 m^2，现状总建筑面积27431 m^2，实施完成后总建筑面积可达63113 m^2，主要包括群众文化馆、图书馆和新安影剧院	深圳
2019年5月	塘厦中心区项目	占地面积38961.91m^2，容积率3.3，需配建人才房、幼儿园（剩余住宅面积99785.87m^2），项目总投资额33.16亿元	东莞
2020年10月	杭州大会展中心	项目位于萧山国际机场北侧，是杭州会展新城的核心项目和首个启动项目，总占地约1110亩，规划总建筑面积约110万 m^2	杭州

二、深圳国际会展中心：创下8项世界之最的“超级工程”

深圳国际会展中心是深圳市委市政府投资建设的重大项目，由招商蛇口和华侨城联合体负责建设运营，是集展览、会议、活动（赛事、演艺等）、餐饮、购物、办公、服务等于一体的超大型会展综合体。展馆一期项目于2016年9月开工建设，是集“整体建成后全球建筑面积最大的单体建筑”“全球总展厅面积最大、单个展厅面积最大的国际会展中心”“钢结构用钢量为全球房屋建筑之最”等8项世界纪录于一身的国际会展中心。2019年9月28日，深圳国际会展中心正式落成，项目因地制宜应用52项全球领先的绿建技术，全力打造规模宏大、节能环保的一流绿色展馆，力争成为全球首个“三绿色认证”的展馆。

1. 项目背景

深圳国际会展中心位于深圳市宝安区福永街道的会展新城片区，地处粤港澳大湾区湾顶、珠三角中心和广东自贸区中心，广深港核心发展走廊和东西向发展走廊的交会处，广佛肇、深莞惠和珠中江三大城市圈交会处，是深圳市委市政府布局深圳空港新城“两中心一馆”的三大主体建筑之一，规划以会展为核心驱动和战略性节点，结合空港、轨道等区域性交通枢纽，发展会展商贸、创新研发、国际物流与空港经济紧密相关的功能业态和产业集群，带领空港新城发展。深圳国际会展中心采用邀请招标方式，2016年8月，招商－华侨城联合体高分中标。

深圳国际会展中心占地总面积约148万平方米，整体建成后室内展览总面积达50万平方米，项目一期建设用地约121.42万平方米，一期总建筑面积达160.5万平方米，室内展览面积为40万平方米，一期及周边配套设施总投资达867亿元。项目一期建成后，将成为净展示面积仅次于德国汉诺威展览中心的全球第二大、国内第一大会展中心；整体建成后，将成为全球第一大会展中心。

2. 代建情况

（1）历时三年，凝聚近3万人的“超级工程”

深圳国际会展中心项目工期仅有33个月，如果正常施工至少需要五六年，施工时间非常紧迫。项目土方开挖量接近400万方，要在90天内完成，高峰期一天出土量为9万方，相当于一个标准项目全部的出土量。施工期间，万余名工人、千余名管理人员，数百台塔吊等分区分块在1.2平方公里的区域内平行施工。全体参建人员两班倒，24小时连轴作业，持续了3个月。除了建设技术方面的硬性难度，对于公司兼顾内部管理和外部协调的统筹也形成了巨大的考验，最终招商蛇口会展项目部团队用3年不到的时间，完成了这个近乎不可能的任务。

项目体量大，施工人员多，管理难度高，团队以高质量协作圆满实现目标。深圳国际会展中心有近3平方公里的工地，参与建设的单位超100家，高峰期施工人员达3万人次，但招商蛇口只有22人的会展项目部团队，承担起深圳国际会展中心全部的设计、招投标、报建和现场管理任务，平均每个人的管理面积相当于一个单独开发项目的体量。由于项目体量太大，为了克服人手不足的困难，团队通过专业互补来减少管理的空白地带。2019年9月28日，创下8项世界之最的“超级工程”深圳国际会展中心终于完成了落成仪式。

（2）全球首个三绿色认证的绿色展馆

招商蛇口秉承“一流的运营”理念，大力推动智慧展馆、绿色展馆、廉洁展馆的发展，持续提升深圳国际会展中心的可持续性管理水平和影响力。一方面，把可持续性目标融入深圳国际会展中心的业务流程和价值链管理，推进可持续性理念在价值链上的传递，提升员工、供应链、合作伙伴和客户的可持续发展意识，定期发布可持续发展报告，与各利益相关方沟通其可持续性管理绩效。另一方面，肩负企业社会责任，深入贯彻可持续发展理念，开展有效可持续性管理，将深圳国际会展中心建设成为全社会可持续发展的标杆展馆，为深圳建设中国特色社会主义先行示范区做出巨大贡献。

深圳国际会展中心总计应用52项全球领先的绿建技术，旨在全力打造规模宏大、节能环保的一流绿色展馆，力争成为全球首个“三绿色认证”的展馆：国家绿色建筑二星级（同类型，国内首例），美国LEED-NC金级（会展类，世界首例），英国BREEAM三星级（会展类，世界首例）。同时，深圳国际会展中心还是最节能、最节水、最节材、最低碳的世界一流展馆，为可持续发展贡献力量。

第十二节　联发集团：代建运营优秀企业

一、联发代建发展概况

企业名片：精工匠筑，与城市共美好

联发集团有限公司（以下简称联发集团）成立于1983年10月，肩负开发厦门经济特区的使命而生，深耕全国24座城市，累计开发面积超2100万平方米，拥有土地储备超1000万平方米。作为世界500强——建发集团旗下核心企业，联发集团已连续15年荣膺中国房地产百强企业，

2021年位列第43名。

基于联发“城市美好生活运营商”的定位，联发聚焦房地产主业，以三大产品系打造具备前瞻性的现代美学人居产品。同时，打造全生命周期服务体系，为逾45万业主打造有温度和幸福感的社区。联发依托超过百万平方米的自持物业，业务版图还涉及物业管理、代建运营、城市更新、产业运营等多个房地产开发配套领域。

表6.12.1　　联发集团全国化布局区域

福建区域	厦门、福州、泉州、莆田、漳州
华中区域	武汉、南昌、合肥、九江、赣州、鄂州、新余
华东区域	杭州、南京、苏州、扬州、镇江
华南区域	深圳、南宁、桂林、柳州、江门
重庆	
天津	

联发代建业务创立于2003年，是联发集团植根于房地产开发经验独立成立的公司。联发代建业务与房地产开发同步成长，秉承“全心服务，善于合作，沟通到位，质量第一”的理念，得到了业主单位和政府部门的高度赞誉，形成了“专业、实力、敬业、口碑”的行业优势，能做到流程管理严谨，数据判断专业，遵循职业操守，尊重业主意见。经过长期的积累和沉淀，目前已经形成了大型公建场馆、住宅、5A写字楼、高端写字楼、高端酒店、教育院校、市政工程、工业园区和城市更新八大业态的全覆盖，涵盖从项目前期准备、规划设计、招投标、施工管理、成本管理，直至项目竣工验收、资产移交等全过程的管理和服务工作，为政府及合作伙伴实现项目全过程的质量、安全、进度和投资控制。

代建业务增长迅速

自创立以来，联发代建承接的项目以大型公共建筑为主，依托联发集团的实力，以精工细作的品质和专业严谨的态度，筑就了一个个享誉城市的作品，得到政府和社会的广泛信赖和期待，在行业内具有一定的知名度，代建业务增长迅速，从厦门覆盖至全国。

截至2020年12月，联发代建已完成代建项目35个，建设规模超460万平方米。正在筹建及建设中的代建项目35个，建设规模350万平方米。在业态分布上，以政府代建带动整体代建规模，从公建为主向多样化发展，市场化项目比重不断提升。

目前已完工的代表项目有：厦门国际会展中心、金砖厦门会晤工商论坛场馆装修改造工程、金砖厦门会晤新闻中心场馆装修改造工程、金鸡奖颁奖典礼场馆等标志性项目。联发代建也是首批进入厦门市重点项目代建名录库的8家房建类甲级单位之一。获得政府及合作伙伴的高度信赖和支持，赢得社会的广泛好评，是对联发代建品质的最大认可与褒奖。

四大建设督导体系

联发代建具有完备的四大建设督导体系。第一，工程管理部现场管控。每个项目严格按照联发《标准工程模板》设立工程部，严格按照联发精致标准、精细化管控进行项目管理，严格执行“分户验收、内部验收、一房三收”的工程验收制度。第二，集团督导系统专项督导。集团专设工程质量督导部，对各项目现场工程质量进行全过程检查、督导。董事长授予其对不符合工程质量要求的项目公司总经理的直接处理权。第三，外聘监理公司第三方督导。严格执行第三方监理公司督导，严格按照联发质量管理体系需求进行节点督导、现场签证、整改反馈等精细化管理，严格执行“整改、停工”制度。第四，客户质量监督小组督导。成立集团、项目两级业主质量监督小组，业主质量监督小组对项目工程品质进行现场督导，公司赋予业主质量监督小组最高监督权。

代建模式发展

联发代建有主要四大业务模式。

（1）政府代建，与保障性住房及市政公共服务设施等政府类投资项目对接，由联发集团承担项目建设管理任务，改善城市居民的生活品质。

（2）商业代建，与土地确权的房地产项目对接，由委托方提供开发用地并承担全部或主要的开发投资，联发集团根据委托方需要向项目输出品牌，并派驻专业的开发团队，承担开发任务，提升其产品的市场价值。

（3）资本代建，与具备房地产投资能力的金融机构对接，联发集团为其寻找房地产投资项目，并为其项目提供全过程房地产开发管理服务，实现“资本 + 代建”双赢模式。

（4）小股操盘，委托方提供主要资金，联发集团入小股，单方或双方共同获取项目，项目统一由联发集团派驻团队、输出品牌，负责全过程开发管理，实现合作共赢。

未来：构建纵深发展的全产业链服务体系

（1）持续区域拓展

以联发在全国的城市布局为支点，在政商关系良好的城市进行区域拓展，不断深耕新拓展区域的城市建设业务。

（2）扩大产业链

以一盘棋思维打通上下游链条，以土地整理、代建、设计、施工、招商运营一体化模式扩大基建产业链条，形成全产业链服务体系。通过全产业链条和差异化产品为客户提供从土地开发到招商运营全过程的管理和服务，扩大基建市场占有率。

（3）发展模式转型

五年内完成从轻资产到规模产业化运营的转型，实现工程代建、城市更新、建筑施工、产业运营各业务板块的规模扩张。联合各板块发展，打出组合拳，形成价值闭环，成为企业新的利润增长点。利用全产业优势和资源叠加效应，形成核心竞争力和独特优势，以资源溢价、运营溢价、产品溢价、服务溢价实现资本和物业的增值。

（4）管理体系升级

重塑柔性管理架构，促进内部人才流动。完善的产业链实现各业务板块无缝对接，共享技术流、资金流和人才流的最佳资源配置。评价考核颗粒化，从源头到终端每个环节有效管理，保证产品质量。组织架构对市场敏锐反馈，通过扁平化管理简化流程，缩短开发周期，减少内耗，落实项目快周转。提升商业运营的灵活性，以全产业链运作模式实现总体利润的提升。

（5）资源整合能力

未来，代建行业将更加注重资源协同能力，城市综合开发模式将取代纯代建成为主流。在打造优质产品的同时，不断提升综合运营和服务能力，全面整合经营资源、加大循环，用利他精神构建共同价值取向，建立更广阔的利益共同体。同时密切关注投资属性，更好地使用融资平台加大投资规模。

二、代表项目介绍

典型项目（大型公建场馆）：2017 年金砖国家领导人厦门会晤场馆。联发集团承担了会晤工商论坛场馆、新闻中心场馆等多项重要装修改造工作。凭借对专业的坚持、对完美的追求，克服工程任务繁重、施工难度大的困难，经过 180 多个日夜的努力后圆满完成任务。金砖厦门会晤的成功举办让厦门这座美丽的海滨城市站在世界舞台的中央，而金砖会晤场馆也成为众人目光的焦点。

典型项目（大型公建场馆）：海峡大剧院。场馆紧邻厦门东海域，占地面积达 2.2 万平方米，采用闽南屋顶挑檐，内部装饰融入窗花、红砖元素，5000 多盏三角梅灯点亮场馆，极具厦门地域特色。落地厦门的第 28 届、33 届金鸡百花电影节之夜，大半个中国娱乐圈的明星齐聚于此。这座汇聚了万千星光、承载中国电影节最高荣誉颁奖典礼的场馆建筑，聚焦了无数目光。如此设计精细、兼具会展和演艺功能的大型场馆，建设工期却只有 312 天，与时间赛跑，最终完成重要使命。作为场馆的代建方和电影节的场地服务保障方，联发代建继金砖厦门会晤后，再次交上了一份高质量的答卷。

典型项目（高端酒店）：海悦山庄酒店。地处厦门风光旖旎的环岛路景区，融合了美丽的海滨风景和园林景观，依山面海，设施奢华，是休闲度假、会议以及商旅居停皆宜的五星级酒店。酒店占地 100 万平方米，其中四季常青的 50 万平方米园林经过国际专家设计规划，一步一景，有小桥、流水、奇石池塘、草坪、湖泊，更有 25000 多株乔木，共 400 多种珍稀品种。海悦山庄酒店提供奢华和宽敞的住宿享受，主楼的大多数房间面积超过 45 平方米，可以尽览山海。酒店房间用绿色木纹、花草图案、藤制家具等典雅怀旧却不失时尚气息的元素，营造雅致舒适的鹭岛度假时光。

典型项目（高端酒店）：武夷山大红袍山庄酒店。位于武夷山风景度假区南侧，占地 630 亩，规划用地 91.22 公顷，建设规模 31755 平方米。该项目是由南平市、武夷山市两级政府和厦门建发集团共同投资建设，产权归政府所有，2009 年由联发参与该项目的代建工作。项目分为接待区、五星级酒店、会所 3 个功能区，其中接待区和酒店规划总建筑面积 7.4 万平方米。项目拥有桂园、兰园、竹园及综合楼四幢独立别墅型建筑，是集度假、会议、养生、休闲为一体的高端度假酒店，目前武夷山大红袍山庄酒店已成为武夷山高端接待的一张名片。

典型项目（甲级写字楼）：厦门海富中心。双矩形智能化高级写字楼，蓝灰色玻璃幕墙配合浅灰色花岗岩幕墙尽显恢宏与大气。一层为大堂和商务配套，二、三层为会议室和商务接待，四层以上为高级写字楼，单层面积 1350 平方米，挑高 3.8 米，空间分割自由灵活，并配备 15 部高级电梯、中央空调系统、智能化管理系统等。寓意着“海纳百川，富裕天成”的海富中心甲级写字楼在 2011 年获得中国建设工程鲁班奖，现已成为厦门五缘湾营运中心的一颗明珠。

典型项目（城市更新）：湖边水库东片区旧村整村改造项目。该片区是厦门市湖里区实施的东部新城建设的七大片区之一，位于厦门岛东部城市中心地带，规划总用地面积 79.9 万平方米。湖边水库是厦门本岛集水面积最大的一座小型淡水水库，属于重点保护水域。该片区地处新老城区交界，既可共享老城区的成熟生活配套，又与其保持适度的距离。片区规划有两个安置区：一是已建的湖边御景花园安置区；二是未建的下湖安置区。预留的社区发展用地，紧邻其他产业用地，有利于产业发展集约化，促进产业经营形成规模效应，具有很好的区位优势。

典型项目（保障房）：祥平保障房二期。总用地面积 10.6 万平方米，总建筑面积 53 万平方米，由 16 栋 100 米左右的高层建筑组成，规划建设 4902 套保障性住房。建筑风格汲取传统闽南建筑元素，将红砖、燕尾脊等闽南元素融入外立面造型，充分体现地域特色的“人文情怀 +”，三重入户，精心铺筑业主的归家之途。小区规划围合式中央绿地公园，融合慢行健康步道、全龄童趣乐园，层层递景，静享安谧的园林式雅趣的同时，还可进行康体休闲运动。

三、经验总结

联发代建依托联发集团 30 余年深耕房地产开发的资源与平台，在公司发展过程中，不断调整业务发展方向，以适应代建行业的发展趋势。目前，联发代建在较为擅长的公建领域已建立良好的市场口碑，并以此作为扩大市场规模的发力点。2020 年，将城市更新板块纳入八大业态中，并进一步打通上下游全链条服务，为下一步转型为区域密集开发运营商蓄力。

一切过往皆为序章，不忘初心，方得始终。未来，联发代建将继续秉持联发集团“创造品质生活、服务城市发展”的使命，为更多人创造品质生活，展现更好的生活服务场景，与城市共美好。

第十三节　中天美好集团：推动全过程代建转型升级的品质服务商

一、中天美好集团代建发展概况

企业名片：产品与服务领先型的美好生活服务商

中天美好集团有限公司（简称“中天美好集团”），是中国企业 500 强——中天控股集团有限公司旗下“产品与服务领先型的美好生活服务商”，具有国家一级房地产开发资质。

中天美好集团下辖40余家房地产开发子公司和专业物业集团、长租公寓、代建公司，业务覆盖长三角经济带多个核心区域市场和西安、乌鲁木齐、长沙、唐山等多个省会或重要都市圈核心城市。在巩固住宅开发和物业服务优势基础上，业务延伸至写字楼、商业综合体、度假酒店、长租公寓、众创空间等，为更好满足人们美好生活需要，提供品质产品和优质服务。

2020年，中天美好集团实现合并销售额286亿元，权益签约额204亿元，荣列中国房地产销售额100强，长三角区域房地产50强，长三角城市群房地产公司品牌价值10强。在企业发展过程中，中天美好集团充分整合中天控股集团全产业链布局优势和突出的现代工程服务能力，坚持“产品领先、品质至上、品牌发展”的发展战略，坚守“真心缔造美好生活”的企业使命，革新客户、产品、品牌思维，以美好建筑科技MCT2.0为管控手段持续推进美好智造，倡导张弛有度、回归本真的有度生活价值主张，以多元社群为纽带链接客户群体，以物联网技术全面打造智慧社区，多维度构建服务体系，不断满足人们对美好居住体验的追求。

一直以来，中天美好集团重视公益的价值与力量，积极投身公益慈善，参与各地保障房建设，以爱心捐赠、慈善项目、志愿者行动等方式始终关注和践行社会责任。

拓展轻资产板块，规模化发展代建业务

在全国保障房建设浪潮中，中天美好集团应杭州市临安经济开发区管委会之邀，代建开发了“青山湖·大园新城”和“青山湖大园新城南区”安置房项目，单个项目总建筑面积超50万平方米。从立项、设计、实施到交付项目，开启了中天代建管理的序幕。之后，中天美好集团陆续在杭州、金华、台州、温州、长沙、丽水等市场承接了多个代建项目。

表 6.13.1　　中天美好集团部分代建项目一览表

序号	项目名称	城市	物业类型	代建委托方
1	青山湖项目	杭州	住宅	临安区政府
2	大园新城项目	杭州	住宅	临安区政府
3	金华二七东区项目	金华	住宅	婺城区政府
4	金华二七西区项目	金华	住宅	婺城区政府
5	杭州转塘代建项目	杭州	住宅	西湖区政府
6	杭州谢村代建项目	杭州	住宅	拱墅区政府
7	杭州牛田代建项目	杭州	住宅	江干区政府
8	杭州景芳代建项目	杭州	住宅	江干区政府
9	杭州凯旋代建项目	杭州	住宅	江干区政府
10	台州旧改代建项目	台州	住宅	仙居县政府
11	杭州天万代建项目	杭州	住宅	余杭区政府
12	杭州东湖代建项目	杭州	住宅	余杭区政府
13	杭州浮山代建项目	杭州	住宅	西湖区政府
14	温州郭溪代建项目	温州	住宅	瓯海区政府
15	杭州西站代建项目	杭州	住宅	余杭区政府
16	温州永中代建项目	温州	住宅	龙湾区政府
17	丽水龙谷代建项目	丽水	住宅	遂昌县政府
18	长沙星耀城代建项目	长沙	住宅＋商业	湖南滨鸿房地产

中天美好集团代建模式主要为政府代建和商业代建，兼带小股操盘项目。从项目代建类型来看，现阶段中天美好集团承接的代建业务仍然以政府代建为主。从代建布局来看，政府代建项目主要集中在浙江省内，商业代建项目主要分布于二三线城市。

深耕政府安置房领域，成为区域内代建服务标杆

中天美好集团依托中天控股集团的资源优势，发挥代建业务在上下游产业链协调联动作用，保障产品品质，控制管理成本，推进供应链融合，

使代建服务更专业、高效。2020年3月，代建专业子公司——浙江光影建设管理有限公司成立，进一步推动了政府代建项目、商业代建项目服务内容的创新升级，构建形成一整套专业化、规范化、系统化的具有“中天特色”的代建管理服务体系。

构筑建筑全生命周期产业链，形成独特竞争优势

依托中天控股大平台，拓宽代建服务新空间。中天控股集团旗下中天建设集团具备房屋建筑工程总承包特级资质、建筑工程设计甲级资质等十几项专业资质。2015年，收购有20年勘察行业经营历史的浙江大地岩土勘察有限责任公司，具备岩土工程（勘察、设计）甲级资质。

中天建筑设计研究院、中怡建筑规划设计公司、天怡建筑设计公司、广东中天工程设计有限公司四家甲级设计院，通过一批EPC、BT、BOT等总承包项目的实践，积累了丰富的项目总承包管理经验。

“精诚装饰”是中国建筑装饰百强企业，形成了以建筑装饰设计与施工、幕墙设计与施工为主业，融智能消防、机电设备安装、园林绿化等为一体的装饰产业链。

“恒筑钢构”具备房屋建筑总承包一级资质、钢结构工程专业承包一级资质、钢结构工程专项设计甲级资质，拥有行业先进的制造设备和检测设备，年生产能力超10万吨。

“智汇安装”具备机电、石油化工工程施工双总承包一级资质，并拥有消防、冶金、智能化、市政、建筑、环保、电力等多项专业资质。

中天交通投资集团具备公路工程施工总承包一级、市政公用工程施工总承包一级、房屋建筑工程施工总承包一级、公路路基工程、公路路面工程、桥梁工程、隧道工程、公路交通工程（公路安全设施）等专业承包一级、公路养护一类、二类甲级、三类甲级等施工资质，水利水电工程施工总承包三级资质。

浙江天成项目管理有限公司具备工程监理综合资质、建设部工程造价咨询甲级、国家人民防空工程建设监理甲级、招标代理、杭州市政府投资项目代建资格等各类资质。

中天美好多维度服务体系，强化代建品质提升。中天美好生活服务集团，具备物业管理一级资质，专注于高品质生活服务。采用“优质服务＋互联网”的模式，独创“三优”社区生活体系。

浙江天烁房屋租赁服务有限公司，具备物联网、互联网技术盘活城市存量资产能力，提供一站式租房解决方案及业主经营咨询、产品打造、托管经营、全周期代建运营等服务。

中天代建依托中天控股集团大平台和中天美好集团产品与服务资源，集合覆盖了建筑施工领域和房地产开发领域建筑全生命周期产业链资源，在代建行业中独树一帜，形成了独特竞争优势。

每建必优，品质领先

匠心精品，每建必优。中天控股集团连续17年荣列“中国企业500强”，共创鲁班奖26项，国家级奖项超200项，省级优质工程超530项，省级文明工地超1730项。在多年创优的过程中，已具备完整的项目管理标准化体系，积累了丰富的创优经验，项目团队完善成熟，确保为代建项目委托方提供品质保障。

品牌服务，品质领先。中天美好集团一贯坚持“产品领先、品质至上、品牌发展”的发展战略，经过多年匠心打造，涌现出中天·珺府、中天·通惠云望府、中天·云望庄园、中天·汀州印月、中天·望江府等经典楼盘逾百个。在地产开发及委托项目代建过程中，中天美好极其注重绿色健康、环保节能产品打造，截至2020年，开发代建项目共荣获一星级绿色建筑设计标识证书1个，二星级绿色建筑设计标识证书29个，三星级绿色建筑设计标识证书3个，荣获二星级健康建筑设计标识证书2个。

发挥设计优势，打造理想·家产品。中天美好集团在各类代建项目的实施过程中，发挥中天文化“匠心”精神，运用控股集团设计阵营资源，以整体规划、立面设计、服务配套三方面为着力点，系统开展设计管理工作。对项目前期和实施期间疑难问题预判分析，前瞻性把控产品设计标准，充分背调原住民需求，把握委托方预期，以打造理想·家产品为己任，有效运作和提升了代建项目产品的市场口碑。

全过程代建模式优势凸显，获取良好口碑

目前，政府代建模式主要分为纯代建、施工代建、全过程开发代建三种模式。中天美好集团自介入代建业务以来，深耕浙江省，开拓长三角等市场区域，在市场开拓过程中不断复盘总结，通过数年实践的沉淀积累，推动并助力不同代建管理模式优化升级。

尤其在全过程代建模式管理上，中天美好集团充分发挥大平台产业链资源优势，使项目从立项或其之后至项目交付为止，委托方只需开展一次代建单位的招标。委托项目进度、成本、项目品质控制均交由代建管理团队实施。从方案设计之初到项目交付，大到外立面、景观，小到楼梯、扶手，每一处细节都交由中天美好代建管理团队进行优化，将中天美好开发产品倡导的设计标准和生产品控融入项目建造的整个过程，实现代建委托开发合同约定的质量、进度、投资预算控制等目标，提供代建项目高、快、省、优的产品服务。充分利用建筑全生命周期产业链优势，在项目管理中为业主创造了增值服务。

未来：“1+N”多元服务，多维度创造代建管理价值

中天美好集团在探索代建管理轻资产化运营过程中，致力于多元化服务内容，在代建项目管理基础上延伸打造“1+N”代建管理服务体系，可以做到委托方只要“1”次委托，后续“N”项工作内容和服务全盘由代建

公司提供并保障完成。

“1”份委托，信心加注：投资人委托中天美好集团牵头项目建设任务，负责全过程项目管理综合性工作，由其协调各参建服务单位分别按合同约定负责所承担的专业工作。实现前置思维，领跑纠偏，作用在项目管理服务计划、组织、协调、管控、纠偏各项环节。

“N”项服务，加倍保障：在代建项目管理基础上，提供代建项目的全过程专业服务及工程建设服务。专业提供：投融资策划、前期咨询、工程勘察、工程设计、BIM 设计、招标采购、集采平台、造价咨询、工程监理、房产开发销售、运营维护和物业管理咨询建议等。

中天美好集团以中天控股产业资源平台和中天美好集团品牌优势为依托，通过多种合作模式，为委托方和资本市场提供代建委托全产业链服务，以专业化、规范化、系统化的优质管理创造更高价值。

二、温州龙湾永中地块：全过程代建模式代表项目

2019 年 7 月，中天美好集团与温州瓯海建设集团签订郭溪项目代建委托合同，承接了温州市场首个全过程代建开发项目，项目总建筑面积 26 万平方米。该项目中标后 28 天即办理完成施工许可证，充分体现了中天代建开发的高效与专业。

2020 年 5 月，在郭溪项目管理口碑基础上，中天美好集团与温州高新技术产业开发区投资建设公司签署了温州龙湾永中单元全过程代建委托合同，这是中天美好集团深耕温州市场的又一重点项目。

该项目总建筑面积约 24 万平方米。代建委托范围为代建 + 设计 + 施工全周期服务，服务期限从项目立项至产权办理交付止。中天美好借助温州区域公司代建项目管理经验，在 2020 年 7 月完成征迁，8 月取得施工许可证，12 月出 ±0.000，项目管理团队以高效管理表现，获得了委托方认

可，为中天美好提升区域市场竞争力奠定了良好基础。

项目背景：温州·大建大美的靓盘

项目区位：地块位于龙湾区永中街道，东临半洋河沿河绿地生态廊道，西接建中路，北侧永宁路。该地块周边交通便利，地理位置优越，拥有得天独厚的滨水景观和生态环境。地块区域周边均为安置片区，基本处于待建状态，涉民生安置共近万余户，项目安置提速需求紧迫。

代建背景：安置提速，委托代建需求量放大

2017 年 6 月，温州发布《关于开展“大建大美”行动的实施意见》，以土地高水平开发利用为重点，结合城市有机更新和“城市双修”，推进一批有实效、有影响、可示范的“大建大美”项目。计划到 2022 年，市区城中村改造基本完成，拆后土地得到有效开发利用，城市公共服务与精细化管理全面加强，使温州的城市功能品质跻身沿海城市先进行列，真正成为浙江的“铁三角”。

在“大建大美”规划建设背景下，温州市政府急需打造多个高品质社区，年计划提供安置房土地数千亩。由于传统的施工项目管理已无法满足安置提速需求，近年来，温州安置房项目陆续迎来了绿城、万科、中天美好、绿地、当代、金地等众多品牌房企参与项目建设。

代建环节：项目提速和产品打造，双向提升客户满意度

温州龙湾区政府以契约形式委托中天美好集团负责项目部分前期管理、规划设计、工程营造、成本管理、竣工验收、资产交付及合同期限内的维保管理等全过程管理，中天美好集团在当地注册成立温州光影建设管理有限公司，项目开发全过程通过项目公司招采、实施、管理，项目投资额各项税收留在开发地。

①前期提速：传统开发项目前期阶段基本在90天以上，若遇到拆迁问题少则半年。中天美好集团在项目启动初期，投入在温州有管理实战经验的前期团队（曾创造1个月取得施工许可证纪录），征地拆迁进度把控采取动态管理台账，摸排根源，以销户、拆迁、取得土地使用证为阶段节点推进。规划许可上围绕强排、方案、联审、取证为阶段节点推进，通过专人跟踪，不等、不靠、主动协调的思路，不到两个月即将许可证办理完成，为项目顺利开工争取了赛点。

②设计管控：深入调研，按需定制。在项目方案设计阶段深入一线，全面调研，充分了解原住民生活习惯、职业收入、民俗传统等需求。针对不同地块需求形成详尽调研报告，给予精准产品定位，指导规划建筑设计以引领所在城镇发展面貌、优于同地块商品房的标准，精心规划，创新设计。建筑设计上以场地规划及建筑布置形式为基础，以自然、典雅为设计核心理念，形成整齐、功能均好的设计布局，“大尺度、大空间”的设计理念始终贯穿其中。在景观设计过程当中充分考虑了该地块居住小区的均好性，从各个景观节点以及各幢大楼的视点出发，对各个景观重点做了细致的设计，让住户不论在小区里还是在高层住宅中都拥有良好的视觉感受。户型上空间方正规整、功能分区明确、动静分开、南北通透，功能取向以及环境配合进行了多方面综合考虑。

③工程管控：三品思维，精耕细作。引进中天建设优质施工队伍，全面推进精细管理。全程导入中天美好集团工程精细化管控标准。在项目现场设立民工夜校，标准管理培训直达一线工人。建立安置村民质量监督小组，定期巡查。设定项目工地家人开放日，接受政府和社会各方监督。至目前，项目已实现1个月规划方案通过审批，1个月取得施工许可证，3个月出±0.000，6个月封顶等阶段性推进成果。项目后续将以9个月完成验收、3个月完成交付为进度管控为目标，确保创建温州市安全文明标化工地和温州市

“瓯江杯”优质工程，争创“钱江杯”工程。

④成本控制：以目标成本为抓手，实现全成本管控。制定项目全周期目标成本，实行动态成本监控，及时与集团成本数据库进行对比、纠偏。利用 BIM 技术对项目整体造价进行全专业管控，避免交叉施工、不合理设计配置带来的返工浪费。根据项目总进度计划制定招采和资金计划，实施集中采购，发挥集团价格优势，实现全过程成本管控。总体控制目标：达到项目自主变更费用零增加，预算零超概。

经验总结

温州市政府作为推动城市改造建设的先行者，在 2018 年率先推出全过程代建开发模式，中天美好集团在参与温州市场建设的实践中沉淀了宝贵的管理经验。安置房的建设不同于传统开发项目建设，不是以盈利为目的，而是以解决群众的住房问题为根本。因此，安置房项目在整体建设方案方面，需要充分考虑城镇现状及发展规划，根据市场分析预测，综合考虑工程经济效益和社会效益。

在安置房建设管理中，在满足业主需求前提下，确定工程规模及建设标准。例如，通过调查研究，充分了解现有基础设施情况，研究标准合理、使用可靠、满足工程功能需要的道路、给排水、供电等方案；在满足项目建设的前提下，少占地，少拆迁；合理利用地形条件，尽可能减少填挖方量；合理利用当地建筑材料，节约工程成本；采用新技术、新材料、新工艺，提高工程质量，降低工程造价。从资源、进度、成本、质量多个维度帮助委托方提升管理效益，提交满意产品。

中天美好集团立足于委托方的需求，以解决项目难点、痛点为初衷，在项目管理实践过程中整合运用中天控股集团全周期产业链资源，通过郭溪、龙湾等全过程代建项目管理实践成果，奠定了其在区域市场代建管理领域的地位和深耕实力，也为进一步探索全过程代建管理模式转型提供了升级空间，对于国内各代建企业具有很大的借鉴意义。

第十四节　鸿坤集团：创新型特色代建业务开拓者

一、鸿坤集团代建发展概述

企业名片：特色代建企业—产业园、资本代建企业

鸿坤集团2002年创立于北京，起步于京津冀，目前已发展成为一家拥有鸿坤资本、鸿坤产业、鸿坤文旅和鸿坤地产四大业务板块以及代建代管、IP生态圈等多元业务的复合型控股集团，业务范围涵盖金融投资、地产开发、产业、商业、健康医疗、体育、文化艺术、旅游等领域。目前，鸿坤集团业务遍布北京、上海、天津、河北、江苏、广东、安徽、海南、湖北、山西等省份的30余座城市，累计总开发面积超1300万平方米。

鸿坤立足自身在多元化产业协同发展和创新型城市运营中相对综合的经验和优势，在坚持“都市圈”和“生态圈”的“双圈战略”战略基础上，确立了“轻重并举”的战略导向，通过输出品牌和运营管理模式，构建专业化服务体系，加速推动轻资产业务比重，优化战略布局。代建代管是基于鸿坤品牌价值、产品开发建设及管理运营等优势，为客户提供涵盖土地获取、产品设计、工程营造、营销管理、物业管理等全流程的委托开发建设及运营管理解决方案。代建模式主要包括产业园代建、住宅代建、资本代建、政府代建及物业代管。

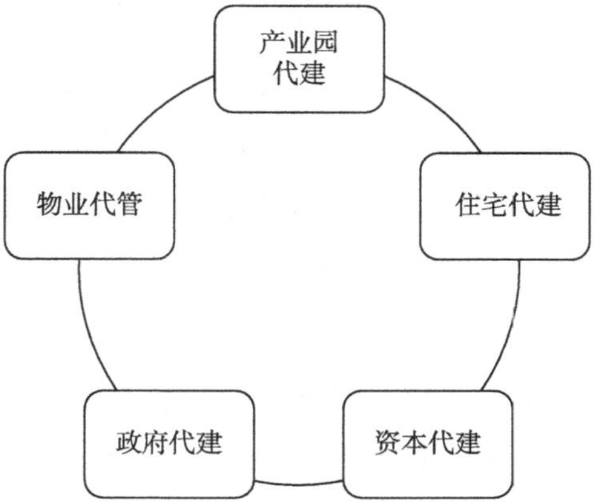

图 6.14.1　鸿坤集团代建模式分类

二、代建模式及代表项目

1. 产业园代建

鸿坤产业成立于2014年，连续5年荣膺中国产业园区运营商30强。在北京、上海、深圳等一线城市，鸿坤产业通过“轻重结合”的业务模式，开发运营了鸿坤·金融谷、鸿坤云时代、西红门鸿坤·智谷、鸿坤·生物医药谷、鸿坤·动力时代等16大特色产业园。基于住宅开发的优良基因与产业园运营开发的经验结合，鸿坤在产业园开发方面建立诸多优势。第一，鸿坤集团在产业园景观打造方面，能理解现代新型产业园对景观的诉求，结合住宅项目景观打造经验，为客户创造价值。第二，鸿坤集团的产品具有较高品质，多年来，鸿坤的产品都具有较高口碑，业主满意度一直名列前茅。鸿坤集团将住宅建筑、景观打造经验与产业园建设的实际情况结合，对传统产业园进行再升级，打造出区别于传统产业园的产品，获得客户的广泛认可。

依托鸿坤产业发展的积累和优势，鸿坤目前获取了威迈斯产业园代建、国盛产投宝山药谷代建项目等项目。

威迈斯（上海）研发中心及华东总部项目。项目位于上海市闵行区莘庄工业园区紫磊路与华宁路交叉口，是继鸿坤·动力时代和鸿坤·光创园两个自有产业园区项目之后，鸿坤在上海莘庄打造的第三个产业园区开发项目。项目地块属于科研用地，占地面积约 1.9 万平方米，容积率 3.0，总建筑面积约 8.2 万平方米，其中地上建筑面积约 5.9 万平方米，地下建筑面积约 2.3 万平方米。

国盛产投·宝山药谷项目。国盛产投·宝山药谷（MEDIPARK），规划面积约 200 亩，总投资约 18 亿元，项目对标世界一流的专业化高品质生物医药园区。其中一期占地约 100 亩，总建筑面积约 14.6 万平方米。2020 年 12 月 4 日，鸿坤集团与国盛产投签订代建协议，负责国盛产投宝山生物医药产业基地（国盛产投·宝山药谷）的工程建设。此次代建协议的签署，标志着鸿坤集团以轻资产代建模式进驻上海罗店工业园区。

2. 资本代建

对缺少启动资金或建设资金以及不良资产项目，通过鸿坤专业的融资、法务以及项目开发能力，为项目导入开发资金，使其快速有效启动，及时盘活，实现项目价值，同时输出鸿坤的设计、营造、运营、管理和品牌等能力。鸿坤于 2018 年成立鸿坤资本集团，整合鸿坤亿润投资、鸿坤基金、鸿坤财富等板块；鸿坤外部合作金融机构达数十家，类型齐全，涉及银行、信托、AMC、国际资本等，这都为其资本代建提供了一定的保障。另外，鸿坤也有大量的不良资产处置经验，在处理一些复杂项目的代建时有较强的优势。

3. 住宅代建

鸿坤地产连续八年荣膺地产百强，拥有五大成熟产品系（TOP 系、语墅系、理想系、原乡系、都市系），以卓越产品研发体系形成品牌溢价力，拥有国家一级开发资质，获得AAA级公司债券评级。目前在全国累计开发项目超70个，在全国一二线城市打造了多个区域标杆产品，如鸿坤·林语墅（北京）、鸿坤·花语墅（北京）等。在住宅产品研发领域，鸿坤积极探索装配式住宅、被动房建筑以及“海绵城市2.0”社区，在诸多创新领域实现突破。

4. 政府代建

政府采用邀请、公开、指定等方式招标，选择具有技术性、专业性的项目代建管理单位。鸿坤依托强大的专业资源整合能力与品质把控能力，对政府代建项目进行全过程管理。鸿坤依托大兴区西红门开发经验，在保障房、公建配套、市政配套等领域，都有完备的政府代建经验。在大兴区完成了多个保障房及市场工程代建项目。

5. 物业代管

鸿坤物业成立于2003年，拥有国家一级物业服务资质，是中国物业管理协会理事单位，现已成长为香港联交所主板上市的物业服务企业。凭借卓越的服务品质、优良的客户口碑和高速发展的管理规模，多年稳居中国物业服务百强企业。鸿坤物业目前已进驻17个城市，服务10万以上的业主，管理业态覆盖住宅物业和非住宅物业两大运营服务产品系，包含普通住宅、高端别墅、商业综合体、写字楼、产业园和公建等多种物业形态，可提供前介服务、案场服务、社区服务、管家服务、增值服务、商办服务、公众物业服务等多维服务，构建全程物业服务体系。

第三篇
中国房地产代建的发展趋势

本篇从房地产未来发展趋势和行业格局变化论证中国房地产代建行业具有广阔的发展前景，未来将成为房地产行业的重要分支，并借助中指研究院的中国房地产中长期动态发展模型预判房地产行业及代建行业的未来市场容量。同时，从代建企业格局、业务结构、产业链延伸、平台化等维度阐述代建行业未来发展可能呈现的特征，并从制度等方面对未来代建行业的风险防范进行提示和总结。

第三章

[illegible]

第七章

房地产代建发展趋势及风险

第一节　代建市场容量

2016年以来，中央坚持“房住不炒”调控基调，房地产金融监管持续从严，发展房地产代建业务成为部分房企扩大市场份额、升级房地产业务的新赛道。其中，在商品房领域，具有代建需求的中小型房企占有重要的市场份额，代建业务空间广阔；在非市场化市场中，在城市更新、城投公司、保障性住房领域代建业务都有巨大的发展潜力；此外，随着政策完善，资本介入模式的商业代建也将迎来快速发展期。

一、代建市场容量预测

根据“中国房地产中长期发展动态模型”，结合国内外经济研究机构对经济环境的预测，参照近期宏观政策走向及重要会议精神，对未来五年房地产市场的宏观环境提出如下假设。

假设1：宏观经济高质量发展（GDP：2021年增长9%，2022~2025年均增长 5%~5.5%）；

假设 2：货币信贷政策灵活适度（M2 年均增长 9%~10%），精准导向，房地产行业金融监管整体收紧；

假设 3：新型城镇化继续推进，未来 5 年城镇化率以年均一个百分点提升；

假设 4：坚持“房住不炒”调控导向，因城施策，科学及时调控，长效调控机制加快推进。

基于以上假设条件，根据中指院“中国房地产业中长期发展动态模型”分析，我们预测，未来五年我国商品住宅销售面积将为 67.8 亿平方米，“十四五”时期全国城镇住房需求总量将达 94.6~98.4 亿平方米，其中约 70% 由商品住宅的形式供应。

在商品房市场，中小型房企代建业务市场空间广阔。根据《2021 中国房地产百强企业研究报告》，2020 年百强企业销售额市场份额稳步上升至 63.2%，百强之外的中小房企占比为 36.8%，中小房企拥有重要的市场地位。2020 年三季度中央强调要实施好房地产金融审慎管理制度，通过“三道红线”管理手段推动房企稳健发展，加大了中小房企融资难度，通过代建方式加快周转及运营效率来提升销售回款，才能保障企业健康经营；对于代建供给端，优势房企通过代建这一轻资产模式可以在合理控制负债率情况下扩大业务规模及品牌影响力。

我们预计代建市场规模占比将以年均 21.3% 的速度高速增长，到 2025 年，代建行业规模预计渗透率将达到 12.5%，对应 2021 年 4.8% 的渗透率。按照欧美模式下代建业务占比可做到 20%–30%，我们按平均值 25% 估算，代建行业的渗透率还有 5.2 倍的空间。

表 7.1.1　　2021–2025 年不同阶段城镇住房需求主要指标及代建渗透率预测

	代建新签约（万平方米）	城镇非商品住房需求（万平方米）	城镇住房总需求（万平方米）	渗透率
2021 年	10177	63457	211522	4.8%
2022 年	12341	60665	202218	6.1%
2023 年	14965	57997	193323	7.7%
2024 年	18147	55446	184819	9.8%
2025 年	22006	53007	176690	12.5%

二、非市场化住房代建市场潜力

未来五年新增住房总体需求（含非市场化住房需求）除了商品住宅以外，仍有大量以非市场化供应为主，主要包含政府主导的城市更新、城投公司、保障房等领域。目前新的政策形势下，重点城市政策性住房将会大比例提升，政府代建市场广阔。重点城市持续增加租赁住房，偏保障占比提升，保障房代建者是政策的最大受益者。

存量房市场中，政府代建市场面临重要发展机遇。在房地产行业从增量市场向存量市场转变背景下，招拍挂市场拿地竞争日趋激烈，以城市更新、未来社区为代表的存量更新市场方兴未艾，据统计，我国 2000 年前开发的老旧住宅社区涵盖超过 4200 万户住宅即约 40 亿平方米的总建筑面积①，其更新市场蕴含着重要的政府代建机遇。

城投公司、国企央企客户的代建需求也会成为政府代建市场的重要部分。城投公司及部分国企央企在经营过程中积累了大量建设用地，但由于开发能力薄弱，需要同代建公司合作开发来提升项目品质、保证开发效率。根据银保监会口径，全国共有 11000 多家城投公司，城投公司领域潜

① 数据来源：第十一届全国既有建筑改造大会上，住房和城乡建设部标准定额司巡视员倪江波提及。

在的代建业务前景可期。

根据“十四五”规划，保障性安居工程带来的政府代建需求仍将维持一定规模。“十二五”（2011~2015）期间中国全面推进保障性安居工程，开工3600万套目标提前超额完成，基本覆盖20%的城镇人口。“十三五”（2016~2020）期间，以棚户区改造为代表的住房保障和住房供应体系建设逐渐成为我国住房政策的重要方向，计划城镇棚户区住房改造2000万套。“十四五”（2021~2025）规划中，提出有效增加保障性住房供给，保障性住房将会维持一定规模，由此带来相应政府代建需求。

三、资本介入代建：规模较小，长期发展空间较为充足

随着金融创新政策及模式成熟，商业资本代建将迎来快速发展期。代建企业与大型金融机构联手，在引入金融机构资本及化解房地产领域不良资产领域深入合作，在此过程中，代建方获得代建服务和项目投资双重收益，有效提升代建业务回报率。

国内已经出现一批经验丰富、专业能力突出的房地产金融公司。如平安不动产依托中国平安有着获取低成本资金的天然优势，2019年资产管理规模超4300亿元，业务模式上积极探索房地产金融创新，持续推进供应链ABS等资产证券化业务布局，打通资金端和资产端的连接；光大安石经过逾十年在境内外不动产投资领域的精耕细作，已经形成了包括股权投资、结构化投融资、不动产资产证券化等在内的多条成熟产品线，截至2020年3月末，光大安石累计管理规模超过1160亿元，为金融资本介入房地产市场发挥了重要作用。

目前国内不良资产经营市场巨大，房地产类不良资产亟待盘活。从不良资产的具体投入来看，华融资产2019年末不良债权资产总额5518.14亿元，收购重组类不良债权资产总额3794.1亿元，其中，房地产类不良资

产 1945.76 亿元，占比高达 51.3%；信达资产 2019 年末不良债权资产净额 3854.5 亿元，收购重组类不良债权资产净额 1987.16 亿元，其中房地产类 979.74 亿元，占比达 49.3%。

在此背景下，金融机构有充足动力引入专业的代建方来增加投资渠道并盘活房地产类不良资产。随着政策完善及金融创新的持续推进，资本介入模式的商业代建将迎来快速发展期。

第二节 代建市场未来发展趋势

一、代建业务拆分，短期迎来集中上市热潮

随着房地产行业步入白银时代，融资环境趋紧，竞争也日益激烈。代建行业竞争格局虽未像房企一样进入白热化阶段，但近几年，随着优秀代建企业的不断探索，竞争格局已经初现。特别是 2020 年 7 月，绿城管理（9979.HK）成功在港交所主板上市，成为“中国代建第一股”，不仅是在代建行业的一次积极试水，也为房地产商转型升级、多元化探索提供了新的方向。随着绿城管理的成功上市，代建行业也迎来新的发展契机。

代建业务分拆加速，竞争格局更加清晰。目前，将代建业务拆分成为企业下独立运营板块的企业依旧较少，且拆分时间较短，代建业务独立发展性较差。随着代建行业的持续发展，业务分拆将持续加速。第一，业务分拆有利于进一步扩大代建品牌知名度，凸显企业在代建领域的优势，特别是当前，代建行业的受关注度普遍不高，一些小、微企业甚至不了解代

建业务，不仅增加代建企业拓展项目的难度，而且极易失去这部分企业带来的业务机会。第二，业务分拆有利于代建业务独立发展，甚至为未来登陆资本市场奠定基础。一方面，代建业务可以依托母公司在品牌、资金等方面的优势，扩大业务规模；另一方面，代建业务可以更加独立发展，强化自身业务能力，在财务方面也更具独立性，为未来登陆资本市场做好准备。总的来看，当企业某一多元业务逐步壮大后，分拆是必然趋势。代建业务当前正处于快速发展阶段，未来，势必有更多在代建领域逐渐成熟的企业将该业务分拆，竞争格局亦将更加清晰。

表 7.2.1　　部分独立代建业务的企业

企业名称	代建业务板块名称	成立时间
绿城中国	绿城管理	2010 年（2020 年上市）
建业集团	中原建业	1992 年（2015 年开始首个轻资产项目）
当代置业	当代管理	2016 年
金地集团	金地管理	2018 年
雅居乐集团	雅居乐房管	2018 年

优秀代建企业积极登陆资本市场，短期内或迎来集中上市热潮。绿城管理在港上市，是代建行业对接资本市场的良好的开端，2020 年 11 月，建业地产分拆“中原建业”赴港上市，是继绿城管理后又一家计划上市的代建企业。代建企业通过单独上市直接对接资本市场，有助于拓宽融资渠道，提升品牌核心竞争力的同时，加速规模化发展，加速占领万亿蓝海。目前我国房地产代建行业依旧处于发展阶段，除绿城管理一骑绝尘外，优秀的代建企业在规模化发展的道路上依旧有所差距，上市的优势不言而喻，短期内会有部分企业集中上市，甚至可能会形成热潮。未来，随着代建行业格局最终形成，竞争势必更加激烈，行业门槛也将随之提高，上市也会变得更加困难。因此，代建企业应及时把握机会，加速发展，积极参与到资本市场的对接过程中来，抢占代建上市先机。

二、代建模式更加多元化

目前，国内的代建业务主要以政府代建和商业代建为主，未来随着房地产行业规模的扩大及资产价格的持续上涨，将驱动更多的资本为追求稳定回报跨界涌入房地产行业，银行、保险等金融资本以及无法在传统行业获取可观回报的社会资本纷至沓来，代建业务中资本介入的形式也将越来越多。

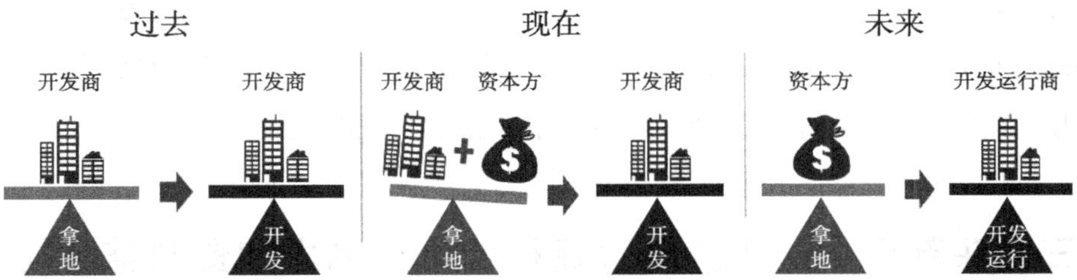

图 7.2.1　房地产开发链条演变

数据来源：中指研究院整理。

随着房地产资本化时代的到来，行业分工更加专业化，传统房企及专业代建企业参与房产代建（包括股权式代建），凭借自己的品牌、专业开发能力创造更大的产品及服务价值，而传统金融机构和新兴的私募基金更深入参与地产开发业务中，形成专业的地产投资人，开发和投资的分离能有效配置资源，大大提高行业效率。

代建企业（包括部分参与代建业务的传统房企）不用背负巨大的资金压力，从而回归市场本身，专注于产品的开发和运营。这种专业化分工的模式也许更有利于行业水平的提高，因为毕竟回归产品本身才是行业长久发展所依托的核心。未来，这种合作关系将不断延续，根据欧美房地产市场的经验，成熟的房地产市场中金融资本在房地产投资中的占比普遍接近8成，也就是说金融资本将成为房地产投资的重要参与主体，而代建企业在未来更多承担的将是开发者和运营者的使命；除了开发建设外，房屋交付后的运营服务也成为房企软实力的集中体现，而也有部分房企依托多年开发经验，如绿城管理，为金融资本提供投资建议等咨询服务，将服务延伸至前期。

可以预见的是，未来房地产企业的分工将更加细化，其中以险资、银行为主的金融资本将继续扮演资本玩家的角色，以资本运作为主，主导拿地与财务投资，通过与大型房企合作或者寻求专业代建企业代为开发建设，增加在地产领域的渗透力度。而以绿城管理等以专业代建业务为核心的开发商未来将持续拓展关联业务，依托强大的品牌效应及产品创新能力，提供高品质住宅开发建造服务，引领代建行业的发展。

三、头部房企积极入局代建行业，产品力和资源整合能力成为未来核心竞争力

代建行业从在我国起步到作为代建第一股的绿城管理上市，经历了近25年的时间，代建也由默默无闻到被越来越多的企业所了解和熟知。绿城管理的上市，不仅为已经涉足代建领域的企业开拓了新的思路，也让尚未涉足代建的企业看了新机遇。目前，已有万科等部分大中型房企涉足代建领域，未来，涉足代建领域的企业会越来越多。一方面，传统房地产开发领域已经由增量时代向存量时代转变，房地产开发领域天花板可见，但代建领域前景依旧广阔，代建必然会成为传统房产开发的有效补充；另一方面，大中型房企目前纷纷开启多元化发展之路，代建符合房企未来战略发展方向，且大中房企综合实力更强，品牌优势明显，进入代建领域更加容易，势必会加速抢占先机。

随着进入代建行业的房地产企业日益增多，行业的优胜劣汰也会愈发残酷。代建最初的模式普遍是依靠品牌和产品复制获取利润，但是，随着

行业的发展，一方面，同质化的产品会越来越多，无区隔的产品会降低企业的核心竞争力，压低代建企业利润；另一方面，随着委托方和消费者需求的提升，单纯的产品复制已经不能满足需求，所以，未来代建企业的核心竞争力必然是产品力。当前，很多优秀的代建企业已经形成了自己独特的产品系和标准化体系，未来，在产品力方面的竞争将会更加激烈。一方面，企业将会继续以产品为载体，通过理念升级、迭代优化产品元素、标准化建设、全生命周期生活场景打造等多方面，提升产品水平；另一方面，企业将会持续在生活配套和空间服务等领域加以提升，以数字化为导向，打造更加智能、安全、全龄段社区，代建企业的产品打造能力也将随之不断提升。

此外，随着房地产企业纷纷转型成为城市服务商和运营商，代建企业也将逐步向提供具有资源整合能力和运营能力的综合服务方向发展。随着委托方主体日益复杂和多元，委托方对代建企业的要求也不仅仅局限于产品建造，逐渐延伸至前端的规划、设计和后端的运营、管理。未来，代建企业也将不断向全流程咨询、项目综合运营甚至产业园区综合服务等方面渗透，而通过打通房地产上下游链条强化资源整合能力、快速获取非地产开发领域相关技术与资源等能力对代建企业也将越来越重要。

第三节　房地产代建行业风险与防范

机遇之外，代建市场发展也存在着一定的风险。尽管近年来各地相继出台代建相关政策推动代建制的实施，但总体而言，我国代建制起步较晚、制度不够健全、管理经验相对缺乏，而且，代建制管理的项目大多投资大、持续时间长、参与方操作流程复杂，导致代建市场存在一定的风险。目前，关于代建行业的风险主要包括两个角度，一是业主方的角度，主要包括代建制度风险、代建单位选择风险、代建主体风险等；二是代建方的角度，主要包括业主方的风险、政策和制度风险、工程管理风险等。本书主要从代建方角度对代建行业风险进行分析，并结合实际提出相应的风险防范对策。

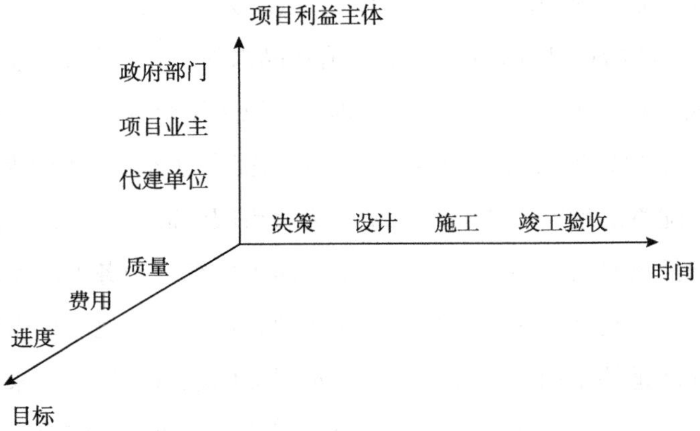

图 7.3.1　代建风险管理体系

具体来看，我们认为，目前国内房地产代建行业的风险主要体现在如下几个方面。

一、外部风险

政策及制度风险

政策及制度风险是指由于各种制度不够完善而引起的管理不够规范和政策制度变化概率大的风险。从目前国家及地方政府出台的一些与代建制相关的法律法规和政策来看，均存在地方性和片面性，未形成国家的法制体系对代建制进行明确，代建主体在实施项目全过程代建时，其法律主体地位一直处于项目服务咨询机构和业主单位之间游离，没有明确界定代建单位独有的项目法人地位，从而在进行项目建设程序办理审批和合同履行时的被动地位，此类风险出现的主要原因仍然是国家相关法律体系未健全所致，在代建单位进行合同履行过程中阻力重重，从而会出现较大的法律纠纷风险和经济合同风险，给整个代建项目的目标实现带来很大的不确定性。

此外，国家对房地产行业融资政策的调控对业主方的融资工作影响较大，收紧的融资政策会使得业主方资金链紧张，出现现金流风险，对于代建项目而言，后续建设资金无法保证，给代建方带来极大的风险，使得企业无法承担项目建设投资资金缺乏的风险，从而导致代建项目停工。

2. 房地产市场风险

房地产市场风险是指在房地产交易变现所需的期间内，由房地产市场价格、供求关系等因素的变化以及房屋价格与借款人收入之间的情况变化而形成的交易市值发生负面变化的风险。国际国内环境的变化莫测、居民收入预期的变动等等都可能导致房地产市场价格出现下跌或供过于求的风险，而代建作为房地产行业发展的新兴细分领域，尤其是商业代建无疑深受影响。

二、内部风险

1. 代建参与主体风险

目前，房地产代建市场上参与代建的企业主要是以大型的全国性房企和具有较强品牌影响力的区域型房企构成，参与者不多，参与主体差别也较为明显，且商业模式仍处于持续的探索和创新阶段，市场的不确定性较大。

对于业主方来说，一旦业主单位建设资金出现不足导致后续资金无法正常支付，其项目的设计、施工、监理及采购等环节均会因为资金短缺而停止，甚至出现大范围的履约风险，面临下属单位的起诉风险。建设资金短缺还会造成项目工期的增加，承包商的索赔导致投资成本增加，若资金缺乏无法及时解决，或将出现项目交付难风险，对于业主单位及代建单位的社会声誉及品牌均会带来负面的影响。对于代建方来说，如果代建企业代建项目出现施工质量等问题，同样也会给代建企业品牌形象带来一定的负面影响。同时，随着行业的发展和技术、观念的转变及革新，对于房地产代建参与企业也提出了更多的要求，需要参与主体不断因势利导、强化自身，在愈发激烈的市场竞争中脱颖而出。

委托—代理风险

从委托－代理关系来看，房地产代建行业的风险主要集中在委托方干预风险、政府干预风险以及履约风险三个方面。委托方干预风险方面，由于委托方和代建方在产品开发理念、管控理念以及后期营销等环节不可能完全一致，委托方可能对项目的设计、实施、销售和收尾进行干涉，双方在多个环节将出现分歧，往往导致项目难以推进或中途解约。政府干预风险方面，由于政府规划调整带来的设计、工程调整、进度干预等风险在政企合作中仍屡见不鲜。政府换届、领导变更、规划调整、进度干预等都会对项目造成一定影响，尤其代建企业相对弱势的谈判地位，更需要谨慎对待政府干预项目的风险。合作履约风险方面，委托方和代建方一方或双方对项目的理念、付款、团队管理等往往存在偏差，因此在项目执行过程中合同履约风险随时存在。

三、风险防范策略

健全相关法律体系，强化政府集中管理

首先政府应健全代建制的相关法律法规，使得项目实施全过程有法可依，从而减少纠纷，维护各方利益。其次，政府部门应加强集中管理，更加便于宏观调控，统筹安排资金使用，如美国政府投资项目基本集中在住宅与城市建设部、交通部、总务管理局等几大部门，日本由国土交通省管理，香港政府则全部由工务局统管。

进行融资风险评估，有效降低资金风险

首先，代建单位在签订代建合同之前，必须充分地调查研究项目建设资金来源以及资金落实情况，全面了解建设单位的财务状况，结合项目投资及分解计划，要对其资金来源方式及支付方式等内容严格约定于代建合同中去，利用其合同条款约定，出现资金不足甚至引起损失时，代建单位必须利用法律手段进行索赔维权。其次，对于业主单位的资金来源渠道，代建方要结合国家相关融资政策，提前进行融资风险评估，有效降低资金风险。

严格开展合同条款审核工作，明确合同条款权责利相关约定

对于合同风险，双方在合同订立是，应对合同审核工作进行严格控制，应在代建合同中清晰约定各方的权责利，借助合同分配风险。对于项目材料认质认价、委托方决策指令等流程进行明确说明，对工程变更、延期原因等所造成的费用变更的计算方式进行明确，缕清管理流程，加强精细化管理，将合同管理过程中可能出现的风险进行回避或采用约定的技术措施降低风险，从而保障双方利益最大化。此外，代建方须优化项目拓展

渠道，优先选择信誉度高、执行力强的政府机构，同时选择土地、规划条件明晰的合作项目，并尝试建立“政府－委托方－代建方”三方合约机制，增加项目顺利执行的强制性保障，降低项目不确定性。

提升代建企业水平，提高风险防范能力

与发达国家不同，我国专业化分工尚未达到成熟阶段，同时独立第三方机构仍没有能力对项目开发的各类资源进行有效整合，因此现阶段的第三方代建更多的是依托于房地产开发企业旗下的第三方平台，在项目开发设计各环节仍有较高的依赖性。因此，我国房地产代建企业应继续强化综合服务能力，向产业链前后两端进行服务延伸，在品牌输出和管理输出的基础上，打造综合化服务平台。

此外，代建方应主导“地产＋金融”合作，强化创新，严防风险。地产基金是放大地产企业经营能力的杠杆，能够较大解除管理者的资本约束，在不同约束条件下会产生不同的结果。在流动性高的市场环境中，财务杠杆收益远远大于经营杠杆收益，金融投资人往往成为主导，利用地产管理团队来获取资产和管理资产，从而赚取资产升值收益；反之，当流动性紧缩时，资产价格下行，项目收益将大幅缩水，地产基金也将面临收益难以覆盖融资成本。例如，奉行纵向一体化的铁狮门利用地产基金模式，以不到5%的资本投入，通过提取地产开发链条各个环节的相关管理费和参与旗下地产基金超额收益的分配，分享了地产项目40%以上的收益。然而，2008年以来，由于在地产高峰期收购物业的价格过高，铁狮门旗下多个基金出现严重亏损，甚至一度陷入债务危机。因此，地产企业如何在与金融机构的合作中抵御诱惑，把控主导地位、控制财务杠杆，成为其能否长期存在的关键。

参考文献

[1] Gupta S, Romano R E. Monitoring the principal with multiple agents [J]. The RAND Journal of Economics, 1998, 29(2): 427–435.

[2] Al–Reshaid K, Kartam N. Design–build pre–qualification and tendering approach for public projects [J]. International Journal of Project Management, 2005, 23(4): 309–320.

[3] Almohawis S A, Al–Sultan A S. Setting construction contract duration: Public projects in Saudi Arabia [J]. Building Research & Information, 1994, 22 (4): 211–213.

[4] Grossman S J, Hart O D. An analysis of the principal–agent problem [J]. Econometrica, 1983, 51 (1): 7–45.

[5] Bubshait A A. Incentive/disincentive contracts and its effects on industrial projects [J]. International Journal of Project Management, 2003, 21 (1): 63–70.

[6] Bower D, Ashby G, Gerald K, et al. Incentive mechanisms for project success [J]. Journal of Management in Engineering, 2002, 18 (1): 37–43.

[7] Dewatripont M, Jewitt I, Tirole J. Multitask agency problems: Focus and task clustering [J]. European Economic Review, 2000, 44 (4–6): 869–877.

[8] Bertolini M, Braglia M, Carmignani G. Application of the AHP methodology in making a proposal for a public work contract [J].International Journal of Project Management. 2006, 24 (5): 422–430.

[9] Barrie D S, Paulson B C. Professional Construction Management [M]. New York: McGill

Hills, 1991.

[10] 本刊编辑部 . 房地产转型轻资产模式分析 [J]. 城市开发，2015（6）.

[11] 陈静文 . 德国房地产开发程序对我国的借鉴意义 [J]. 德国研究，2007（03）：37-42+78-79.

[12] 陈志华，成虎，周红 . 代建制的风险分析与控制策略 [J]. 经济问题，2006（04）：26-27.

[13] 崔宏轶 . 政府投资工程集中代建管理模式的改革研究 [J]. 河南机电高等专科学校学报，2006（04）：39-42.

[14] 方俊，徐武建 . 政府投资工程代建管理模式研究 [M]. 武汉：武汉理工大学出版社，2007.

[15] 高通智库 . 房地产标杆企业研究：铁狮门——基金开起地产金融发动机 [R]. 北京：高通智库，2013.

[16] 冯小雨 . 中国一种可能的商业地产金融模式研究——以凯德置地为例 [D]. 北京：对外经济贸易大学，2012.

[17] 郭留洋 . 政府投资项目代建制管理模式研究 [D]. 天津：天津大学，2006.

[18] 郭敏，覃琪，秦义春 . 英国住房金融政策演变、现状及启示 [J]. 区域金融研究，2013（09）：60-66.

[19] 国务院 . 国务院关于投资体制改革的决定 [R]. 2004-07-16.

[20] 郝建新，尹贻林 . 美国政府投资工程管理研究 [J]. 技术经济与管理研究，2003（03）：91-92.

[21] 何新华，胡文发 . 引入代建制 推进工程管理体制创新 [J]. 中国水运，2002（05）：34.

[22] 胡昱，严竞浮 . 政府投资项目管理的新模式——代建制 [J]. 北京建筑工程学院学报，2003（03）：87-89.

[23] 黄晓云 . 房地产项目开发中代建制管理模式思考 [J]. 工程建设与设计，2006（07）：115-118.

[24] 积水住宅 . 可持续发展报告 2016[M]. 大阪：积水住宅，2016.

[25] 纪茂全，薛清明 . 代建制在房地产开发项目中的应用研究 [J]. 项目管理技术，2013，11（12）：98–101.

[26] 柯洪 . 基于企业代建模式的公共项目管理绩效改善研究 [D]. 天津：天津大学，2007.

[27] 乐加栋等 . 万科的下个十年：小的也是美好的——借鉴铁狮门与凯德置地谈小股操盘 [R]. 广州：广发证券，2014.

[28] 李彪，柴红锋 . 基于改进模糊优选模型的代建单位评选方法研究 [J]. 河海大学学报（自然科学版），2006（02）：231–234.

[29] 李俊夫，李玮，李志刚，薛德升 . 新加坡保障性住房政策研究及借鉴 [J]. 国际城市规划，2012，27（04）：36–42.

[30] 李求军 . 房地产开发：从“香港模式”到“美国模式”[J]. 中国房地产，2008（08）：50–51.

[31] 李玉 . 我国商业地产转型轻资产运营模式的研究 [D]. 北京：北京交通大学，2015.

[32] 李越梅，刘迪 . 代建制激励与约束机制模型的构建 [J]. 辽东学院学报（自然科学版），2008（03）：173–175.

[33] 辽宁立杰咨询有限公司 . 项目代建制的制度、管理与实践 [M]. 北京：机械工业出版社，2007.

[34] 林作明，王萍 . 政府性投资项目代建模式探讨 [J]. 财政研究，2009（07）：26–29.

[35] 龙昊 . 房企转型发力轻资产模式 [N]. 中国经济时报，2016（003）.

[36] 路宏达 . 美、德、日房地产信托的启示 [J]. 工业技术经济，2007（01）：159–161.

[37] 吕乃基，兰霞 . 微笑曲线的知识论释义 [J]. 东南大学学报（哲学社会科学 版），2010，12（03）：18–22+126.

[38] 聂梅生 . 聂梅生：房地产要抓住微笑曲线的两端 [J]. 中国房地产业，2014（08）：50–53.

[39] 潘颖 . 非经营性政府投资工程建设项目代建制管理模式研究 [D]，济南：山东大 学，2011.

[40] 苏斌 . 政府投资项目代建制激励机制设计 [J]. 物流技术，2009，28（02）：116–119.

[41] 王博学 . 基于代建模式的我国房地产企业财务战略研究 [D]. 长春：吉林财经大学，2014.

[42] 王容 . 房地产开发产业链专业化分工与集成化整合模式研究 [D]. 重庆：重庆大学，2012.

[43] 王润 . 关于房地产公司从事项目代建管理的思考 [J]. 科技信息，2010（13）：384–385.

[44] 王新征，马可栓 . 政府投资项目"代建制"存在问题与对策研究 [J]. 南阳师范学院学报，2010，9（01）：22–26.

[45] 乌云娜，牛东晓. 政府投资建设项目代建制理论与实务 [M]. 北京：电子工业出版社，2007.

[46] 香港特别行政区政府统计处 .2014 年屋宇建筑、建造及地产业的业务表现及运营特色的主要统计数字 [Z]. 香港：香港特别行政区政府统计处，2015.

[47] 徐江闩 . 我国代建制管理模式改革研究 [D]. 重庆：重庆大学，2006.

[48] 严玲，尹贻林 . 政府投资项目代建制绩效改善途径：基于项目治理的观点 [J]. 水利水电技术，2006（01）：98–103.

[49] 杨林生，钟才根，何锡兴 . 工程建设项目代建制的现状与发展问题 [J]. 建设监理，2005（01）：35–38.

[50] 叶陶 . 代建制管理模式在房地产项目开发中的应用研究 [D]. 武汉：武汉科技大学，2012.

[51] 尹国森 . 房地产商业代建模式研究及风险防范 [J]. 北方经贸，2013（07）：158.

[52] 曾国华 . 代建制下激励机制问题研究 [J]. 建筑经济，2009（05）：67–70.

[53] 张华平，马燕，阮斐 . 政府投资工程实施方式代建制改革研究 [J]. 建筑经济，2004（12）：23–30.

[54] 张华平 . 代建制：改革政府投资项目的管理 [J]. 上海城市管理职业技术学院学报，2004（01）：48–51.

[55] 张雷 . 凯德置地："双基金" 玩转地产 [J]. 房地产导刊，2011（07）：66–67.

[56] 张伟，周国栋 . 实施投资代建制的几点思考 [J]. 宏观经济管理，2006（07）：57–59.

[57] 张玥 . 新型城镇化背景下我国房地产开发模式转型研究 [D]. 济南：山东师范大学，2015.

[58] 赵阿敏 . 政府投资项目代建制模式比较与优化研究 [D]. 天津：天津大学，2014.

[59] 周国栋 . 政府投资项目代建制改革研究 [J]. 建筑经济，2005（04）：9–14.

[60] 周义 . 英国的房地产市场与住房政策及其启示 [J]. 学术研究，2003（06）：37–39.

[61] 朱俊文，刘共清，尹贻林 . 政府投资工程管理方式的国际惯例 [J]. 中国工程咨询，2002（11）：24–25.

[62] 宋卫平：让更多的人住上好房子 . 新浪网 http：//finance.sina.com.cn/chanjing/cyxw/20121214/230314010702.shtml

[63] 2007 年绿城销售额突破百亿元大关较去年翻番 . 住在杭州 http：//zzhz.zjol.com.cn/05zzhz/system/2008/01/10/009130409.shtml